George Sand: Collected Essays

GEORGE SAND

George Sand: Collected Essays

edited by

Janis Glasgow

The Whitston Publishing Company
Troy, New York
1985

Dedication

To Georges Lubin and his wife, Madeleine Lubin, without whom large parts of our collective Sand scholarship would have been difficult or even impossible. The Lubins' encouragement has given each and every one of us rôle models for generosity, openness, human kindness and friendship. Georges Lubin's many years of intellectual fidelity to George Sand are unique; his brilliant achievements are as solidly researched as they are intuitive. Too few scholars resemble him in today's rushed and hurried world.

Contents

Foreword

The name George Sand has always evoked a myriad of images—images both flattering and unflattering. First a legend of scandal, next an object of admiration for her love affairs with Alfred de Musset and Frédéric Chopin, Sand is, at last, now being generally recognized for her artistic creativity.

This book, then, is a sincere attempt to separate George Sand the legend from George Sand the artist, a literary artist whose originality and complexity have some surprisingly modern dimensions. The volume of essays arose from the Fourth International Conference held at San Diego State University February 11-14, 1981: *George Sand, Her Life, Her Times, Her Circle, Her Influence* where all of the papers were presented, with the exception of three delivered at the Modern Language Association session of the Friends of George Sand, December 1983, in New York City.

Those of us intimately connected with activities which began at Hofstra University in 1976 under the leadership of Natalie Datlof know just how far Sand studies have progressed in the interim. Deep friendships and loyalties have formed among people on the same wave length; networking with scholars across this country and in France has become for us an exciting endeavor. The conferences which followed at Hofstra, the University of West Virginia at Morgantown, the University of Colorado at Boulder, Bard College and at Missouri Western State College in St. Joseph, have all produced some outstanding work. Many of us also participated in the workshop at the Université de Tours organized by Marie-Jacques Hoog, and we joined the trip around le Berry accompanied by Georges Lubin. This was followed by a challenging ten day colloquium on George Sand, directed by Simone Vierne, in the Normand château belonging to the International Cultural Center at Cerisy-la-Salle.

As a result of these colloquia and seminars, the following books (which may well serve as reference to our volume) have been printed: *The George Sand Papers, Conference Proceedings,*

1976 (Vol. I), *1978* (Vol. II), (New York: AMS Press, 1980 and 1982); *West Virginia George Sand Conference Papers* (Morgantown, Dept. of Foreign Languages, West Virginia University, 1981); and *George Sand, Colloque de Cerisy* (Paris: Editions SEDES réunis, 1983). Other papers have appeared in the *Friends of George Sand Newsletter* (UCCIS, Hofstra University, Hempstead, NY 11550), a journal now destined to become a regularly published informational newsletter and an annual volume of scholarly research.

Perhaps one of the most appealing aspects of this international group of "sandistes" or "sandiens" (your choice) is the many intellectual domains we represent. In literature alone, we teach English, French, Spanish, German, Italian, Russian, Czech, and Comparative Literature. Apart from literature, our scholars are from history, political science, journalism, women studies, art, theatre and music. Insights offered by colleagues converging from different disciplines invariably open new perspectives.

The success of the Sand Conference in San Diego was also due to many individuals who did not deliver papers. Those who deserve special credit: Mrs. Jacqueline Corey, President of the Alliance Française of San Diego who helped raise precious conference funds and excite enthusiasm by the Sand Festival staged at the La Jolla Museum of Art; Paul Moretto, former member of the Comédie Française, who presented Musset's *Un Caprice* for the La Jolla Festival and, at the Conference, staged the first known production of George Sand's *Aldo le Rimeur* in a performance worthy of Paris; the Sand Productions' Las Vegas Ballet Troupe under the direction of Sylvie Varenne in *Her Name Was George*, with Rhochel Faigh Wright as George, James Maxwell as Chopin, Carolyn Jakus as Marie Dorval and Virko Baley, gifted concert pianist. The ballet troupe gave rise to such applause in La Jolla that they returned to perform during the conference.

Also meriting special gratitude: Helen Hawkins of KPBS at San Diego State who interviewed Natalie Datlof, Simone Vierne, Dominique Desanti and me in a video film which aired nationally as "The Real George Sand"; Christiane Smeets-Sand, George Sand's inheritress, whose exhibition from her Museum in Gargilesse graced our library thanks to funding from the National Endowment for the Humanities; Lydia Grey, who helped to ship the exhibition from Colorado. Madame Sand's attendance was for us a special honor. Thanks also are extended to Joseph and Lucien Plauzoles of La Cité des Livres and Charlotte Gusay of the George Sand Bookstore in Los Angeles, to the French Cultural Services in Los Angeles and in New York. On our own campus, support was kindly given by Dean Robert Detweiler of the College of Arts and Letters, Vice-President Albert Johnson, Professor Paul Lingren who helped hang the exhibition, and Professors Gianangelo and Luisa Vergani who presented a slide show on the Venice George Sand had first discovered in 1833.

Last, and most important, I am sincerely indebted to Françoise Gilot, the noted French artist, who so warmly gave of her time and energy for a lecture prior to the conference, and, above all, for the creation of superb posters capturing George Sand—posters which we sold to raise funds, posters now destined to adorn this book.

Having assembled all these essays, having put them on a word processor, with all their footnotes in conformity, I needed help for the index. For that aid, I am grateful to the San Diego authors who spent hours beside me: Elaine Boney, Edith Jonsson-Devillers, Hélène Laperrousaz, Stefan Max, Carol Mozet, and Patti O'Donnell.

In conclusion, may I draw your attention to this edition as an effort in Franco-American co-operation? Twelve of our contributions are in English; twelve are in French. In this pluralistic world in which we live, it is only fitting that texts on George Sand appear in both languages. The greatest woman writer of her day, George Sand had also studied English. Can we not therefore presume that she might have been flattered by complementary French and American evaluations of her art?

Janis Glasgow

I

THE CREATIVE PROCESS

George Sand, Chopin, and the Process of Creation

Enid M. Standring
Montclair State College

An early biographer of Chopin, Frederick Niecks, states: "Chopin and George Sand's case belongs to the small minority of loves where both parties are distinguished practitioners of ideal crafts."[1] The present study concerns precisely this aspect of the Sand-Chopin relationship, the close association of author and composer. I have examined the extent to which the general culture and the knowledge of each partner of the other's art aided mutual observation of the labor of creation and consequently mutual understanding and appreciation of the completed works.

Regrettably, primary sources are meager, especially letters exchanged between the two lovers. When, in 1851, Alexandre Dumas *fils* returned to Sand most of the letters that she had written to Chopin, she burned them shortly afterwards.[2] Equally regrettable is the admission of Moritz Karasowski that, owing to the Polish insurrection of 1863, he postponed the publication of the composer's correspondence. He returned the original letters to Chopin's family, not dreaming that in a few months they would be destroyed.[3] Marek even states that Karasowski lost many letters and tampered with the text of others,[4] as Maurice Sand is known to have altered some of his mother's. Chopin wrote no memoirs, but Sand devoted several pages of the last chapters of *Histoire de ma vie* to her relationship with the composer.

On the other hand, secondary sources, especially biographies, abound. In addition to Mme Karénine's work, I have examined the studies of Sand by Curtis Cate, Ruth Jordan, Francine Mallet and Joseph Barry, the biographies of Chopin ranging in chronology from Karasowski to Marek/Gordon Smith and the recent treatment of the Sand-Chopin theme by William G. Atwood. In accepting the primary evidence and the

varied opinions voiced in the secondary sources with the re-
serve that is often necessary, I have tried to reach an objective
conclusion on the nature of the rapport of Sand and Chopin
as creative artists.

In previous studies devoted to Sand's relationship with
other composers of her time, I have noted an appreciation of
Rossini's works that is naive and emotional in the correspondence of the early eighteen thirties, but more sober and critical in the *Lettre d'un voyageur* of 1836, addressed to Giacomo
Meyerbeer. As for the addressee of this open letter, Sand admits
to her publisher, Buloz, that she needs help from Liszt in order
to finish her article on the German composer.[5] Vague eulogies
of Berlioz's character and compositions appearing at the end of
the essay on Meyerbeer and in a *Lettre* of 1835 addressed to
Everard (Michel de Bourges) may also have been prompted by
Liszt.[6] If we are to interpret literally a remark on the "sym-
phonies en cuivre de Berlioz" appearing in a letter to Delacroix
of 26 January, 1846, it would appear that, by then, Sand heartily
disliked the creations of her compatriot.[7] It was probably in
her intimacy with Chopin that she reached the greatest depth of
understanding and appreciation of music of which she was capable and for which she needed no help from Liszt.

Of Sand's writings, the pages devoted to Chopin in *Histoire de ma vie* are the most enlightening as regards her observation of the composer at work. Her earliest opportunity for
such scrutiny was during the couple's fourteen weeks stay in
Mallorca in the winter of 1838-1839, where, according to her,
he composed the most beautiful of "ces courtes pages qu'il
intitulait modestement des préludes. Ce sont des chefs-d'oeuvre."[8] She classifies them according to her own reactions: some
bring to mind visions of departed monks and the sound of
funeral chants. She may be thinking in particular of No. 20 in
C Minor. Others, melancholy and suave, came to him, in her
view, in times of sunshine and health, with the laughter of
children under the window, with the distant sound of guitars,
with the song of birds under the moist leafy branches and at
the sight of the pale little roses blooming in the snow. Still
others are of a sombre sadness; they enchant the ear, but at
the same time break the heart. Sand claims that it was one of
these that was inspired by torrential rain.[9] The circumstances
of the late return of George and Maurice from Palma, described
in detail in *Un Hiver à Majorque*,[10] must be well-known to

admirers of both Sand and Chopin, and some biographers dwell at length on the adventure. According to Sand, Chopin's anxiety for the safety of his hostess and of her child had, as it were, become transfixed into a sort of calm despair, and they found him weeping as he played "son admirable prélude."[11]

Since Sand does not refer to the piece in question by its key signature, much speculation has ensued among musicologists concerning which of the twenty-four comprising Opus 28 is the so-called "Raindrop." Liszt thought it was No. 8 in F-sharp Minor. Edouard Ganche proposed No. 15 in D-flat Major, while numerous musicologists have argued in favor of No. 6 in B Minor.[12] Atwood cites other "candidates for the honor": No. 17 in A-flat Major, No. 19 in E-flat Major and No. 20 in C Minor.[13] Bernard Gavoty adds No. 10 in C-sharp Minor as disputing "this privilege."[14] In addition to these, I would suggest No. 4 in E Minor. Pianists and listeners will recall that, of these preludes, No.'s 4, marked *largo,* and 6, *lento assai,* feature repeated chords, in the left hand in the former, in the right in the latter. Ganche's "candidate," No. 15, *sostenuto,* considered by Gavoty "the most likely of the claimants to the title of 'the raindrop,'" with its sustained eighth-note rhythm similar to that of No.'s 4 and 6, "allows the blooming of a terrifying progression in C-sharp Minor that, by contrast, makes the return to the light in D-flat more striking."[15] Any one of the three last-mentioned preludes would fit Sand's account of her conversation with the composer following his hallucinatory remark as she entered with Maurice: "Ah! je le savais bien, que vous étiez morts!" While playing, he had calmed down and become drowsy, convinced that he himself was dead, drowned in a lake, with heavy, icy drops of water falling rhythmically on his chest.[16]

"When," as expressed by Joseph Barry, "George attempted to relieve the lingering nightmare"[17] by having Chopin listen to the drops of water that were indeed still falling rhythmically on the roof, the composer denied having heard them. The author acknowledges her error in having referred to imitative harmony. Chopin was right in protesting against the childishness of those imitations for the ear:

> Son génie était plein de mystérieuses harmonies de la
> nature traduites par des équivalents sublimes dans sa
> pensée musicale et non par une répétition servile des sons

extérieurs. Sa composition de ce soir-là était bien pleine
des gouttes de pluie qui résonnaient sur les tuiles sonores
de la Chartreuse, mais elles s'etaient traduites dans son
imagination et dans son chant par des larmes tombant du
ciel sur son coeur.[18]

In a footnote, Sand adds that, in *Consuelo,* she gave a definition
of this musical distinction which fully satisfied Chopin and
which, therefore, must be clear.[19]

Gavoty admits that Sand's account, which gave birth to the
legend of the "Raindrop" prelude, is "probably true."[20]   Quot-
ing the above passage, but ignoring Sand's self-correction and
footnote, he comments: "It is impossible to define Chopin
better, musician and nothing else, seen by a woman of letters,
for whom the most abstract art in the world — music — must
always impose verbal equivalents and images."[21]   Atwood, who
also quotes the passage in full, finds "a certain fanciful ring" to
George's reminiscences.[22]

In the chapter of his biography of Sand entitled "Frédéric Chopin—Fragile Genius," Barry writes:

> The word *fate* has an ominous ring, according with (the)
> . . . legend of Chopin as the doomed, Romantic artist
> destined to die young, 'victim of love and tuberculosis.'
> But the metallic strength of his music is the real victim
> of that legend at the hands of sentimental scores of limp-
> wristed pianists.   A second victim has been George Sand
> as his *dea ex machina,* for she must somehow be fitted
> into the machinery of Chopin's pre-destined doom.[23]

One could argue that, by her insistence on her protégé's sickness
both in her correspondence and in her autobiography, Sand has,
albeit unwittingly, aligned herself co-victim of the composer. Indeed, her rôle as nurse to Chopin the frail young man must have
influenced her judgment of Chopin the creative artist, whom she
esteemed as second only to Mozart.   "Mozart seul lui est supérieur, parce que Mozart a en plus le calme de la santé, par conse-
quent la plénitude de la vie."[24]   In her view, the composer was
aware of his power and of his weakness, his weakness lying in
the very excess of his power which he could not submit to rules.
Unlike Mozart, he was unable to create, as *only* Mozart could, a
masterpiece with a uniform color.   "Sa musique était pleine de

nuances et d'imprévu. Quelquefois, rarement, elle était bizarre, mystérieuse et tourmentée."[25] One cannot blame Sand, in mid-nineteenth century, for attributing to a power that could not be channeled certain characteristics of Chopin's music that today make him seem almost our contemporary.

Moreover, in recognizing that Chopin had assimilated the genius of the greatest masters who had preceded him (she mentions Bach, Beethoven and Weber), the novelist prophesies the most recent trend in Chopin criticism, which is to give equal *stress* to the classical and the romantic aspects of the Polish composer.   Arthur Hedley has stated: "Only exceptional artists can bring those apparent contradictions—the 'classical' concern for form and the 'romantic' urge for inspiration—into that creative equilibrium which is found in the highest art, and Chopin is one of them."[26] During the seven summers between 1839 and 1846, when "the little one" was her guest at Nohant, Sand had many opportunities to observe these two sides of her protégé: the spontaneous, miraculous creation that came to him, unsought, unexpected, suddenly on his piano, complete, sublime, or sang in his head during an excursion, and which he was eager to make heard on the instrument; but then, the painful labor, the sequence of efforts, indecisions and impatiences to recapture certain details of the theme, the over-analysis of what he had conceived as a whole, the regret at not finishing it again and the sort of despair that ensued:

> Il s'enfermait dans sa chambre des journées entières, pleurant, marchant, brisant ses plumes, répétant et changeant cent fois une mesure, l'écrivant et l'effaçant autant de fois, et recommençant le lendemain avec une persévérance minutieuse et désespérée. Il passait six semaines sur une page pour en revenir à l'écrire telle qu'il l'avait tracée du premier jet.[27]

While these outward signs of Chopin's labor of creation as observed and described by Sand seem to smack of romantic frenzy, they denote his scrupulous striving for perfection which critics of today recognize as the classical aspect of the composer's make-up.

If some of Chopin's biographers tend to belittle Sand's ability to understand the creations of her protégé, apparently the composer himself respected her opinion, "car il me consultait comme Molière sa servante."[28] The comparison with Molière's housekeeper seems modest, but Sand flatters herself that, by dint of knowing the composer, she was able to identify herself with every fibre of his being. Perhaps she is exaggerating when she states that, every day for eight years, his piano initiated her into the secret of Chopin's inspiration or of his musical meditation, the seductions, the uncertainties, the victories or the tortures of his thought. Thus, she claims to have understood him as he understood himself. She thinks that perhaps she was a bad judge of his music, for one more foreign to him would have forced him to make himself more understandable to all: "Il n'a pas été connu et il ne l'est pas encore de la foule. Il faut de grands progrès dans le goût et l'intelligence de l'art pour que ses oeuvres deviennent populaires."[29]

What, then would have been the novelist's reaction had she lived long enough to discover that, contrary to her prophecy, Chopin's works, for a while, became *too* popular? This phenomenon could be explained, to some degree, by the persistence of the legend referred to by Barry, the myth that Sand's solicitude for the composer's ill-health had helped to create. Camille Bourniquel writes:

> Il peut sembler singulier qu'un artiste salué dès l'*opus* 2 comme un génie, objet d'un véritable culte entretenu dans tous les pays du monde par une pléiade d'interprètes prestigieux—de Liszt à Paderewski, de Clara Wieck à Dinu Lipati— . . . soit en partie devenu prisonnier de son mythe. . . . Le voici bien dans sa faiblesse, ce «divin aristocrate», cet «archange féminin aux ailes prismatiques» (?), image idéalement asexuée que des générations de jeunes filles en fleurs apprendront à chérir, tout en mettant au service de ce culte une technique pianistique le plus souvent défaillante.[30]

Bourniquel also quotes some of the epithets with which Sand was wont to honor Chopin and which scandalized Edouard Ganche: "Mon pauvre petit . . . mon cher cadavre . . . mon malade ordinaire . . . mon pauvre souffreteux . . . ce pauvre être . . . le père Gâtiau (gâteux en berrichon) . . . ."[31]

In an article written for the 150th anniversary of Chopin's birth, Arthur Rubenstein recalls that, during his childhood in Poland, he heard "mazurkas, polonaises, nocturnes, the whole

beloved repertory. All of it was played interminably, and most
of it badly." The pianist attributes the faulty interpretation to
the fact that, in those days, both musicians and the public believed in the Chopin myth, which "was a destructive one." He
admits that "To a great degree the surface facts of (Chopin's)
life did satisfy the Romantic myth—his ascetic face, his dan-
dyism, his affair with the leading novelist of the day, George
Sand, his disease, tuberculosis. . .," but concludes that his
compatriot's approach to music "was more closely allied to
the classicists than to his contemporaries."[32]   Rubenstein's
contribution towards dispelling the myth, his own interpret-
ations of the repertoire and those of Byron Janis, Ashkenazy
and Anne Schein, to name but a few, would no doubt convince
Sand, were she alive today, that the "progress in artistic taste
and understanding" that she deemed necessary has indeed been
realized.

While emphasizing that Chopin made a single instrument
speak the language of infinity, that he never needed saxophones
nor ophicleides to inspire terror, neither church organs nor
human voices to arouse faith and fervor, she nonetheless writes
but three lines later:

> Un jour viendra où l'on orchestrera sa musique sans rien
> changer à la partition de piano, et où tout le monde saura
> que ce génie aussi vaste, aussi complet, aussi savant que
> celui des plus grands maîtres qu'il s'était assimilés, a
> gardé une individualité encore plus exquise que celle de
> Sébastian Bach, encore plus puissante que celle de Beet-
> hoven, encore plus dramatique que celle de Weber.[33]

Admitting that Sand "truly worshiped the genius of her lover,"
Gavoty comments that, sometimes, "in her romantic ardor,
she went beyond bounds and wished for orchestral transcription
—in vain." He then quotes her prophecy, remarking: "Without
subscribing to the comparisons of Sand, which nothing can
justify—nor to the need for orchestrating the music of Chopin
. . . one cannot say that there is anathema in this."[34]   It is
interesting to note that, in an earlier work written in collab-
oration with Emile Vuillermoz, Gavoty approves of Sand's
comparisons.   Noting that the idea of placing Mozart above
Beethoven was long considered an odious blasphemy, the authors
claim, "Mais le goût a évolué et nombreux sont aujourd'hui les

compositeurs qui proclament, au contraire, que George Sand avait fait preuve, ce jour-là, de la plus clairvoyante sagesse." Furthermore, they consider that Sand should be given credit for having written on the orchestral possibilities of Chopin's compositions a strangely prophetic passage, the perspicacity of which no musician could deny.[35]   Edgar S. Kelley suggests possible woodwind settings for several of the Preludes and feasible brass and woodwind arrangements for others, also for the Etude in E-flat, but adds:

> Lest the reader infer that I endorse the arrangement of Chopin's works for orchestra (as Mme George Sand claimed they would be, in time), I must, on the contrary, add my testimony to that of the many who do not care for such metamorphoses.[36]

In considering evidence of Chopin's observations on Sand's writing, most readers will expect that, in an author/composer relationship, the partner who creates with musical sounds will have less to write about the other's art than the one who creates with words. This is particularly true in the case of Chopin, who, even on his own music, commented but rarely, in letters to his former schoolmate, Tytus Wojciechowski and to his close friends and fellow émigrés in Paris, Count Albert Gryzmala, and the pianist Julien Fontana. Unlike Berlioz, the Polish composer did not supplement the income from the publication of his works by music criticism; moreover, his music is abstract rather than extra-referential. Cecil Gray writes:

> While Berlioz was greatly influenced by literary and pictorial conceptions, both in his life and in his work, neither literature nor any other art played any part in Chopin's mental development or in his music. Not merely had he an instinctive and profound aversion from anything in the nature of "programme music," but he was never known even to read a book.[37]

While some Chopin scholars, including Hutchings[38] and Marek, protest the injustice of Gray's exaggeration, others, in Marek's words, picture the composer "as practically an illiterate."[39]   Herbert Weinstock claims: "It would be impossible to prove that he understood, or for that matter that he

even read, Sand's writings, not to mention those of a dozen
other important literary figures whom he met."[40]   In retro-
spect, even Sand herself describes her protégé as "Etranger
à mes études, à mes recherches, et, par suite, à mes convictions. . . ."[41]   The statement made by Sand in 1855 in the
final chapter of *Histoire de ma vie* seems particularly unfair,
and one would not go wrong in suspecting the influence of
Maurice Sand on his mother's memoirs. A recent analysis of
the work by Alain Verjat suggests another possible explan-
ation: "Elle est singulièrement amnésique.   On dirait même
que l'amnésie est nécessaire pour qui écrit ses souvenirs."[42]

It would be difficult to decide whether Sand's amnesia
was deliberate or unconscious.   It is true that references in
Chopin's correspondence to what his hostess was writing at
the time or had just completed are not frequent; however,
they do show admiration for, and interest in, her work. The
earliest of such references is found in a letter addressed to
Gryzmala from Marseilles and dated 27 March, 1839:

> My lady has just finished a magnificent article on Goethe,
> Byron and Mickiewicz. One must read it, it gladdens the
> heart. I can see you, how pleased you will be. And all
> so true, so large in perceptions, on so huge a scale, of
> necessity, without manipulation or panegyrics. Let us
> know who translates it. If Mickiewicz himself should
> care to put his hand to it, she would gladly revise it;
> and what she has written could be printed as a *discours
> préliminaire*, together with the translation."[43]

Sand mentions in *Histoire de ma vie* having met both
Chopin and Mickiewicz at Marie d'Agoult's salon in the Hôtel
de France.[44]   In a letter to Liszt dated 22 October, 1836, she
had accepted the invitation of the pianist-composer and his
mistress to set up house there.[45] Chopin had already composed
songs to poems of Mickiewicz as early as 1826 and again in
1830.[46]   Two recent Chopin biographers express conflicting
views on the composer's appreciation of his compatriot's art.
Whereas Marek writes: "Chopin loved his poetry; a volume of
Mickiewicz was always on Chopin's table and he re-read his
two major works time and again. . . ."[47]   Adam Zamoyski
claims that "Mickiewicz's grandeur largely evaded him."[48]
Whichever version is true, it seems logical that Sand should

consult her protégé while composing her article; he, at least, was able to read the exiled poet's works in the original language. In 1841, when Mickiewicz inaugurated his chair in Slavonic Studies at the Collège de France with a series of public lectures, Sand and Chopin were among the intelligentsia who attended the course.[49]

On April 12, 1839, Chopin again wrote to Gryzmala with the news: "My angels are finishing a new novel, *Gabriel.* Today she is going to spend all day in bed writing it. You would love her even more, if you knew her as I have come to know her."[50] In its English translation, the Opiénski edition of Chopin's letters[51] does not pluralize Sand, and merely mentions her postscript, given in full in the Sydow edition, to the effect that the book was being delivered by "forceps." Barry suggests that the multiple "angels" might refer to the duality of Gabriel-Gabrielle or of George-Aurore.[52] Chopin must have observed that, in contrast to his own compositions, so painfully conceived, Sand's novels were, as a rule, not delivered by "forceps."

Varied opinions have been voiced on the enigma of Chopin's apparently not recognizing his own portrait in the depiction of the neurotic hero of *Lucrezia Floriani.* This transparent *roman à clef* was begun in the spring of 1846 and published in the *Courier Français* over the summer. Several biographers quote the *Souvenirs, lettres et correspondance* of Caroline Jaubert who describes Delacroix as having been "in agony" during Sand's readings of some installments: ". . . .the victim and the executioner amazed me equally. Madame Sand seemed to be completely at ease, and Chopin did not stop making admiring comments about the story."[53]   In Barry's view, either Chopin failed to recognize himself in Prince Karol "from a blinding narcissism. . .or he refused to acknowledge it."[54] Marek writes: "Did he really not understand? Unlikely. Did he not recognize himself? Impossible. Did he not want to give himself away? Did he bury his hurt beneath politeness, to fester unnoticed? Probably."[55]   In the opinion of Gavoty, Chopin, "who was nobility personified, refused to furnish arms against a woman he had loved.[56] The biographer then quotes a sentence from a letter addressed from London to Gryzmala dated 17-18 October, 1848: "I have never slandered anyone, but am at the end of my rope, and it seems that I would feel better if I could speak ill of Lucrezia. . ."[57]

The above-quoted letter containing the bitter allusion was begun fifteen months after Chopin had received Sand's farewell letter from Nohant and exactly a year before his death. However, in a letter addressed to his family in Warsaw dated April 19, 1847, therefore, before the rupture with Sand, the composer mentions *Lucrezia Floriani* dispassionately, comparing the controversial novel with the later one, *Il Piccinino*: "I have no doubt that Ludwika (his sister) will like it better than *Lucrezia,* which here also has aroused less enthusiasm than the others."[58]

It is improbable that, after his long and close association with the novelist, Chopin did not recognize many of his own traits in Prince Karol and much of Sand's character in Lucrezia. In Arthur Hedley's view, if the composer's reactions, in contrast to those of Delacroix, Heine and Pauline Viardot among others of the intimate circle, were expressions of admiration rather than of indignation, "he may even have acknowledged to himself the truth of the portrait, which, after all, is not a wholly unflattering one."[59] The one bitter allusion to Lucrezia in the letter of 1848, quoted above, may be explained by the desperate state of his health rather than by his having subsequently been enlightened by "ennemis. . .qui se disaient ses amis. . ." as Sand later claimed in her memoirs.[60]

Most biographers do not accept as sincere the novelist's protests in *Histoire de me vie* that Karol is not Chopin. She does, however, advance an argument which seems valid from the writer's point of view:

> L'art ne rectifie (les inconséquences) de la nature que parce qu'il est trop borné pour les rendre. Chopin était un résumé de ces inconséquences magnifiques que Dieu seul peut se permettre de créer et qui ont leur logique particulière. . . .[61]

A few lines later, we read what could be interpreted as Sand's strongest defense against the accusation of having maligned Chopin: "D'ailleurs le prince Karol n'est pas artiste. C'est un rêveur, et rien de plus; n'ayant pas de génie, il n'a pas les droits du génie."[62] In depicting Karol as a neurotic aristocrat rather than as a musician, painter or sculptor, Sand at least respected the composer as fellow-artist. If, as the novelist's "malade ordinaire," Chopin could accept, without protest, certain traits of Floriani's lover-patient as his, Chopin the creator was not obliged to recognize himself in Karol the destroyer.

In the chapter of his biography devoted to the rupture of the Sand-Chopin connection, Frederick Niecks expresses an unexpectedly feminist opinion:

> The world takes it for granted that the wife or paramour
> of a man of genius is in duty bound to sacrifice herself for
> him. But how does the matter stand when there is genius
> on both sides, and self sacrifice of either party entails loss
> to the world? By the way, is it not very selfish and hypo-
> critical of this world which generally does so little for men
> of genius to demand that women shall entirely, self-
> denyingly devote themselves to their gifted lovers? Well,
> both George Sand and Chopin had to do work worth
> doing, and if one of them was hampered by the other in
> doing it, the dissolution of their union was justified.[63]

A close study of Sand's brief account of the reasons for the
separation and of her correspondence of 1847 reveals that the
novelist and the composer did indeed not part for reasons of
artistic conflict. In his notes to Sand's memoirs, Lubin has
resumed the rôle of Sand's daughter, Solange, in the family
discords that were the real cause of the break.[64]

Most biographers consider that, with the passing years,
the differences between Sand and Chopin as human beings
developed into outright incompatibility. In the chapter of his
biography entitled "Chopin's Dark Lady," Marek remarks:

> Chopin was as dissimilar from her as can be; great hatreds
> and great loves may be born from such opposites... Her
> fame was great, greater at the time than his, but before
> him she appeared with folded hands. Nevertheless, as he
> soon felt, she, being strong, would lend him strength. She
> was a fellow artist and as such as revolutionary and un-
> orthodox in words as he in notes. He felt that kinship.[65]

Marek is of the opinion that the passage of time even weak-
ened the actual understanding of the partners for each other's
art, for two chapters later, in "The Dusk of Love," he writes:

> Though in the first years the two shared the joys of
> physical love and though their minds were for some years
> attuned, Sand could not—not profoundly—understand the
> nature of the genius who ever so slowly shaped emotion
> into sound, nor could Chopin quite fathom a talent which

swallowed all experiences and then poured them quickly
onto paper without a backward glance. Both these endowed beings lived their lives at high emotional tension,
yet here, too, a difference prevailed: Sand's heart beat,
as it were, democratically, with the wish to save the
world, while Chopin, with all his worldliness, found his
true existence in an imagined region, and was not concerned with improving humanity. As the years passed,
the differences in their natures came to the surface and
tended to separate them.[66]

Arthur Hedley, who never stresses the differences, tem-
peramental or other, between the two artists, believes that
"George Sand and (Chopin) had in common far more intellectual interests than has generally been acknowledged."[67]
Indeed, these common interests were to be expected, inasmuch
as musical instruction played an important rôle in the education
of Aurore Dupin, the future George Sand,[68] whereas Chopin
was introduced to his French father's native tongue and also
studied Greek, Latin, German, English and Italian. "What is
more, he readily took part in 'assemblies,' which were an excuse
for literary discussions."[69]   According to Marek, Nicholas
Chopin had instilled in his son a curiosity for literature; as a
boy, Frédéric responded to poetry, both Polish and French; he
liked to write verses and sketched pen portraits of his friends.[70]
The latter talent he had in common with Sand, whose pencil
drawing of her protégé (1841) is reproduced in Marek's biography. However, according to Sand, Chopin's taste in the
visual arts was more conventional than hers: he respected Delacroix the man, but detested the painter, found Michelangelo
disquieting and was exasperated by Rubens.[71]   Nevertheless,
it would appear that the writer and the musician shared enough
intellectual interests to understand and appreciate each other's
artistic creations. We should not demand of the one that she
write like a musicologist, nor blame the other for not expressing
himself in the style of a literary critic.
    In the spring of 1842, Sand wrote to Delacroix informing
him that Chopin had just composed two Mazurkas that were
worth more than forty novels and said more than all the literature of our time.[72]   This tribute to the eloquence of even the
shorter works of Chopin was made five years before the separation that, for Chopin, was to have such tragic consequences.

The passages relating to his music in *Histoire de ma vie,* composed six years after his untimely death, impress the reader that, in her innermost heart, Sand never ceased to believe in the superiority of her fellow artist's Muse over her own.

Notes

[1] Frederick Niecks, *Frederick Chopin as a Man and Musician* 2 vols., (New York: Cooper Square, 1973; reprint of the 1902 edition), II, 1.

[2] George R. Marek and Maria Gordon-Smith, *Chopin* (New York: Harper & Row, 1978), pp. 234-237.

[3] Moritz Karasowski, *Frederick Chopin: His Life and Letters,* tr. Emily Hill (Westport, CT: Greenwood Press, 1970; orig. pub. in 2 vols., 1879), p. ix.

[4] Ibid.

[5] George Sand, *Correspondance,* ed. Georges Lubin (Paris: Garnier, 1966-   ), III, 543.

[6] George Sand, *Oeuvres autobiographiques,* ed. Georges Lubin (Paris: Gallimard, 1970), II, 809-810; 935.

[7] Sand, *Corr.,* VIII, 246.

[8] Sand, *OA,* II, 420.

[9] Ibid.

[10] Ibid., II, 1172-1176.

[11] Ibid., II, 420.

[12] Cf. Lubin's note, Ibid., II, 1397.

[13] William G. Atwood, *The Lioness and The Little One: The Liaison of George Sand and Frédéric Chopin* (New York: Columbia University Press, 1980), p. 119.

[14] Bernard Gavoty, *Frederic Chopin,* tr. Martin Solinsky (New York: Scribner, 1977), p. 397.

[15] Ibid., p. 398.

[16] Sand, *OA,* II, 421.

[17] Joseph Barry, *Infamous Woman: The Life of George Sand* (Garden City, NY: Doubleday, 1977), p. 255.

[18] Sand, *OA,* II, 421.

[19] George Sand, *Consuelo* (Paris: Garnier, 1959), II, 23 et seq.

[20] Gavoty, *Frederic Chopin*, p. 221.

[21] Ibid., p. 222.

[22] Atwood, p. 119.

[23] Barry, pp. 241-242.

[24] Sand, *OA*, II, 421.

[25] Ibid., II, 421-422.

[26] Arthur Hedley, "Frédéric Chopin: The Man," *The Chopin Companion: Profiles of the Man and the Musician*, ed. Alan Walker (New York: Norton, 1973), p. 4.

[27] Sand, *OA*, II, 446.

[28] Ibid., II, 422.

[29] Ibid., II, 421.

[30] Camille Bourniquel, *Chopin* (Paris: Editions du Seuil, 1957), pp. 6-7.

[31] Ibid., p. 8.

[32] Quoted in Marek/Gordon-Smith, p. 254.

[33] Sand, *OA*, II, 421.

[34] Gavoty, *Frédéric Chopin*, p. 230.

[35] Emile Vuillermoz and Bernard Gavoty, *Chopin amoureux* (Paris: La Palatine, 1960), p. 96. Quoted by Lubin in Sand, *OA*, II, 1398.

[36] Edgar Stillman Kelley, *Chopin the Composer: His Structural Art and its Influence on Contemporaneous Music* (New York: Cooper Square, 1969); orig. pub. in 1913), pp. 150-152.

[37] Cecil Gray, *The History of Music* (London: Kegan Paul, 1928), p. 216.

[38] Arthur Hutchings, "The Historical Background," *The Chopin Companion*, p. 24.

[39] Marek/Gordon-Smith, p. 247.

[40] Herbert Weinstock, *Chopin—The Man and His Music* (New York: Knopf, 1949), quoted in Marek/Gordon-Smith, p. 248.

[41] Sand, *OA*, II, 445.

[42] Alain Verjat, "Formes et fonctions du discours autobiographique," paper presented at the Colloque George Sand, Centre Culturel International de Cerisy-La Salle, 15 July, 1981.

[43] Henri Opiénski, ed., *Chopin's Letters*, tr. E. L. Voynich (New York: Vienna House, 1971), pp. 197-198.

[44] Sand, *OA*, II, 390.

[45] Sand, *Corr.*, III, 570.

[46] Adam Zamoyski, *Chopin: A New Biography* (Garden City, NY: Doubleday, 1980), p. 32 and Appendix A.

[47] Marek/Gordon-Smith, p. 82.

[48] Zamoyski, p. 32.

[49] Atwood, p. 161; Marek/Gordon-Smith, p. 83; Zamoyski, p. 211.

[50] Bronislaw E. Sydow, ed., *Correspondance de Frédéric Chopin* (Paris: 1953-1954), II, 325. Quoted by Barry, p. 258.

[51] Opiénski, p. 199.

[52] Barry, p. 258.

[53] Zamoyski, p. 258. Cf. also Barry, p. 275; Gavoty, *Frédéric Chopin,* p. 281; Marek/Gordon-Smith, pp. 180-181.

[54] Barry, p. 275.

[55] Marek/Gordon-Smith, p. 181.

[56] Gavoty, *Frédéric Chopin,* p. 282.

[57] Ibid. Cf. Opiénski, p. 391: "I have never cursed anyone; but now my life is so unbearable that it seems to me it would give me relief if I could curse Lucrezia. . . ."

[58] Opiénski, pp. 327-328.

[59] Arthur Hedley, *Chopin* (London: Dent, 1963), p. 96.

[60] Sand, *OA*, II, 444.

[61] Ibid.

[62] Ibid.

[63] Niecks, II, 204.

[64] Sand, *OA*, II, 1404-1405.

[65] Marek/Gordon-Smith, p. 129.

[66] Ibid., p. 172.

[67] Hedley, *Chopin,* p. 88.

[68] Sand, *OA*, I, 625-626.

[69] Gavoty, *Frédéric Chopin,* p. 26.

[70] Marek/Gordon-Smith, p. 69.

[71] Sand, *Impressions et souvenirs* (Paris: Calmann-Lévy, 1896), p. 81. Quoted in Barry, p. 270.

[72] Sand, *Corr.,* V, 683. Quoted in Barry, p. 269.

Fragments from Majorca

Patti O'Donnell
San Diego Poet

We have entered each other's landscapes
where everything
is difficult
            and brilliant . . .

Circles within circles
where space
                becomes itself,
the layers visible as skins
the moulting air is finished with.

The monks march past at midnight
chanting with the wind,
mingling their sobriety
with the wild Spanish air
and the sonorous,
continuous
rain
steaming on the leaves, or
cold
as separate pebbles
clattering on the roof.

These cells, these
meditations . . .
your piano, your
health . . .
everything is in the way.

Your curls are unkempt, you
think we are dead—

Time
          cracked,
and through the fissures
the scenery suspended on an eagle's wing.

This life a metaphor for otherness,
a sad little prelude
played again and again,
the final chord
a vacant moon.

Then

sunlight
                    on orange trees,
a breeze comes singing
the afternoon . . .

One comes through shock
to another kind of sight.

Brother Moon and Sister Sun
went wandering through the wheat,
grains parting by chance
as though wind by an aerial view—

I refer to the unspeakable.
We understand each other's needs.

The distance between us
could be crossed in an instant.
It will take us all evening
to meet each other's eyes.

Consuelo et les contes de fées

Pierrette Daly
University of Missouri-St. Louis

Il peut sembler, à première vue, inattendu d'étudier le lien de *Consuelo*, oeuvre capitale de George Sand, avec les contes de fées, récits qu'on ne prend pas d'habitude au sérieux car ils s'adressent aux enfants. Mais, il importe de lire ces contes à contresens afin de déchiffrer le message qui contribue à l'acculturation de la petite fille, leur apport à sa formation n'étant pas négligeable. L'influence des contes de fées est plus ressentie chez les femmes, sans doute; c'est tout d'abord un des rares genres de lecture qui ne leur soit pas interdit, au siècle de Sand, comme auparavant. Dans l'introduction d'un recueil de contes, Elizabeth Storer retrace, effectivement, leur source dans la «vile Bibliothèque bleue» que tous s'amusaient à lire au XVIIème siècle, mais que l'on retrouvait «toute crasseuse» surtout entre les mains des cuisinières.[1] Sand parle de leur importance dans son autobiographie, où elle écrit qu'elle s'est enseigné à lire et à écrire elle-même afin de pouvoir lire seule un conte de fées.»[2]

Les contes sont racontés en principe et en pratique par des femmes. Au fait, Soriano écrit que Perrault «devient 'l'inventeur' d'un genre que Mme D'Aulnoy et Mlle Lhéritier ont de toute façon pratiqué avant lui.»[3] Cependant, Soriano a raison de chercher leur «paternité.»[4] Ils sont un moyen de propagande du patriarcat, leur morale servant à maintenir le *statu quo*. Cependant, par un ironique retour des choses, ce sont les mères elles-mêmes qui encodent et disséminent le message. Mais la maternelle Sand, adepte à la fiction, s'empare du genre pour mettre en jeu une nouvelle héroïne afin de transmettre son propre message. Je propose de démontrer comment, tout en s'inspirant du conte, Sand le transforme en une tentative de critique sociale. Le point de départ de ma comparaison m'a été inspiré par les premières pages de *Consuelo* où l'auteur établit un rapport de rivalité entre les filles de l'école du maître Porpora, et où l'écrtriture s'émaille de superlatifs, tout comme dans les contes de fées. Au premier épisode, conçu comme un tout sous le titre *Le Conte vénitien*, les motifs du roman qui renvoient aux contes de fées seront étudiés au niveau de leur fonction textuelle, pour ensuite être référés au code culturel, afin de mettre au point les apports de l'écriture de Sand à la modification du rôle de la femme.[5]

Propp et Soriano qui étudient les contes, reconnaissent tous deux un aspect de diversité et de constance dans leur ensemble. Propp, dans sa recherche de l'axe selon lequel tous les contes seraient composés, dit que «la vie réelle ne peut pas détruire la structure générale du conte.»[6] Il sera profitable de revenir à cet édit dans ma conclusion. Je dois spécifier ici que, à l'encontre des structuralistes, mon travail ne se limite pas au monde clos du texte. Ce qui sera mis en relief, ce sont les variantes que Sand introduit dans les motifs, telles qu'elles témoignent de son effort pour changer la culture.

La première variante que Sand introduit, et la plus évidente, est la substitution du motif de la voix à celui de la beauté. Dans les contes de fées, l'héroïne est belle et le récit joue sur cette beauté. On cache le visage ou les beaux yeux de la belle sous de la cendre, ou sous une peau d'âne, et toutes les péripéties prennent leur essor sur ce motif. A la fin, la beauté de l'héroïne est révélée, et ce dévoilement a pour fonction de l'élever sur un piédestal d'où elle sera adorée pour sa passivité et sa conformité. Consuelo est une profanation de ce modèle: elle est laide. Par contre, sa voix est un don sublime qui, amélioré par un travail assidu, lui permet de poursuivre une glorieuse carrière. On voit d'emblée qu'elle ressemble non pas à l'héroïne, mais au *héros* traditionnel—elle se fait admirer par ses actions. Dans le conte où le héros est mâle, ce sont en effet, ses bonnes actions, son ingéniosité et sa perspicacité, qui génèrent le dénouement. Chez la femme, par contre, c'est sa passiviteé ou son endurance qui la rendent admirable.

Le pastiche du conte de fées est surtout remarquable au début du roman où les superlatifs se font écho, accentuant l'élément de compétition. La rivalité est attisée par les deux personnages masculins: Porpora (que l'on peut comparer à la figure du roi-père) et Zustiniani, propiétaire d'un théâtre (figure de prince qui veut trouver une épouse); mais lui, cherche une cantatrice. Ces deux figures de l'autorité exigent que la femme qu'ils admirent possède le don du chant au lieu d'un beau visage. En dévalorisant le motif de la beauté, Sand s'attaque à un jugement esthétique porté sur la femme, jugement qui renforce une valeur de la société. Ainsi, elle insiste plusieurs fois sur le fait que Consuelo est un laideron. Par contre, Porpora canonise la supériorité artistique de la jeune cantatrice dès le début: il dit aux élèves qu'elle est la plus sage et la meilleure. La romancière embrouille la situation par un montage habile. Zustiniani, après avoir entendu *chanter* Consuelo de l'extérieur de l'église, et après avoir vu Clorinda (une autre élève), avec elle, près du bénitier à la sortie, associe naturellement la belle voix aux beaux yeux. Entre Consuelo et Clorinda, la rivalité joue à deux niveaux: celui de la beauté (négatif), et celui du travail (positif). Consuelo est la plus laide et chante le mieux, non seulement parce qu'elle est douée, mais parce qu'elle étudie plus, tandis que Clorinda est la plus belle mais n'arrive pas à bien chanter, faute d'effort.

Lorsque l'impressario s'approche du maître afin de lui demander à qui appartient la voix parfaite qu'il vient d'entendre et qu'il attribue à la belle Clorinda, le portrait qu'il fait est une satire de l'image de la femme sublime. Plus il tente d'iconiser l'héroïne selon le stéréotype de la beauté parfaite, plus il se trompe. Il croit que la cantatrice qu'il a entendue est grande, tandis que Consuelo est une «petite personne;»[7] que sa peau est «blanche comme neige» mais Consuelo est brune, même «jaune comme un cierge;»[8] il dit qu'elle a un «aimable embonpoint» et le corps de Consuelo est mince et «sans aucune séduction;»[9] enfin, pour compléter le portrait idéal, l'écolière qu'il a entendue aurait les «cheveux dorés,»[10] tandis qu'en réalité, ceux de Consuelo sont en dehors du code de la beauté féminine: la romancière les décrit simplement, ils sont «courts, épais et rejetés en arrière.»[11] Ainsi Sand fait son blason de la femme idéale.

La différence entre agir et paraître est souvent mise en évidence. C'est la modification principale que Sand apporte aux contes de fées, où la femme est le bel objet de l'homme. Dans leur étude des femmes qui écrivent au XIXème siècle, Gilbert et Gubar proposent que la mauvaise fée est laide dans *Blanche-Neige* parce qu'elle agit, parce qu'elle a du pouvoir.[12] Ce qui n'est pas acceptable chez la femme est associé à la laideur. On renforce une valeur sociale sous forme de jugement esthétique. Le conte de *La Belle au Bois Dormant* joue aussi sur la passivité. Dans son tombeau vitré, la belle est adorée par tous et sanctifiée par son père pour sa docilité. La laideur de Consuelo est une variante de ce motif, et sa voix a pour fonction de lui permettre de gagner sa vie. C'est bien pour son indépendance que les compagnes de Consuelo critiquent sa conduite: «Belle merveille que cette Consuelo fasse des progrès dit Zulietta. Elle est si pauvre! elle ne songe qu'à se dépêcher d'apprendre quelque chose pour aller gagner son pain.»[13]

La fonction des personnages dans les contes est considérable, Propp en fait le sujet de sa morphologie. L'absence marquée de certains personnages, le père et la mère dans *Consuelo* par exemple, est donc signifiante. La mère de Consuelo est morte, et elle n'a pas de père. Elle est même surprise de constater «Qu'elle n'avait jamais songé à demander si elle en avait un.»[14]

La romancière voudrait soustraire son héroïne aux contraintes sociales transmises par les parents. Au lieu du père qui dicte la loi à sa fille, Porpora, qui se donne comme personnage du père, n'enseigne que la musique à Consuelo. Il dit qu'il voudrait faire «une bonne religieuse,»[15] de Consuelo, expliquant qu'il ne veut pas «profaner ce talent si pur.»[16] Lorsque Zustiniani la lui demande pour son théâtre, il dit, «Prenez-là donc, cette âme sans tache, cette intelligence sans souillure; jetez-la aux chiens, et livrez-la aux bêtes.»[17] La férocité de ses paroles révèle un émotion violente. Pourrait-on raisonnablement suggérer que c'est un signe de l'interdit du père à la sexualité? Si l'on pense à son voeu que Consuelo reste vierge, alors la question peut se poser. Sand n'inscrit-elle pas ici le désir du père pour sa fille, désir incestueux qui, dans un autre conte, provoque la fuite de Peau d'Ane. C'est, en effet, à cause du désir des hommes que Consuelo aussi sera obligée de se sauver de Venise. Pour exploiter son talent et pour la garder sous sa tutelle, le Porpora voudrait la priver de toutes connaissances sexuelles. Il n'est donc pas surprenant que le corps de Consuelo n'existe pas aux yeux hystériques du maître. Il ne se permet de la regarder qu'après l'avoir remise entre les mains de Zustiniani. Il dit: «Je voudrais la regarder chanter. . .car entre nous soit dit, je l'ai toujours entendue sans jamais songer à la voir.»[18] Après l'avoir écoutée et vue simultanément, il déchaîne son désir sur elle: «C'est toi qui es le diable en personne!»[19]

Luce Irigaray, dans *Ce Sexe qui n'en est pas un,* dit que le père accuse la fille de son propre désir; il me semble que Sand a bien discerné et reproduit ici cet aspect du rapport entre le père

et la fille.[20]   Je suis surprise que Bettelheim, dans son étude
psychoanalytique des Contes de fées, ne s'en préoccupe aucune-
ment.[21] Observant tout du point de vue du conflit chez l'enfant,
il l'accuse d'éveiller le désir du père, sans tenir compte du fait
que le désir du père est depuis longtemps éveillé. Il ne semble pas
donné à Bettelheim de poser des questions sur les valeurs incul-
quées aux fillettes. Pour lui, il s'agit d'adapter l'individu à la
société, celle-ci étant toute prête à faire place à l'homme qui
réclame l'autonomie. Dans son analyse de la relation père-fille
dans *La Belle au Bois Dormant*, le psychanalyste suggère que la
fillette reste endormie pendant la période de l'approche de la
maturité sexuelle, ce qui, selon lui, serait une bonne idée. Il
cite la version ancienne, celle de Basile, où la Belle est violée
pendant son sommeil (par un prince charmant déjà marié qui
s'empresse de la quitter), et ce n'est que neuf mois plus tard,
lorsque son bébé lui tête le doigt que la belle se réveille. Dès
son enfance, le rôle de la petite fille lui est soufflé, elle sera
premièrement vierge et deuxièmement mère, car seule la mère
est acceptée dans sa dimension sexuelle procréatrice. La belle
se réveille pour prendre soin de l'enfant, passant de l'enfance
à la maternité. La période de l'adolescence, l'initiation à la
vie sexuelle, est une carrence dans le conte. Comment Sand
pourrait-elle montrer la femme dans sa satisfaction sexuelle,
ou l'adolescente dans une découverte heureuse de son plaisir
dans une pratique intertexuelle? Elle nous montre bien comment
l'enfant est culpabilisée dès l'éveil de ses instincts par son père
qui projette ses propres fantasmes sur elle.
      Le rôle de la mère est aussi capital à l'acculturation de
la jeune fille. Dans les contes, elle est souvent morte, et c'est
elle qui apparaît sous la forme d'une bonne fée; souvent pour
rappeler à l'adolescente les sanctions de la société. La Zin-
garelle, mère de Consuelo, communique à travers les objets
qu'elle lui a légués: une guitare, une robe d'indienne et un
miroir cassé. (En vérité, il y a quatre objets, mais le quatrième,
le crucifix, n'est jamais mis en jeu—c'est l'exortation à la vertu
qui reste constamment à l'arrière plan). La guitare qui suggère
la perfection dans l'art, est opposée comme pouvoir talismanique
à la robe d'indienne, vêtement énigmatique pour Consuelo
jusqu'au jour où sa mère lui dit, dans un rêve, de la conserver
pour le jour de ses noces. On connaît la superstition populaire:
il ne faut pas étrenner la robe avant le jour de la noce: «cela
porte malheur.»[22]   C'est la pièce qui, tangentiellement à la

guitare, symbolise le conflit carrière-marriage. Lors du premier concert, Consuelo veut la porter mais change d'idé au dernier moment et porte la robe de satin que Zustiniani lui a fait faire. Le conflict n'est résolu que beaucoup plus tard. Le miroir cassé est aussi mis en fonction dans des moments de confusion; on suggère deux fois à Consuelo de s'embellir avant de chanter, et c'est en se regardant dans ce fragment de miroir qu'elle trouve la force de dire non à la vanité: elle enlève sa poudre théâtrale et refuse de se parer d'un collier. La force de la mère est transmise par l'objet, car il faut être forte pour résister aux pressions culturelles et libérer la femme de sa destinée.

Les communications de la Zingarella sont certes plus complexes que celles du Porpora. Lorsque Consuelo ne comprend pas l'éveil du désir de son fiancé, Anzoleto, elle se souvient, cependant, des «secrets mal cachés de sa mère.»[23] La vie sexuelle demeure cet *innomable* qui cause les querelles et les cabales au début de la carrière de la jeune ingénue. Le conflit ne se règle que dans le mariage, mais la vocation de Consuelo occupera de longues années avant le mariage. A Venise, où elle n'est pas initiée à la société, Consuelo ne connaît pas le code de la sexualité: Lorsque Zustiniani lui fait la cour dans une gondole, elle n'y comprend rien du tout. Il a beau parler d'amour pour la convaincre, et, plus tard, la situer devant un miroir, elle n'y comprend toujours rien. L'imprésario est déçu: «. . .je suis tout effrayé au contraire de ne trouver là aucune des passions féminines que je connais et qui sont si faciles à mettre en jeu.»[24] Consuelo reste une énigme pour lui. L'expectative est déjouée par la modification amenée au conte de fées. Consuelo ne s'intéresse pas au jeu sur le plan sexuel. Elle gagne le concours parce qu'elle étudie; autrement dit, parce qu'elle agit. Le conte débouche donc sur une réévaluation du travail de la femme.

Mais, il n'est pas donné à la femme d'être autonome dans ce genre de récit. Tout compte fait, Propp a raison de dire que la vie réelle ne peut pas détruire la structure du conte. Dans ce premier épisode du roman feuilleton, où la rivalité domine, Consuelo ne peut remplir la dernière fonction du personnage principal: elle n'accède pas au pouvoir, comme le dicte la tradition. La conclusion de tous les contes, selon Propp, c'est que «Le héros se marie et monte sur le trône.»[25] Ni la société, ni le conte ne sont structurés pour faire fonctionnner une femme indépendante et heureuse dans ce que Consuelo nomme «les plus nobles passions.»[26] Tout est renié à la femme qui s'arroge le

rôle du héros. A la fin de cet épisode, Consuelo fuit vers la
Bohème avec une lettre talismanique de Porpora qui lui permet
d'entrer dans le Château des Géants, où le récit prend un tour
fantastique et où elle descend dans un labyrinthe pour faire
face à ses conflits intérieurs.

Dans leur dimension humaine, plusieurs héroïnes sandiennes, femmes fortes et indépendantes qui refusent le mariage,
n'arrivent pas à intégrer la sexualité dans leur vie, passant du
libertinage au célibat: Isidora, Lucrezia Floriani et Lélia, entre
autres. Mais, à la fin du troisième volume de *Consuelo*, grâce à
l'ambiance féérique et fantastique établie dès le début et in-
génieusement soutenue tout le long du roman feuilleton, Sand
forge un nouveau mythe de l'héroïne.[27]   Consuelo se marie et
continue à chanter. Elle compose la musique de la ballade à la
Bonne Déesse de la pauvreté que son fils chante sur les routes.
Il faut donc un nouveau genre, l'utopie, pour l'héroïne sandienne. L'utopie est une perspective essentielle qui se heurte à la
réalité politique. Le roman de Sand est annonciateur du féminisme radical d'aujourd'hui qui réclame une revalorisation des
déesses détrônées par les dieux.[28]   Remarquons, néanmoins,
que tout n'est pas pour le mieux dans le monde de l'écriture au
féminin, car Consuelo perd la voix, et c'est Albert qui transmet
ses propres paroles aux générations du futur, à la fin.

Consuelo est cette oeuvre de Sand qui permet de dire que,
si la mise en cause d'une tradition littéraire, le conte de fées avec
ses codes et ses techniques, est radicale, si ses traditions sont
exploitées pour faire une critique des jugements esthétiques et
des institutions culturelles, et si tracer une place pour une nouvelle figure de la femme en inscrivant son travail dans un roman
est féministe, il serait possible de répondre à la question si
souvent posée aujourd'hui: Sand est-elle féministe? L'analyse de
Consuelo indique qu'on pourrait répondre affirmativement.

Notes

[1] Mary Elizabeth Storer, *Contes de Fées du Grand Siècle* (New York:
Institute of French Studies, Columbia University, 1934), p. 7.

[2] George Sand, *OA,* Texte établi, présenté et annoté par George Lubin (Paris: Gallimard, 1970), I, 618. Les références renvoient à cette édition.

[3] Marc Soriano, *Les Contes de Perrault: culture savante et traditions populaires* (Paris: Gallimard, 1968), p. 39.

[4] Ibid., p. 34.

[5] Toutes références renvoient à l'édition Garnier de *Consuelo: La Contesse de Rudolstadt* (Textes établis, présentés et annotés par L. Cellier et L. Guichard, 1959), 3 Vols.

[6] Vladimir Propp, *Morphologie du conte,* tr., C. Kahn (Paris: Seuil, 1965, ré-imprimé 1970), p. 13.

[7] Sand, *Consuelo,* I, 8.

[8] Ibid., I, 11.

[9] Ibid., I, 14.

[10] Ibid., I, 20.

[11] Ibid., I, 17.

[12] Voir Sandra M. Gilbert et Susan Gubar, *The Madwoman in the Attic: The Woman Writer and the Nineteenth-Century Imagination* (New Haven: Yale University Press, 1979).

[13] Sand, *Consuelo,* I, 11.

[14] Ibid., I, 220.

[15] Ibid., I, 69.

[16] Ibid.

[17] Ibid., I, 68.

[18] Ibid., I, 84.

[19] Ibid., I, 85.

[20] Voir surtout *Ce sexe qui n'en est pas un* (Paris: Ed., Minuit, 1977).

[21] Bruno Bettelheim, *Psychanalyse des contes de fées,* tr., T. Carlier (Paris: Robert Laffont, 1976). Voici la conclusion de son analyse de *La Belle au Bois Dormant:* «Ces histoires enumèrent des expériences qui n'appartiennent qu'à la femme; elle doit les vivre toutes avant d'atteindre le sommet de sa féminité.» (p. 391).

[22] Sand, *Consuelo,* I, 95.

[23] Ibid., I, 97.

[24] Ibid., I, 99.

[25] Propp, p. 151.

[26] Sand, *Consuelo,* I, 147.

[27] Je suis d'accord avec Simone Vierne qui démontre bien la dimension mythique de *Consuelo* dans son analyse de l'héroïne. Sa conclusion est juste, le mythe n'a pas «cristallisé les aspirations et la vie du monde du groupe humain dont il est issu,» car l'archétype créé par Sand n'était pas d'accord avec les «circonstances historiques, sociales, culturelles» de l'époque. Voir «Le Mythe de la femme dans *Consuelo*», *La Porporina:*

Entretiens sur Consuelo, présenté par Léon Cellier (Grenoble: Presses Universitaires de Grenoble, 1976), pp. 41-51.

[28]Mary Daly, *Gyn/Ecology: The Metaethics of Radical Feminism* (Boston: Beacon Press, 1978). Selon elle, le trio Héra-Déméter-Coré, aurait été détruit et remplacé par Zeus-Poseidon-Hades.

Métamorphoses du conte, du conteur et du conté dans «La Fleur sacrée» de George Sand

Edith Jonsson-Devillers
San Diego State University

George Sand, avant-gardiste; George Sand, socialiste; George Sand, féministe; George Sand, romantique; George Sand, socialiste; George Sand, idéaliste; George Sand, passionnée; George Sand, poète; George Sand, prophète; George Sand, femme; George Sand, homme; George Sand, athée; George Sand, mystique: tels sont quelques-uns des épithètes que l'on associe, ou que l'on ne refuserait pas d'associer, au nom de la romancière. Il en est un autre moins habituel, voire même surprenant, que nous voudrions proposer: George Sand, bouddhiste, ou plus exactement, George Sand, croyante en la métempsycose.

Il est peu d'allusions à une croyance en une vie antérieure dans son oeuvre. Relevons néanmoins celle-ci: «D'où vient l'enfant? Avant de se former dans le sein de sa mère, n'avait-il pas une existence quelconque dans le sein impénétrable de la Divinité?»[1] En 1870, elle affirme catégoriquement une foi en des existence ultérieures: «Je crois que nous vivons éternellement, que le soin que nous prenons d'élever notre âme vers le vrai et le bien nous fera acquérir des forces toujours plus pures et plus intenses pour le développement de nos existences futures.»[2] C'est environ à la même époque, ou quelques années avant, qu'elle publie une nouvelle, ou conte double, intitulée «Le chien et la fleur sacrée.» C'est là que se fait jour une illustration très persuasive de la doctrine de la transmigration des âmes. Dans le premier conte, un homme rappelle sa vie dans sa dernière réincarnation: celle d'un chien. Dans le deuxième, un ami de celui-ci raconte la sienne dans le corps d'un éléphant blanc.

C'est ce deuxième conte que nous voudrions étudier, en suivant non seulement le cheminement de l'animal sacré à travers les forêts de Malaisie, et les transformations qui s'opèrent en

lui avant que de mériter un corps d'homme, mais aussi la progression du texte avec ses déplacements de la narration à la
méta-narration, ou récit dans le récit, et son oscillation entre
une forme simple, conte mythique, et une forme savante, où
l'auteur s'introduit en imprimant une direction personnelle au
récit. On étudiera enfin la matière narrative, le motif du conte,
en l'associant à l'idéologie de la romancière et au jeu de l'imaginaire.

I. *Métamorphoses du conte*

«La Fleur sacrée» est-il un innocent conte pour enfants?
C'est ainsi qu'il est en tout cas présenté. Sir William, un riche
anglais ami de M. Lechien, le héros du premier conte, parle
volontiers des choses «intéressantes et curieuses» qu'il a vues
dans ses voyages en Asie. Il va parler d'une nature exubérante,
d'un ordre de création grandiose, d'un monde prodigieux. Ce qui
tient encorè plus du prodige pour l'auditoire d'adultes et d'enfants qui l'écoute entre incrédule et émerveillé, c'est qu'il affirme
avoir regardé dans l'oeil d'un éléphant blanc pour saisir sa pensée,
et c'est alors qu'il s'est remémoré une série d'existences anté-
rieures, et, en particulier, celle qu'il a eu il y a plusieurs siècles en
tant qu'éléphant blanc sacré. Son auditoire le prie de raconter
ses souvenirs et le méta-récit, le conte dans le conte, commence.
Cette technique de l'emboîtement du récit est un vieux procédé.
Un exemple universellement connu est celui des *Mille et une
nuits.* Quel est le but de cette distanciation de l'écrivain par
rapport à son sujet? Le premier récit nous en donne une indication quand M. William avoue hésiter à parler par peur
d'incrédulité et de raillerie. Il a auparavant essayé de convaincre
son auditoire que la question des âmes n'appartient pas au
domaine de la science, affirmation osée à une époque posi-
tiviste. La première phase du récit sert donc à ménager le lecteur, à le préparer à une «hérésie.» Celui-ci sera ainsi témoin
d'une histoire sur la véracité de laquelle il n'a pas à se prononcer,
tout comme il est le témoin de l'étonnement de l'auditoire
devant qui se fait la narration. Libre à lui de s'identifier avec
l'un ou avec l'autre. Cette distanciation permettra peut-être une
acceptation plus facile du contenu de la narration.
    Voyons donc à présent le récit second, qui constitue la

partie la plus importante du conte. Rappelons très brièvement la trame de l'histoire: M. William raconte sa vie comme éléphant blanc, c'est-à-dire sacré, dans les forêts de la Malaisie. Il vivait heureux avec sa mère dans un lieu édénique et prodigieux lorsqu'un jour le malheur fond sur eux, sous la forme de chasseurs qui veulent les capturer. La mère se fait tuer pour défendre son éléphanteau, sacrifice inutile car il est finalement mis en cage. Malgré sa tristesse et sa fureur, il laisse entrer dans sa prison un petit homme noir vêtu de blanc qui lui fait une offrande de riz, car il distingue en lui «une intention affectueuse et caressante.»[3] Cet homme deviendra son mahout, dans une curieuse relation de protection et d'identification. A quinze ans, quand il devient adulte, un marché est conclu avec le radjah des Birmans pour que l'éléphant aille résider dans la capitale de son pays, car un éléphant sacré assure la prospérité d'un empire.[4] Alors commence pour La Fleur sacrée (tel est le nom que le mahout, Aor, a donné à l'éléphant) une vie de conte de fées. Après avoir traversé bois et jungles, il arrive à Pagham, dans un monde d'or et de pierreries. Il habite dans un palais aussi somptueux que celui du roi, et reçoit les hommages de toute la cour. Mais la roue tourne, le souverain ami est détrôné par un usurpateur, et les deux amis subissent de mauvais traitements. Aor est même menacé de mort, et Fleur sacrée décide alors de retourner avec lui dans son pays natal en bravant les dangers du voyage.

Après bien des peines, ils retrouvent ce lieu idyllique où ils passent «de longues années dans les délices de la délivrance.»[5] Aor vieilli mourra finalement, et son ami l'éléphant ne lui survivra pas plus de quelques heures. Il apprend «dans d'autres existences» que l'empire birman subit de grands revers après sa disparition, et que la ville de Pagham est abandonnée et tombe en ruines.

Là s'achève le récit second, et le récit premier est repris par une question sur la moralité du métarécit. Sir William prophétise alors l'avènement d'une race humaine divinisée dans un monde idéal, véritable Eden retrouvé.

Si l'on examine la technique narrative du métarécit, on voit qu'il obéit au schéma classique du conte de fées. L'action se passe dans un temps mythique, vaguement associé aux débuts du bouddhisme. Le lieu est également mythique, bien que situé très exactement sur la carte géographique: il s'agit de la presqu'île de Malacca, et l'on peut suivre le cheminement de Fleur

sacrée le long des côtes de Tenasserim jusqu'aux rives de
l'Iraouaddy. Cependant, ces lieux sont idéalisés par leur inac-
cessibilité, leur exotisme et la vision subjectivisante du «je»
narratif, l'éléphant blanc, alias Sir William. La presqu'île est,
par excellence, l'archétype jungien du monde prénatal, un monde
clos (une presqu'île) empli de tièdeur: «c'était la saison
douce. . .,» «la chaude humidité du feuillage,» de parfums:
«nous dormions à l'ombre parfumée des mangliers, des ba-
naniers, des baumiers et des cannelliers.» C'est un monde
heureux: «Je grandissais heureux et libre sur les hauteurs. . .
Qu'elle était belle, cette mer de la Malaisie avec ses milliers
d'îles vertes comme l'émeraude et d'écueils blancs comme
l'albâtre, sur le bleu sombre des flots!»[6]

Les fonctions que Propp a analysées dans le conte russe
pourraient sans doute se retrouver ici: obstacle qui se présente
avec les chasseurs; épreuve de la mort de la mère, puis de la
prison, adjuvant, Aor, le mahout, etc. . . Ce qui nous intéresse
davantage est le trajet d'un code à un autre: celui de la ville
impériale, qui prend en charge le rôle maternel de protection et
de nutrition. La trajectoire de A en B est-elle une progression?
Il semble en être ainsi au début, car si en A, la Fleur sacrée ne
pouvait guère dominer que les autres éléphants gris, inférieurs
en taille et en esprit («nous vivions seuls, ma mère et moi ne
nous mêlant pas aux troupes nombreuses des éléphants vul-
gaires, plus petits et d'un pelage différent. . . .»),[7] c'est maintenant tout une cour sur laquelle il règne: un fief qui lui appartient en propre, un ministre pour lui obéir, une maison de
deux cents personnes, une suite de cinquante éléphants, plus
chevaux et boeufs, un corps de musique, et tous les honneurs
dus à l'éléphant sacré.[8] De plus, il est consacré être spécial,
sacré, par les présents des ambassadeurs, les conversations qu'il
entretient avec les prêtres les plus savants qui viennent le voir,
les attentions du roi qui le chérit.[9] La splendeur inouïe de son
costume d'apparat est le signe extérieur de cette consécration
acquise en B (à Pagham).

Cependant, la métamorphose opérée par la ville s'avère
être néfaste quand le roi bienfaisant est détrôné. C'est alors
que s'effectue le retour. La trajectoire ne forme donc pas une
ligne, mais un cercle. On ne va pas vers un mieux sans cesse
élargi, mais vers la conscience d'un mal en germe dans le bien:

Dans cette surexcitation du sentiment je subis un phé-

nomène douloureux, celui de retrouver la mémoire de
mes jeunes années. Je revis dans mes rêves troublés
l'image longtemps effacée de ma mère assassinée. . . . Je
revis aussi mon désert, mes arbres splendides, mon fleuve
Tenasserim, ma montagne d'Ophir, et ma vaste mer
étincelante à l'horizon. La nostalgie s'impara de moi
et une idée fixe, l'idée de fuir, domina impérieusement
mes rêveries. . .[10]

C'est au moment où, le périculeux voyage accompli, les
deux amis se retrouvent dans la terre natale qu'ils peuvent se
plonger «dans la béate extase du présent.»[11] Le texte passe
vite sur ces années heureuses, mais le sentiment d'extase, le
fait qu'Aor vit en bouddhiste fervent et ne mange plus que des
végétaux, montre que le Nirvana est atteint. C'est cela que le
premier récit, qui reprend à ce point, va souligner. La «leçon»
qui se dégage donc, est que l'être est issu de la divinité, qu'il
doit passer un temps dans «la cité,» c'est-à-dire dans le monde
qui attire par son chatoiement, mais cette splendeur est fausse,
sa sécurité est illusoire, son apparat de courte durée: c'est la
maya, la grande illusion des apparences, qui fait tourner le
globe. Aor et Fleur sacrée l'ont bien compris et meurent en
odeur de sainteté. Par le truchement du récit premier, le texte
reprend la conclusion évidente et termine par l'évocation d'une
utopie, la grande association universelle, l'enfant qui jouera avec
le tigre, etc. . .
On pourrait alors se demander pourquoi cette trajectoire de
A à B et retour à A? Pourquoi y a-t-il retour, et non pas progression vers un autre point C, par exemple? Si l'on prend de
nouveau une perspective bouddhiste, ou même orientale, de la
vie, nous voyons que nous sommes soumis à l'awagawam,
l'eternel recommencement: naissance, vie, mort, et de nouveau
naissance, vie, mort et ainsi de suite. La circularité du texte, le
retour au lieu premier, est ainsi le calque du voyage de Fleur
sacrée dans le temps. Ce calque est rendu encore plus évident par
l'existence du récit premier, qui a pour fonction de corroborer
cette perspective non seulement par son contenu: Sir William est
la présente incarnation de l'éléphant, mais aussi par sa forme
d'enchassement: récit premier, puis métarécit, puis récit premier
qui continue. Ce récit double est lui-même inséré dans la
nouvelle qui présente deux contes sous le même titre: «Le Chien
et la Fleur sacrée,» ayant le même auditoire et deux conteurs

amis, traitant chacun pour son compte d'un même sujet, la réincarnation. La roue tourne et la vie se répète.

Nous verrons maintenant plus en détail les différentes étapes de la métamorphose du conteur, c'est-à-dire du héros.

II. *Métamorphose du conteur, le héros*

Ce qui frappe tout d'abord le lecteur dans la narration est l'emploi du pronom «je.»   C'est un conte qui refuse d'être conte, par là même que le conteur est présent et prétend parler de son histoire à lui, de sa biographie. Alors que l'on admettra facilement dans un conte de fées que les personnages-animaux parlent à la première personne, car le lecteur, de connivence avec l'auteur, sait qu'il s'agit d'une fiction, on a plus de mal à accepter que le «je» de l'éléphant soit identique à celui de Sir William, dignitaire britannique apparemment très éloigné de l'animalité.

Il est vrai toutefois que le «je» du métarécit est assez spécial. Il s'agit d'un éléphant, certes, mais d'un spécimen très particulier de la gent éléphantine: un aristocrate (comme «Sir» William), qui ne se mêle pas à ceux de sa race. Il appartient aux solitaires, qui n'obéissent qu'à leur humeur capricieuse. Il insiste sur les convenances sociales: quand le ministre chargé de sa réception veut lui faire lecture d'une lettre que lui adresse le roi, il prend la lettre de ses mains et la donne à Aor, parce que le ministre appartient à une caste inférieure. Ce «je» a de plus une assez bonne opinion de lui-même, et insiste sur l'aspect très moral de sa personne.

Son physique aussi est exceptionnel. Non seulement il est d'une haute taille, mais sa robe blanche le classe tout de suite à part: c'est un animal sacré. On pourrait donner d'innombrables exemples du symbolisme du blanc en littérature, de Blanche-Neige à Croc Blanc, ou à Moby Dick, le cachalot blanc. La couleur blanche est évidemment synonyme d'innocence et de pureté. Gilbert Durand range le blanc dans une constellation symbolique associant le lumineux, le solaire, le pur, le royal, le vertical: qui dit blancheur dit être marqué par le divin.[12] La description la plus flatteuse de Fleur sacrée a lieu lors de sa réception à la cour:

. . .on me revêtit de longues bandes écarlates, tissées
d'or et de soie, qui se drapaient avec art autour de moi

> sans cacher la beauté de mes formes et la blancheur
> sacrée de mon pelage. . . . Des glands d'argent du plus
> beau travail furent suspendus à mes oreilles, des anneaux
> d'or et d'émeraudes, saphirs et diamants, furent passés
> dans mes défenses, dont la blancheur et le brillant at-
> testaient ma pureté. . . . Je vis avec joie que mon cher
> Aor avait un sarong de soie blanche brochée d'argent,
> des bracelets de bras et de jambes en or fin et un léger
> châle du cachemire blanc le plus moelleux roulé autour
> de la tête.[13]

Aor, nous le verrons, est, pour ainsi dire, un double de
Fleur sacrée, et partage donc avec lui les attributs extérieurs de
candeur et de pureté. Lors du défilé vers son palais, au milieu
des fanfares et des parfums, une neige odorante de fleurs de
jasmin et d'oranger (toutes deux blanches, bien entendu) pleu-
vent sur l'éléphant.

Si son physique manifeste la pureté de son coeur, que dire
de son moral? Fleur sacrée était dès l'enfance marqué pour une
haute destinée. Quand il vivait avec sa mère:

> Elle m'enseignait à adorer le soleil et à m'agenouiller
> chaque matin à son apparition glorieuse, en relevant ma
> trompe blanche et satinée, comme pour saluer le père et
> le roi de la terre. . . . Nous n'avions que de hautes pen-
> sées, et notre coeur se dilatait dans la tendresse et l'in-
> nocence.[14]

Quand il a été capturé, on veut le forcer à aider les chasseurs à dompter des éléphants sauvages. Mais cela éveille en
lui «le sentiment du juste,» et, tel un vaillant mousquetaire, il
se porte au contraire à la défense des prisonniers. C'est alors
qu'Aor s'exclame: «Vous voyez bien que celui-ci est un ange et
un saint. Jamais éléphant blanc n'a été employé aux travaux
grossiers ni aux actes de violence. . . . Non, vous ne comprenez
pas sa grandeur et vous outragez son rang! Ce que vous avez fait
attirera sur vous la puissance des mauvais esprits.»[15] Fleur
sacrée est donc un élu qui n'écoute en lui que les nobles sentiments, c'est un protégé des dieux. Un autre exemple de sa
sainteté nous est offert lorsque, faisant une promenade sur le
fleuve Iraouaddy, il se trouve entouré de gros poissons dorés
«implorant» quelque nourriture. Quand Aor leur jette un peu de

riz, ils manifestent une grande joie et accompagnent les deux héros jusqu'au rivage. Fleur sacrée présente alors un poisson au premier ministre, qui le baise et ordonne de rehausser sa dorure d'une nouvelle couche, après quoi «on le remit dans l'eau avec respect.»[16]

Les intentions moralisantes de Fleur sacrée sont manifestes encore une fois quand il se rend dans les temples (aucun ne lui est fermé), et là, il s'agenouille devant Gautama le Bouddha, lui présente des offrandes, balance devant lui l'encensoir d'or. Espère-t-il ainsi s'attirer les faveurs de la divinité? Il veut en tout cas «donner l'exemple aux croyants, édifiés de ma piété.»[17] Sa religion, bien qu'extérieure, est bien intentionnée.

Si ses action pieuses rapprochent l'animal du divin, il en est d'autres qui non seulement le rapprochent mais l'identifient même à l'homme. Le conte fait une place tout-à-fait spéciale au personnage d'Aor, le mahout. Aor apparaît au moment où la mère de l'éléphant est tuée, se substituant à elle pour les fonctions de protection, de nourriture, d'éducation, au point où l'un ne paraît pas sans l'autre, et devient comme son ombre, son double, son *alter ego*. Aor non seulement se substitue à la mère pour les fonctions physiologiques indispensables (il nourrit l'éléphant, il l'évente, il le lave, il le débarasse de ses épines), mais la remplace, et, sans doute aussi, la surpasse, dans la fonction primordiale de la maternité, l'amour. C'est parce qu'il lui parle tout d'abord avec une «intention affectueuse et caressante,» que l'éléphant le laisse s'approcher de lui. Le mahout dompte certes l'animal, mais il ne le fait qu'avec ses douces paroles et le son de sa flûte.[18] Il prédit que si jamais on les séparait, l'un d'eux mourrait. La notion de dépendance laisse place peu à peu à une action de réciprocité: «J'étais jaloux, et je ne voulais pas qu'il reçut d'autre nourriture que celle que je lui présentais,» dit Fleur sacrée. «Je choisissais pour lui les meilleurs fruits, et je lui tendais avec ma trompe le vase que je remplissais moi-même de l'eau la plus pure.»[19] Si Aor a aidé son ami à reprendre goût à la vie après la mort de sa mère, Fleur sacrée lui sauve la vie lorsque, après la disparition du bon monarque, Aor est pris en haine par des scélérats qui le lient à un arbre et sont prêts à le frapper de mort. Ils s'enfuient dans la jungle, et, à son tour, Aor teint la peau de l'éléphant en gris, en guise de camouflage. La signification de cette union intime de deux êtres, de cet échange de services et d'affection, nous est donnée par un bref commentaire inséré dans l'histoire:

.. .dans l'union intime de l'intelligence humaine avec une
grande force animale, une puissance exceptionnelle
s'improvise. Si les hommes avaient su s'identifier aux
animaux assez complètement pour les amener à s'identifier à eux, ils n'auraient pas trouvé en eux des esclaves
parfois rebelles et dangereux. . .ils eussent résolu le
problème de la force consciente sans avoir recours aux
forces aveugles de la machine. . ..[20]

Si les dernières paroles trahissent l'intrusion dans le discours d'un autre moi que le *je* narratif, non pas celui de Sir
William, mais bien celui de George Sand, idéaliste convaincue, il
n'en est pas moins vrai que l'image du jumelage des héros est un
trait constant dans les mythologies, et dans les contes qui en sont
le reflet.   Chez les Aztèques, Quetzalcoatl, le serpent à plumes,
Dieu du vent, a pour double un chien quand il traverse les enfers.
Chez les Mayas, Uhnapu et Ixbalanqué, héros du *Popol Vuh,* sont
des jumeaux frère et soeur.   Chez les Incas, Manco Capac et
Mama Ocllo fondent ensemble la ville sacrée de Cuzco.   Ce sont
les premiers exemples qui nous viennent à l'esprit.   Encore une
fois, l'union de deux êtres complémentaires renforce l'unité, et
l'unité absolue est le Divin.   Un animal exceptionnel qui s'associe
à un homme sera donc plus proche de la divinité qu'un homme
ou un animal seuls.   C'est aussi le sens ultime du totémisme: un
Peau-Rouge ou un aborigène australien choisissant un totem
ajoute à sa propre personnalité les qualités de l'animal ou du
végétal avec qui il se sent en affinité.   Mircea Eliade entre autres
a étudié cette question.[21]
Cette unification des deux êtres est évidente à la fin du
récit.   Aor meurt, et Fleur sacrée, malgré la longévité de sa
race, se laisse périr de chagrin.   «L'âme fidèle et généreuse
d'Aor avait-elle passé en moi?   Peut-être.»[22]   C'est là l'ultime
métamorphose du conteur: l'animal noble a mérité l'union
spirituelle avec un homme.
L'harmonie entre ces deux êtres se manifeste encore d'une
autre façon, assez singulière.   Il y a entre eux échange de pensée
parce que Fleur sacrée comprend la *parole* d'Aor.   C'est par de
douces paroles qu'Aor a pu s'approcher de l'animal, c'est grâce
à elles qu'il a su le dompter.   Le mahout confère à l'éléphant
le *nom* de Fleur sacrée, c'est-à-dire qu'il lui donne une identité
par la parole.   La parole se fait écriture lorsque le roi des Birmans
envoie à notre héros une lettre «écrite en bleu sur une longue

feuille de palmier dorée,» et par-dessus cette lettre, on déplie une ombrelle d'or avant d'en faire lecture: c'est-à-dire que l'écrit est un substitut de la personne royale. Dans son costume d'apparat, l'éléphant porte entre les yeux un croissant de pierreries et une plaque d'or où se lisent tous ses titres.[23] L'écrit est donc une parole seconde qui donne à l'animal droit de cité dans le monde des hommes. Lorsque les prêtres les plus savants viennent converser avec Fleur sacrée, et lisent dans sa pensée à travers «son large front toujours empreint d'une sérénité sublime,»[24] l'animal perd toute animalité et prend place au rang des hommes, et même parmi les plus sages d'entre les hommes. Plus tard, la communication entre les deux amis est si directe que la parole même devient superflue: «...il lisait dans ma pensée comme moi dans la sienne. Il n'avait même plus besoin de me parler.»[25] Nous sommes arrivés au stade de la télépathie, mais Aor a servi de truchement pour établir la communication avec le monde extérieur. Il a servi d'auxiliaire et encore une fois, d'*alter ego* à Fleur sacrée.

III. *Métamorphose du conté*

Qu'advient-il dans tout cela de la matière narrative, du conté lui-même? La conclusion de Sir William est celle qui s'impose au lecteur: l'histoire merveilleuse devient un *éthos,* et finalement une utopie. Dans le code juridique de Manu, qui reflète l'idéal brahmanique, il est écrit que l'homme devient le miroir de ses actes.[26] Il peut aussi bien descendre que remonter dans l'échelle de la création: tout en bas sont les végétaux, les espèces sans pouvoir de locomotion, puis viennent les insectes, les serpents, et tout ce qui rampe, puis les mammifères: chevaux, éléphants, lions, sangliers, etc... Puis vient l'homme, et au-dessus de lui, le divin. Dans notre conte, l'éléphant mérite une incarnation humaine par ses actions nobles et sa pensée qui s'élève vers le bien. Le conté tend donc à inciter le lecteur à un perfectionnement. Ceci est du reste consciemment voulu par George Sand, qui écrivait vers cette époque à Flaubert:

> Pourvu que ces ouvrages soient animés d'un esprit de générosité et qu'ils tendent à l'amour du bien ils ne peuvent faire de mal et même ils peuvent faire un peu de bien.[27]

Notons que l'envers de la médaille implique que les méchants soient punis, et c'est ce qu'il advient de l'empire birman et de la ville de Pagham, cité maudite qui tombe en ruines lorsque Fleur sacrée la quitte. Le conté est donc bien un *éthos.*

Il devient une utopie, lorsque Sir William laisse son imagination aller à bride abattue. «Deviendrons-nous des anges avec des ailes et des robes d'or?» demande innocemment la petite fille qui l'écoute. «Parfaitement,» répond-il. «Nous deviendrons tous riches et purs; les ailes, nous saurons les trouver: la science nous les donnera pour traverser les airs, comme elle nous a donné les nageoires pour traverser les mers.»[28] Mélange de réalité matérialiste et d'idéalisme naïf? Il semblerait en être ainsi: quand la race entière deviendra non seulement végétarienne, mais même frugivore, les carnassiers disparaîtront, et alors:

> Alors fleurira la grande association universelle, l'enfant jouera avec le tigre comme le jeune Bacchus, l'éléphant sera l'ami de l'homme, les oiseaux de haut vol conduiront dans les airs nos chars ovoïdes, la baleine transportera nos messages. Que sais-je! tout devient possible sur notre planète dès que nous supprimons le carnage et la guerre....[29]

Le conté devient pur envol imaginaire. Nous croyons toutefois qu'il ne s'agit pas de s'attarder sur une conclusion qui peut paraître surprenante, sinon fantaisiste. Ce qui est essentiel est d'appliquer à l'ultime métamorphose du conté la formule que George Sand admirait tant chez Leibniz: il faut «s'efforcer de croire ce qu'on ne comprend pas, mais s'efforcer de comprendre pour mieux croire.»[30] C'est-à-dire que le lecteur ne doit pas refuser de laisser ses croyances céder le pas à d'autres croyances, il ne doit pas craindre de laisser opérer en lui des métamorphoses semblables à celles qui se produisent dans le conte, le conteur et le conté du récit de George Sand.

Notes

[1] George Sand, *Oeuvres autobiographiques* (Paris: Gallimard, 1970), I, 533.

[2] Dans, *Mélanges* (Paris: Perrotin, 1843), p. 165, d'après une citation de Francine Mallet, *George Sand* (Paris: Bernard Grasset, 1976), p. 175.

[3] George Sand, «Le Chien et la Fleur sacrée» dans *Voyage dans le Cristal* (Union Générale d'Editions, 1980), p. 268.

[4] Ibid., p. 271.

[5] Ibid., p. 281.

[6] Ibid., p. 265.

[7] Ibid., p. 265.

[8] Ibid., p. 271.

[9] Ibid., p. 277.

[10] Ibid., p. 278.

[11] Ibid., p. 281.

[12] A la blancheur, Gilbert Durand associe également le lumineux: Dieu est appelé «le Brillant» dans les Upanishads, *Les Structures anthropologiques de l'imaginaire* (Paris: Bordas, 1969), p. 164.

[13] Sand, *Voyage dans le Cristal,* p. 275.

[14] Ibid., p. 266.

[15] Ibid., p. 270.

[16] Ibid., p. 273.

[17] Ibid., p. 277.

[18] Ibid., p. 270.

[19] Ibid., p. 271.

[20] Ibid., p. 280.

[21] *The Quest: History and Meaning in Religion* (Chicago: University of Chicago Press, 1969), pp. 134 ff.

[22] Sand, *Voyage dans le Cristal,* p. 250.

[23] Ibid., p. 274.

[24] Ibid., p. 277.

[25] Ibid., p. 280.

[26] Alfred Bertholet, *The Transmigration of Souls,* tr. Rev. H. Chayton (London: Harper & Brothers, 1909), pp. 65 et 69.

[27] Lettre à Flaubert du 30 nov. 1866, pp. 45-46, dans la *Correspondance entre George Sand et Gustave Flaubert,* citée par Mallet, p. 257.

[28] Sand, *Voyage dans le Cristal,* p. 282.

[29] Ibid., p. 283.

[30] Mallet, p. 171.

II

LITERARY INFLUENCE FROM GERMANY AND ENGLAND

The Influence of E.T.A. Hoffmann on George Sand

Elaine Boney
San Diego State University

In a letter written April 2, 1831, George Sand stated her belief that E.T.A. Hoffmann belonged to the very greatest writers: "Notre Dame is to the monuments of Gothic architecture what Chateaubriand or St. Etienne is among writers, what Victor Hugo or Hoffmann is among poets. . ."[1] She owned the volumes of the incomplete edition of Hoffmann's works translated into French by Loève-Veimars,[2] who together with Eugène Lerminier and Jean-Jacques Ampère shared the same literary dinners and their interest in German arts and letters with her.[3] From 1830 on she read Hoffmann's works avidly, and between 1834 and 1837 she lived in a Hoffmannesque world.[4] In 1855 she inquired whether all of Hoffmann's works had been translated, and she owned the volume of posthumous works which was published by Champfleury in 1856.[5] In a letter to François Buloz written June 12, 1837, she even proposed writing a conclusion for the life of Kreissler, a Hoffmann character whom she mentions many times, but this project was never carried out.[6] The references to his *Contes fantastiques* indicate that she was probably familiar with all or most of the many works published in the collection, *Fantasiestücke in Callots Manier.* Titles mentioned include: *Nussknacker und Mäusekonig,* «Don Juan,» *Der goldene Topf, Kater Murr,* and *Klein Zaches genannt Zinnober.*

Although contact between Sand and Hoffmann was limited to her knowledge of his works, their lives shared several elements which are artistically significant. Both wrote prolifically, in part because of the necessity to earn money. Both were musicians, she a talented amateur, he a professional music critic, editor and composer. His first writing was for journals of music, and his fiction grew from that beginning. Both wrote very little about their works and their literary theories, and what they did write was often an integral part of their fiction, as in Hoffmann's discussion of the nature of music and the stage in *Kreissleriana* and *Nachricht von den neuesten Schicksalen des Hundes Berganza* and Sand's defense of her use of colloquial language rather than the classical usage of the Academie Française for narration of tales from the local countryside in *François le Champi*.

Both Hoffmann and Sand believed in the supreme importance of art and the artist who creates it. In *Die Elixiere des Teufels* the painter Francesko was so completely overcome by the spirit of art that he could think of nothing else, and he considered art higher than all honor and splendor on earth; everything else appeared to be a miserable striving for vain trifles.[7] Special insights are revealed to the artist who is enabled to penetrate beyond the surface of reality to the mental and spiritual realms of truth, universality, and eternity. In *La dernière Aldini* the artist is described as noble, endowed with more grace and fire of spirit than others.[8] Since the artist is a citizen of the universe of the spirit, he must be free from the legal and social constraints of the ordinary world, for such constraint would be unendurable.[9]

In *Der goldene Topf* and «Die Bergwerke zu Falun» Hoffmann portrays the relationship of the artist to his work. In each of these works love for art conflicts with love for a young lady. In *Der goldene Topf* the conflict is happily resolved by the choice of art symbolized by Serpentina, for the closing statement inquires, "Is Anselmus' bliss anything but his life of poetry which reveals the blessed harmony of all Being as the deepest secret of nature?"[10] In «Die Bergwerke zu Falun» Elis is clearly warned to be true to the queen (who can be interpreted as a symbol for art) whom he serves,[11] but he plans to wed. When he goes to the mine on his wedding day for a jewel for his bride, he fails to return, and his corpse is not found until many years later. George Sand and Jules Sandeau adopted this concept of Hoffmann that the artist lives chastely alone, devoted absolutely to art.[12]

It is not surprising that Hoffmann and Sand, with their devotion to art, would also despise all falseness and pretense. In her *Histoire de ma vie* George Sand wrote:

> Well sweet are the uses of adversity, and I suppose that it
> is to the disgust that this perpetual hectoring gave me for

all affectation that I owe my faithfulness to my natural
thoughts and feelings. I hate the false, the stilted, the
mannered, and I spat on them even when they have been
cleverly lacquered with false simplicity. . .[13]

The belief in honesty and simplicity runs throughout Hoffmann's
work and appears in both positive and negative form. In *Kreissleriana* he writes:

> They have handed me a splendid crown, but what glitters
> and sparkles in the diamonds are the thousand tears that
> I have shed, and in the gold glow the flames which have
> consumed me.—Courage and power—Trust and strength
> to him who is called to rule in the spiritual realm.[14]

In its negative form it appears as ridicule for what is false and
superficial, for "every educated person now has the right to
demand that one, in addition to art, know how to bow properly
and how to talk about what one doesn't understand and love and
play music."[15]   Not surprisingly, both of these statements are
made by Johannes Kreissler, George Sand's favorite Hoffmann
character.

In the field of artistic creativity the strongest link between
Hoffmann and Sand was probably their shared belief in the
dominant role of imagination. Kreissler speaks of the elevated
mood without which no work of art can be created and of the
true life in a work of art created by genuine, pious inspiration.[16]
Sand wrote of her characters appearing to her in sleep and when
she was at her writing desk they spoke to her and acted well or
badly on the white paper.[17]   Yet Hoffmann was convinced that
unconscious imagination (fantasy) must be wed to conscious
reason or intellect to create a genuine work of art.[18]   Sand came
to realize the necessary role of objective thought in the creative
process, and this change may be traced to her search for aesthetic
laws in Hoffmann's writings, one of the few instances where
Hoffmann's influence produced a clear change in George Sand.

Dreams, sleeping and waking, function as ciphers for the
irrational or inner element of life and art. For Hoffmann the
inspiration of art is a beautiful dream,[19] as art itself is born of
inspiration, and the central role of day-dreaming and imagination
in Sand's creativity is amply acknowledged. Both authors frequently use dreams in their writings to reveal the subconscious

psychological states of their characters and to prepare the way for coming events.

For both Sand and Hoffmann the proper subject of literature is man. Hoffmann says:

> . . .the art of the poet has to consist of having characters appear not only perfectly rounded, poetically true, but also taken from ordinary life so that one says to himself, "See, that's the neighbor I talk to every day! That's the student who goes to his lecture every day and sighs dreadfully before his cousin's windows."[20]

And Sand remarks that "one wants to find a human being in the depths of every story and every fact," and that "the novel needs true situations and real characters."[21]   Yet neither presented naturalistically real portrayals of individuals. Hoffmann's characters are intended to embody what is general or universal in and beyond individual characteristics,[22] and Sand finds it necessary to idealize her characters:

> . . .one should not fear giving an exceptional importance in life to forces above the common ones, to charming aspects or sufferings which completely surpass habitual ones and even go beyond those realistically admitted by the majority of intelligent minds.[23]

The most important theme in literature in the opinion of Sand and Hoffmann is love.   Sand says that the central figure generally represents the passion of love since almost all novels are love stories.[24]   Most of Hoffmann's works likewise deal with love, including love of art.   Love is for him the highest point of life, able to redeem sinners.[25]   In many of his works the protagonist is first awakened to sensual love by a fantasy figure, or enticed into it by a figure representing the satanic principle, but he survives this test to find an all-encompassing love free from base desire as the peak experience of life.[26]

Sand described Hoffmann's tales many times as "fantastique;" no wonder since one of his largest collections bore the French title *Contes fantastiques*. Was her understanding of the word the same as Hoffmann's definition of "fantastisch" as the special subjective way the author observes and comprehends life, i.e., the introduction of fantastic elements into the life of ordinary people so that they appear as extraordinary spirits?[27] Certainly the latter part of the definition as introduction of fantastic elements into ordinary life would not conflict with Sand's understanding of it as signifying, among other things, mystification and strange apparitions—elements which certainly abound in Hoffmann's writings.

Sand wrote to Sainte-Beuve, "*Le Secrétaire intime* is neither a novel or a tale; it is, I fear, a pastiche of Hoffmann and myself."[28] If one searches for the Hoffmannesque elements in this work, it would appear that they derive from these fantastic elements. Pronounced among these are the mystifications connected with the watch and the related identity; the strange dress prescribed by Quintilia (who is described by Ginetta as "fantasque") to express the personality of Saint-Julien and of Galeotto; the masked ball; and all the enigma surrounding the disappearance of Prince Max and the mysterious tomb in the grotto. Sand's method of writing was to create her cast of characters and the relationships among them, and the action grew primarily from that. In *Le Secrétaire intime* the plot develops, above all, from the character of Quintilia and those surrounding her, so that the action develops basically as in Sand's other works, with the fantastic elements growing out of and revealing the psychological nature of the characters. Even here the Hoffmannesque elements were integrated into Sand's own creative process.

There are both differences and similarities in the way these two authors view the nature of man. Sand says, "I want to see man as he is. He is not good or bad, he is good and bad."[29] Of Mr. Antoine Thierry in *Antonia* and the neighbor woman who tries to seduce François le Champi, Sand says that they are not really bad, just misled, and in the forward to *Maître Favilla* she defends her portrayal of admirable characters as as natural as the portrayal of their opposites would be.[30] Hoffmann, on the other hand, frequently speaks of a satanic principle which is embodied in numerous characters and also of its opposite, a Godly principle, which in human life appears as virtue. These opposites play a most important role in *Die Elixiere des Teufels,* "the story of the life of a man who at his very birth was ruled by heavenly and demonic powers, those secret links of the human spirit with all the higher principles which are concealed throughout nature and flash forth only now and then, which flash we call accident. . . ."[31] Sand rarely portrays such extremes of human nature, but in *L'Uscoque* the central character, Orio Soranzo, is completely without redeeming qualities, evil through and through. Opposed to him are his wife, Giovanna Morosini and Argiria and her brother, Count Ezzelin, all virtuous and all cognizant of the evil they oppose. They are true sons and daughters of Venice, which is described as a city with a dual nature, one glorious, beautiful, noble, gay and virtuous, but at the same time corrupt, fanatic, despotic, and debauched.[32] It is not surprising that Sand could not allow pure evil to triumph over virtue when the opposites are clearly drawn.

Hoffmann's belief that some people are ruled by a fate from which they cannot escape conflicts with Sand's belief that character is the controlling force in life. In *Le Drac* Sand introduces an external force in the form of a Provençal ocean spirit, but, in the end, the spectre is defeated by the virtuous character of the young man whose form the spectre assumes and by Francine, the girl whom he loves. Sand describes "le drac" as a good spirit unable to do evil.[33] This spectre is nourished by the visions of the imagination and the tormented thoughts of the human beings he contacts,[34] but he is unable to establish dominion in human life. Unable to make Francine love him instead of Bernard, the spectre is recalled to formless life in the ocean which is his natural home. Character triumphs over external forces.

In Hoffmann's *Prinzessin Brambilla* the characters of Giacinta and Giglio divide into real and imaginary forms. After many adventures in an imaginary realm they return richer in spirit and with a clear vision of their love for each other. Here the imaginary world is created by the characters themselves; it is an intensified form of them, a portrayal of their inner reality in symbolic form. Thus we see that for Hoffmann both fate and character can play decisive roles in life, sometimes one and sometimes the other playing the dominant role.

Sand portrayed another spirit closely related to the water in *L'Orco*, the spirit of Venice in the form of a beautiful woman. She appears only at night, and, whenever she appears, soldiers from the Austrian army occupying Venice lose their lives. When she falls in love with a young Austrian officer who loves Venice and whom she believes to be Venetian, she vanishes from her gondola never to be seen again. In *Doge und Dogaressa* Hoffmann likewise wrote a story with a water spirit and set in Venice. The elderly Doge who marries a young woman speaks of the traditional ceremony in which the Doge casts a ring into the sea, symbolizing the marriage of Venice to the sea. When the Doge is killed in a political upheaval, his wife and the young man who loves her escape in the night by boat, but a storm arises and they drown; the sea takes revenge on the Doge's rival bride. A common thread of broken loyalty runs through these stories ending with revenge by the sea, and both are framed, a form used very frequently by Hoffmann. A heavy air of inevitability pervades both tales, reinforced by the mystery surrounding Sand's l'Orco and Hoffmann's beggar woman with her visions of the future. Yet despite these similarities, these stories are each unique and original creations. Clearly Sand uses some elements which also occur in the Hoffmann tale, yet she creates a very different work which is distinctly her own, with emphasis shifted from revenge to love, and motivation shifted from fate to character.

The influence of Hoffmann's *Datura fastuosa* on Sand is the most clearly documented of all the literary relationships. There exists a handwritten play by Sand entitled "Datura fastuosa."[3][5] The one-act play, *Le Lis du Japon,* has characters with the same name as those in the novel *Antonia,* and a related though greatly simplified plot. The interrelated themes of these three works established beyond doubt the link between Hoffmann's *Datura fastuosa* and Sand's play of the same name, *Le Lis du Japon,* and *Antonia.*

Hoffmann's novella, *Datura fastuosa* bears the name of a flower as its title, has a botanist as its central character, and the plot revolves in part around the marriage between a young student and a widowed matron of sixty years. When the young man is awakened to sensual love by the satanic character, Countess Gabriela, the matron dies, leaving him free to marry again. Sand's *Antonia* likewise bears the name of a flower (as does *Le Lis du Japon*) and has a botanist as one of its characters. Here the rich, elderly botanist uncle falls in love with the poor young countess who loves the uncle's poor painter nephew. The uncle finally realizes that his attempt to force the countess to marry him is causing great grief for both of the young people, and he renounces his desire—which was rooted more in pride than in love—and gives them his blessing and financial aid. While Sand adapted from Hoffmann the botanist as central character, the flower as an element of plot, and the love of an elderly person for someone young the Sand novel otherwise has little resemblance to the Hoffmann work. The Hoffmann tale turns around the external interference of two satanic characters, where the action in the Sand novel proceeds from the nature of the personae.

Sand wrote of Kreissler, the musician of *Kater Murr*:

> Facetious Kreissler, bitter and charming poet, it is in the midst of fleeting scenes of your life as an artist, prey to cruel and ludicrous strife, where love of beauty and perception of an ideal captivate you, grappling with the insensitivity and the bad taste of the bourgeoisie. ., in ridiculing the one and prostrating yourself before the other that you experience life, now delirious with joy, now devoured by ennui.[36]

Hoffmann himself considered *Kater Murr* to be his best work.[37] The views of the bourgeoisie, especially about art, are presented by Kater Murr, whose manuscript was interspersed by pages which he tore from a book and used as a pad under his own writing or as a blotter. These pages were from the autobiography of Johannes Kreissler, a true artist. Sand's *Maître Favilla* with its duality of artist-bourgeoisie is thematically perhaps Sand's most Hoffmannesque work. Both Kreissler and Maître Favilla are musicians; both suffer psychological problems as a consequence of their conflicts with the ordinary world. And is it more than chance that Maître Favilla's son is employed in Nürnberg, the setting of Hoffmann's *Meister Martin der Küfner und seine Gesellen?* Sand resolves the conflict between bourgeoisie (Keller) and art with restoration of Maître Favilla's memory, with reconciliation of the two extremes by recognition of each for the value of the other, and with the betrothal of Keller's son and Maître Favilla's daughter. Hoffmann, on the other hand, finds the conflict irreconcilable. His Kreissler retreats further and further from reality, gradually goes mad, and commits suicide. Again, the two works share a basic conflict and the action is derived essentially from the nature of the characters, but Sand's play is her own development, not an imitation of Hoffmann.

In some of Hoffmann's later writings such as *Nachricht von den neuesten Schicksalen des Hundes Berganza* and «Der Dichter und der Komponist,» he used extensive drama-like sections, with the name of the speaker followed by the speaker's statement. He explained that this was to avoid repetition of introductory phrases such as "he said."[38]   The same use of dramatic direct statements appears in Sand's *Histoire de ma vie*. Since this technique is very uncommon in literature, it appears that Sand followed Hoffmann's usage in her own writing.

Sand was probably attracted to Hoffmann by the similarity of their thinking, especially by their shared high regard for the artist and art. In four ways he appears to have either changed her thinking or indicated possibilities to her: 1) the necessity for reason as well as imagination in the creative process; 2) the possibility of using music as a literary subject; 3) the possibility of using a botanical subject in literature; and 4) the technique of using drama-like sections in narrative prose. This might have appealed to Sand because of her own dramas. The influence and similarities where they exist are broad and basic; and where common themes occur, Sand's work follows its own line of development without dependence on or imitation of any element outside her own imaginary reality.

Notes

[1] George Sand, *Corr.*, ed., Georges Lubin (Paris: Garnier, 1964-), I, 836.

[2] Ibid., XIII, 319.

[3] Curtis Cate, *George Sand* (New York: Avon, 1975), p. 240.

[4] Madeleine L'Hôpital, *La Notion d'artiste chez George Sand* (Paris: Boivin, 1946), pp. 60-61.

[5] Sand, *Corr.*, XIII, 319.

[6] Ibid., IV, 122.

[7] E.T.A. Hoffmann, *Die Elixiere des Teufels, Lebens-Ansichten des Katers Murr* (Darmstadt: Wissenschaftliche Buchgesellschaft, 1978), pp. 228-229.

[8] George Sand, *La dernière Aldini* (Paris: Perrotin, 1843), pp. 47 and 127.

[9] Thérèse Marix-Spire, *Les Romantiques et la musique: le Cas George Sand 1804-1838*, p. 131.

[10] E.T.A. Hoffmann, *Fantasie und Nachtstücke* (Darmstadt: Wissenschaftliche Buchgesellschaft, 1978), p. 255.

[11] E.T.A. Hoffmann, *Die Serapionsbrüder* (Darmstadt: Wissenschaft-liche Buchgesellschaft, 1978), p. 277.

[12] Marix-Spire, p. 235.

[13] George Sand, *OA*, ed., Georges Lubin (Paris: Gallimard, 1970), I, 679. Translation from George Sand, *My Life*, trans., Dan Hofstadter (New York: Harper and Row, 1979), p. 196.

[14] Hoffmann, *Fantasie—und Nachtstücke*, p. 294.

[15] Ibid., pp. 311-312.

[16] Hoffmann, *Lebens-Ansichten des Katers Murr*, pp. 587-589.

[17] Sand, *OA*, II, 167-168.

[18] E.T.A. Hoffmann, *Dichter über ihre Dichtungen*, ed., Friedrich Schnapp (Munich: Heimeran, 1974), p. 196.

[19] Hoffmann, *Lebens-Ansichten des Katers Murr*, p. 539.

[20] Hoffmann, *Die Serapionsbrüder*, pp. 90-91.

[21] Sand, *OA*, II, 161.

[22] E.T.A. Hoffmann, *Späte Werke* (Darmstadt: Wissenschaftliche Buch-gesellschaft, 1978), p. 248.

[23] Sand, *OA*, II, 161.

[24] Ibid.

[25] Hoffmann, *Elixiere des Teufels*, pp. 184-185.

[26] Ibid., p. 288.

[27] Hoffmann, *Dichter über ihre Dichtungen*, p. 98.

[28] Sand, *Corr.*, II, 434.

[29] George Sand and Gustave Flaubert, *Correspondance entre George Sand et Gustave Flaubert*, preface by Henri Amic (Paris: Calmann-Lévy, 1916), p. 434.

[30] George Sand, *Maître Favilla* in *Théâtre complet de George Sand* (Paris: Michel Lévy, 1862), III, 227.

[31] Hoffmann, *Dichter über ihre Dichtungen*, p. 113.

[32] George Sand, *L'Uscoque* in *Simon; L'Uscoque* (Paris: Perrotin, 1842), p. 314.

[33] George Sand, *Le Drac* (Paris: Calmann-Lévy, n.d.), p. 37.

[34] Ibid., p. 77.

[35] Alex Szogyi, "An Unknown Play of George Sand in Her Own Handwriting: 'Datura fastuosa,'" paper at George Sand Conference, San Diego State University, February 11-14, 1981.

Incidentally, Dr. Albert W. Johnson, a botanist at San Diego State University, revealed that the correct name for the plant is "datura fatuosa." Hoffmann was no botanist, and he had asked a friend who was to find a plant for him which would be suitable for the planned story. It is therefore understandable how such an error, perpetuated by George Sand, could have crept in.

[36] Sand, *OA*, II, 916.
[37] Hoffmann, *Dichter über ihre Dichtungen*, p. 260.
[38] Hoffmann, *Fantasie—und Nachtstücke*, p. 107.

Lord Byron et George Sand: «Le Corsaire,» «Lara,» et *L'Uscoque*

Carol Mozet

San Diego State University

En lisant *L'Uscoque* de George Sand, nous avons remarqué que l'auteur avait cité deux poèmes de Byron, «Le Corsaire» et «Lara,»[1] qu'elle avait évidemment pris comme point de départ pour sa nouvelle, et nous nous sommes demandé dans quelle mesure elle s'était servie de Byron. S'il y a des similarités frappantes entre eux, leurs différences sont encore plus remarquables. Donc, nous montrerons et interpréterons les parallèles et les différences entre les ouvrages et leurs auteurs.

Sans aucun doute Byron exerça une grande influence sur George Sand, comme il le fit sur beaucoup d'écrivains du dix-neuvième siècle. Cependant, Sand ne le rencontra jamais; il mourut en 1824 quand elle n'avait que vingt ans. Pendant sa jeunesse, Aurore Dudevant avait été ensorcelée par le poète anglais: c'était l'homme romantique par excellence. Dans l'oeuvre de Byron se trouvent tous les éléments romantiques qui allaient influencer la jeune Aurore, car sa poésie l'affectait fortement, lui inspirant mélancolie et même désir de suicide.[2] Elle avoua dans son *Journal intime*:

> Byron, dont je ne connaissais rien, vint tout aussitôt porter un coup. . .plus rude à ma pauvre cervelle. L'enthousiasme que m'avaient causé les poètes mélancoliques d'un ordre moins élevé ou moins sombre, Gilbert, Millevoie, Young, Pétrarque, etc., se trouva dépassé. *Hamlet* et *Jacques* de Shakespeare m'achevèrent. Tous ces grands cris de l'éternelle douleur humaine venaient couronner l'oeuvre de désenchantement que les moralistes avaient commencée.[3]

Chateaubriand lui-même suggéra un parallèle flatteur quand il écrivit à George Sand dans une lettre du 16 août 1833 à propos de *Lélia:* «Vous vivrez, Madame, et vous serez le lord Byron de la France. . .»[4]

Nous ignorons si Sand lut «Le Corsaire» et «Lara» dans l'original ou en traduction, ce qui nous importe peu; pourtant, nous savons qu'elle savait lire l'anglais. Le célèbre Georges Lubin affirme que:

> George Sand avait une édition de Byron en anglais, *The Complete Works Including His Suppressed Poems and Others Never Before Published* (Paris, Baudry, 1832, 4 vols.). Mais elle l'avait *aussi* en traduction, par A. Pichot (Paris: Ladvocat, 1821).[5]

Il est bien connu qu'Aurore Dudevant choisit le pseudonyme George Sand, mais il est très intéressant de noter qu'elle adopta déjà l'orthographe anglaise du nom en abandonnant le «s» entre février et avril de 1833.[6] Aurait-elle pensé à George Gordon, dit Lord Byron?

Bryon conçut ses deux poèmes narratifs «Le Corsaire» et «Lara» en 1814. D'abord, au mois de février, parut «Le Corsaire,» que le poète composa avec une vitesse surprenante, car il écrivait, dit-il «*con amore,* and much from existence.»[7] Ce poème eut un grand succès. Les lecteurs à cette époque, prompts à identifier le héros d'un ouvrage de fiction avec son créateur, s'imaginaient aisément que le protagoniste Conrad incarnait Byron lui-même. Toutefois, sa lettre dédicace contient une réplique assez piquante à cette hypothèse:

> With regard to my story, and stories in general, I should have been glad to have rendered my personages more perfect and amiable, if possible, inasmuch as I have been sometimes criticised, and considered no less responsible for their deeds and qualities than if all had been personal. Be it so—if I have deviated into the gloomy vanity of "drawing from self," the pictures are probably like, since they are unfavourable; and if not, those who know me are undeceived, and those who do not, I have little interest in undeceiving. I have no particular desire that any but my acquaintance should think the author better than the beings of his imaginings.[8]

Dans son journal du 10 mars 1814 il réfuta encore une fois

l'opinion publique:

> He (Hobhouse) told me an odd report—that *I* am the actual Conrad, the veritable Corsair, and that part of my travels are supposed to have passed in privacy. Um!— people sometimes hit near the truth; but never the whole truth. . . . (H)owever, it is a lie—but, "I doubt the equivocation of the fiend that lies like truth!"[9]

Les contemporains de Byron le critiquaient aussi d'avoir créé un héros peu naturel; mais il insiste sur la vraisemblance du Corsaire dans ses notes:

> That Conrad is a character not altogether out of nature, I shall attempt to prove by some historical coincidences which I have met with since writing "The Corsair". . . .
> I beg leave to quote these gloomy realities to keep in countenance my. . .Corsair.[10]

Le poème «Lara» fut publié sept mois plus tard, en août 1814. Bien qu'il y ait des différences marquées entre les deux poèmes, notre but ne sera pas de comparer «Le Corsaire» avec «Lara;» plutôt, nous considérerons «Lara» comme la simple suite au premier ouvrage. Dans l'avertissement au lecteur, Byron explique déjà que «Lara» est:

> . . .a sequel to the "Corsair;"—the colouring is of a similar cast, and although the situations of the characters are changed, the stories are in some measure connected. The countenance is nearly the same—but with a different expression.[11]

Byron termina ses considérations sur «Lara» dans une lettre à son éditeur, Mr. Murray, le 2 septembre 1814:

> P.S.—A word or two of "Lara," which your enclosure brings before me. It is of no great promise separately; but, as connected with the other tales, it will do very well for the volumes you mean to publish.[12]

L'Uscoque de George Sand parut dans la *Revue des Deux Mondes* à partir du 15 mai 1838, vingt-quatre ans après la pub-

lication des deux poèmes de Byron. Presque rien n'a été écrit
concernant cet ouvrage peu connu aujourd'hui. Tout ce qu'il y
a d'important se trouve dans quelques lettres brèves que l'auteur
envoya à François Buloz, rédacteur de la *Revue des Deux Mondes.*
Le 8 février 1838, elle lui écrivit:

> Mon cher Buloz, voici une partie de la lre partie
> de votre conte complémentaire des *Mosaïstes*—intitulé
> *l'Uscoque.* Ce sera mon dernier conte vénitien, Dieu
> merci, car j'ai de Venise pleine la colonne vertébrale.[13]

Dans une lettre suivante, elle écrivit encore à Buloz:

> J'ai dit à Mallefille,[14] de vous dire que—comme voilà
> des contes vénitiens par charetées, si vous pensez que vos
> lecteurs en soient aussi embêtés que moi, vous pouvez
> garder *l'Uscoque* en portefeuille un mois environ.[15]

Enfin, elle lui confessa, «Si je poursuis *l'Uscoque,* c'est parce
qu'il coule facilement et que j'en suis à la 120me page.»[16]
Comme Byron, Sand aussi écrivait par passion, et sans effort.

A la différence du «Corsaire,» ouvrage sérieux, *l'Uscoque*
est, comme George Sand l'exprime dans la préface de l'édition de
1861 de ses *Nouvelles,* une de ses «fantaisies du moment,» plutôt
qu'une de ses «études un peu plus approfondies et mieux faites
pour résister aux changements de mode ou d'opportunité dans la
forme et la donnée.»[17] Tandis que Byron prend un ton sérieux et
prétend ne pas vouloir «flatter what is called public opinion,»[18]
Sand semble être coupable de s'être prêtée aux goûts romantiques
de ses lecteurs. Du reste, des contradictions se rencontrent parfois
dans le récit où elle oublia évidemment ce qu'elle avait écrit auparavant.[19] Croyait-elle, comme Byron à l'égard de «Lara,» que
cette nouvelle n'était importante que relative à d'autres ouvrages?
Quelle fut sa surprise lorsque *l'Uscoque,* publiée en 1839 avec une
nouvelle intitulée *Spiridion,*[20] remporta plus de succès que cette
dernière! Sand écrivit à son éditeur, «Vous êtes donc encanaillé
horriblement mon pauvre Buloz, puisqu'on préfère *l'Uscoque,* la
plus mauvaise chose que j'aie faite, à *Spiridion* qui est la moins
mauvaise?»[21]

Sand prétend, tel que Byron avec «Le Corsaire,» que
l'Uscoque est «une histoire véritable.»[22] Elle crée des narrateurs
porte-parole, Zuzuf et l'abbé, qui veulent que le poète se soit servi

d'une chronique vénitienne, mais qu'il ait «tout à fait changé cette histoire.»[23]   Zuzuf dit à propos de lord Byron, «. . .(J)e lui ai raconté l'historie de *l'Uscoque* qu'il a écrit en anglais sous le titre du *Corsaire* et de *Lara.*»[24]   Ensuite l'abbé parle des différences qui distinguent le protagoniste de Sand de celui de Byron; ainsi il se rend aussi fautif que les contemporains du poète en identifiant Conrad avec son créateur.   L'abbé dit à ses amis, Beppa et Lélio:

> Et c'est ici l'occasion de vous faire remarquer la distance
> qui existe entre le titre de corsaire donné par Lord Byron
> à son héros, et celui d'uscoque que portait le nôtre. C'est
> à peu près celle qui sépare. . .en un mot, la fantaisie de la
> réalité. Ce n'est pas que notre Uscoque ne fût, comme le
> corsaire Conrad, de bonne maison et de bonne compagnie.
> Mais il a plu au poète d'en faire un grand homme au
> dénouement; et il n'en pouvait être autrement, puisque. . .
> il avait oublié peu à peu le personnage de son conte
> athénien pour ne plus voir dans Conrad que lord Byron
> lui-même. Quant à nous, qui voulons nous soumettre à la
> vérité de la chronique et rester dans le positif de la vie,
> nous allons vous montrer un pirate beaucoup moins
> noble.[25]

«D'abord, qu'est-ce qu'un Uscoque?»[26] demandons-nous. L'abbé narrateur explique que «(l)e mot *uscocco* vient de *scoco*, lequel en langue dalmate, signifie transfuge.»[27] Les Uscoques, nous dit-il, étaient des «brigands» et membres de «cette race féroce et brutale entre toutes celles qui vivent de meurtre et de rapine.»[28]

Il est aisé de voir des parallèles entre les deux poèmes de Byron et la nouvelle de Sand.   D'abord, les deux écrivains emploient des procédés littéraires typiquement romantiques.

Deuxièmement, des similarités existent dans les trois éléments de base: le lieu et le temps, l'intrigue, et les personnages.   Les trois ouvrages se situent en pays exotique dans le passé.   Dans les deux poèmes de Byron, le lieu et le temps ne sont pas indiqués exactement; pourtant, à cause du nom étrange de Lara et de la présence de châteaux, chevaliers et serfs, nous dirions que c'est un cadre méditerranéen et médiéval.   Quant à *l'Uscoque*, il se situe en Italie «vers la fin du quinzième siècle.»[29]

Les intrigues présentent bien des ressemblances.   Les protagonistes, le corsaire Conrad et l'Uscoque Orio Soranzo, sont tous deux nouvellement mariés. Ils quittent leur femme et, avec leur troupe de flibustiers, attaquent le palais du pacha où ils sont devenus prisonniers. Puis, libérés par la reine mécontente du harem, laquelle a tué la pacha, ils s'échappent avec l'odalisque et retournent à leur repaire où, peu après, leur femme meurt. Rejetant la piraterie, les deux brigands reviennent à leur pays natal avec l'odalisque travestie en page. Là, leur ennemi Ezzelin les reconnaît et les accuse de crimes. Bien qu'ils doivent se battre en duel, Ezzelin ne vient pas au rendez-vous, parce que le page est censé l'avoir assassiné et noyé. Enfin, les deux pirates sont vaincus, ils meurent, et par la suite, le public apprend le sexe du page.

D'ailleurs, des rapports se manifestent dans les traits de caractère des personnages. L'Uscoque et ses deux semblables sont des chefs de corsaires, redoutables et mystérieux. Si les hommes s'en méfient, les femmes les aiment. Débauchés mais tourmentés, ils sont hantés par des cauchemars. Ils s'affranchissent des lois de leur société; mais ils ne peuvent néanmoins s'empêcher de retourner finalement vers leur patrie, où ils perdent et leur liberté et leur vie.

De même, les héroïnes chez Byron et chez Sand se ressemblent par certains côtés. Médora, femme de Conrad, et Giovanna, femme d'Orio, sont dépeintes comme étant parfaitement belles et bonnes. Elles sont portées à l'évanouissement, et éprouvent des pressentiments. Assujetties à leur époux, toutes les deux ignorent les affaires du mari et souffrent beaucoup de leur situation pénible.

Les trois pages, Gulnare du «Corsaire,» Kalad de «Lara,» et Naam de l'Uscoque, montrent également des similarités. Chacune de ces femmes possède une beauté exotique. Esclaves favorites mais dissatisfaites de leur vie de harem, elles tuent leur pacha sans en éprouver aucun remords, car elles pratiquent une moralité païenne où l'indépendance, l'amour et le respect leur sont plus chers que la vie même. Jamais jalouses, elles acceptent volontiers l'épouse de leur maître et, fortes et fidèles, elles vont jusqu'à l'assassinat pour plaire à celui-ci.

Très peu de similarités lient l'Ezzelin de Byron et de Sand, sauf leur nom, leur rang, et leur bravoure qui tient de l'audace. Connaissant la vraie nature du corsaire, eux seuls ont le pouvoir de le démasquer; donc, ils se font craindre.

En dernier lieu, il est intéressant de noter qu'une narratrice de *l'Uscoque* porte le nom d'un poème vénitien de lord Byron intitulé «Beppa.» Est-ce que le nom de ce personnage, qui apparaît aussi dans les *Lettres d'un voyageur* et des nouvelles vénitiennes, aurait été suggeré par le poète?[30]

Ayant approfondi les parallèles entre les deux poèmes et la nouvelle, considérons maintenant les différences entre eux, qui sont dues, en partie, au genre et au style des ouvrages, mais plus encore, aux attitudes et aux préoccupations des deux auteurs.

La différence de genre est bien évidente. Byron emploie le vers héroïque, bien qu'à son époque ce vers n'ait plus été à la mode. Il s'explique dans sa lettre dédicace du «Corsaire:»

> In the present composition I have attempted not the most difficult, but, perhaps the best adapted measure to our language, the good old and now neglected heroic couplet. . . . The heroic couplet is not the most popular measure certainly; but as I did not deviate into the other from a wish to flatter what is called public opinion, I shall quit it without further apology, and take my chance once more with that versification. . . .[31]

Cette versification, en elle-même restreinte, aboutit à un language guindé et peu naturel; outre cela, Byron préfère un vocabulaire archaïque et pompeux.

Par contre, George Sand choisit d'écrire une nouvelle, genre très à la mode pendant les années du romantisme. Ce genre convient mieux à son style, dont la spontanéité crée un langage pittoresque, mais en même temps, simple et naturel. Par sa longueur même, la nouvelle permet d'augmenter l'intrigue, de faire entrer plus de personnages, et de dépeindre davantage leurs traits de caractère. Sand prend les poèmes byroniens comme point de départ, mais elle va beaucoup plus loin que lui, remplissant ses lacunes par le récit d'aventures romanesques. Ces lacunes servaient de tremplin pour son imagination vive, et à partir des premiers récits de Byron, elle créa une nouvelle tout à fait originale. Plus tard, dans la notice du *Piccinino*, Sand distingue entre les pirates de Byron et le Piccinino, qu'elle venait de créer. Cette explication s'applique également au personnage de l'Uscoque, créé quinze ans auparavant, et témoigne encore de l'influence forte que le poète exerçait sur la romancière:

> Un tel mystère enveloppe les pirates de Byron, qu'on

n'oserait les questionner, et qu'on les redoute ou les
plaint sans les connaître.   Il faut même dire bien vite
que c'est par ce mystère inexpliqué qu'ils nous saisissent;
mais je ne suis pas Byron, et les romans ne sont pas des
poèmes. Je souhaiterais, moi, faire un personnage très-
expliqué, entouré de circonstances romanesques, un peu
exceptionnel par lui-même, mais avec qui, cependant, mon
bon lecteur pût faire connaissance peu à peu, comme avec
un simple particulier.[32]

Le fait que George Sand s'inspira d'un autre ouvrage pour
écrire le sien n'a rien ni de nouveau ni de surprenant.   En 1834
elle se servit de *Manon Lescaut,* pour composer *Léone Léoni,*[33]
et le professeur Janis Glasgow constate que la nouvelle *Metella,*
publiée l'année précédente, fut inspirée par *La Femme abandonnée* de Balzac.[34]   Ce critique écrit que l'intention de Sand
«en offrant sa propre interprétation d'une situation admirable. . .
était de montrer comment un tel thème pouvait être élucidé par
quelqu'un ayant d'autres goûts, d'autres convictions, et un autre
point de vue.»[35]

Apparemment, George Sand décida de ne pas utiliser la
partie du poème «Lara» qui traite de la guerre civile entre le
héros et ses ennemis.   Donc, elle transforma la narration selon
sa fantaisie, et inventa l'anecdote du procès criminel d'Orio.
D'ailleurs, le traitement d'Ezzelin diffère radicalement entre
Byron et Sand.   Dans «Lara» le rôle d'Ezzelin est peu important:
c'est un étranger qui n'entre en scène que vers le milieu du récit
pour provoquer le protagoniste; ensuite il disparaît.   Par contraste, chez Sand Ezzelin jour un rôle prépondérant: il paraît
dès le début, et la plupart de l'action se passe autour de lui ou
à cause de lui.   D'ailleurs, il ne meurt pas, ou plutôt il est deux
fois réssucité.   Sand créa aussi certains expédients romanesques
qui sont absents chez Byron: par exemple, la découverte d'un
coffret et d'une lettre, objets employés par la romancière pour
présenter, à la fin, un drame imprévu.   Dans son oeuvre comme
dans sa vie, elle semblait vouloir confondre le public.

Une autre dissemblance à remarquer est le nombre de
personnages qui figurent dans les trois ouvrages.   Dans *l'Uscoque,*
il y en a plusieurs qui n'ont pas vu le jour dans les poèmes de
Byron.   Ce dernier place Conrad et Lara au centre de ses nar-
rations, tandis que George Sand répartit l'intérêt de l'intrigue
entre plusieurs personnages.   L'existence des êtres secondaires

aide à rendre tous les personnages plus réalistes en établissant des rapports entre eux.

Comme Byron, Sand montre des narrateurs omniscients; pourtant, dans *l'Uscoque* il est plus souvent laissé au lecteur d'expliquer et de prévoir le comportement des personnages. D'autre part, Byron interprète et commente presque toute l'action par l'entremise de son porte-parole.

George Sand s'intéressait plus à la psychologie que lord Byron. Le poète dépeint des personnages plus ou moins simples, tandis que la romancière les rend assez complexes. Quoique semblable en apparence, Orio diffère foncièrement de ses prédécesseurs, Conrad et Lara. Conrad et Orio sont tous deux chefs de pirates, mais leur ressemblance se borne à cela. Conrad, rude à l'épreuve, témoigne vertu et bonne conscience, bien qu'il confonde parfois le bien et le mal. Lara se révèle un peu moins plat que son confrère Conrad; cependant, comme avec celui-ci, les actes et les pensées de Lara ne sont pas imprévisibles pour le lecteur, car derrière son aspect farouche se cache un coeur sensible. André Maurois écrit, «Il était le héros byronien pur: caractère généreux, coeur fait pour l'amour et flétri dès l'enfance . . . tel était Lara, qui ressemblait à Conrad, qui ressemblait à Childe Harolde, qui ressemblait à Byron.»[36]

Au contraire, Orio se montre aussi mauvais à l'intérieur qu'à l'extérieur. Complètement dénué de mauvaise conscience, tout ce qu'il fait est issu de son orgueil. S'il méprise les femmes, il hait les hommes par crainte et lâcheté. Orio conquiert Giovanna et Argiria, soeur de son rival Ezzelin, dans un but intéressé, et assassine quiconque lui semble une menace, soit homme ou femme. D'ailleurs, alors que Conrad n'est que corsaire, Orio mène une vie double: il est en même temps brigand et chef militaire «avec une brillante réputation de capitaine.»[37] Tout en se conduisant en «uscoque,» il fait semblant d'être honnête homme à Venise.

Parfois, des éléments comiques se trouvent chez Sand, ce qui n'est jamais le cas chez Byron. Sand montre le côté faible et quelquefois risible des personnages, et préserve soigneusement leur individualité; elle dépeint la lutte intérieure entre l'être et le paraître de ses personnages. Par contre, Byron garde un ton toujours sérieux, car ses poèmes appartiennent au genre épique, où les héros dépassent la nature.

Non seulement la psychologie, mais surtout la psychologie féminine-masculine et les rôles sexuels dans la société intér-

essaient George Sand.   Dans une large mesure, les différences
entre les ouvrages proviennent des attitudes des écrivains à cet
égard, car leur création littéraire est fortement marquée par leur
attitude sexuelle.   Lord Byron, dandy, prend le parti des hommes, tandis que George Sand, féministe, se met du côté des
femmes.   Il s'ensuit que le traitement des deux sexes chez les
deux auteurs diffère beaucoup.

Dans les épopées lyriques de Byron, les hommes sont
importants et les femmes jouent des rôles subalternes.   Elles se
révèlent superficielles, et leur personnalité ne s'épanouit pas.
Comme des marionnettes stéréotypées, elles adorent leur homme
et restent dévouées et soumises jusqu'à la mort.   André Maurois
écrit:

> Elles eussent été, elles aussi, curieuses à an-
> alyser, les héroïnes des poèmes byroniens, tendres, ir-
> réelles, projections de ce *beau idéal* que Byron renon-
> çait à trouver dans l'existence. . . . Conrad, comme
> son créateur, aimait d'un amour chevaleresque Médora,
> Péri de son imagination.[38]

Par contraste, George Sand présente le beau sexe d'une
façon bien différente.   Elle voulait probablement montrer qu'un
écrivain femme pouvait prendre le même thème qu'un homme et
le transformer selon sa propre manière de penser.   Puisque la
romancière répartit les rôles, les héroïnes deviennent aussi importantes que les héros.   Elles sont assez complexes, et leur
caractère se modifie: tour à tour, elles se montrent faibles et
fortes, dépendantes et indépendantes.   Elles agissent et réagissent
d'une façon souvent imprévue et pas toujours rationnelle, car
elles sont capables de changer d'avis.   Moins traditionalistes que
leurs devancières, Médora, Gulnare et Kaled, les femmes de
l'Uscoque cherchent déjà une certaine émancipation.

Dans la préface de ses *Nouvelles* de 1861, Sand écrit longuement pour «s'expliquer vis-à-vis de ceux qui lui reprochent encore quelquefois de placer systématiquement la femme au premier plan de ses compositions, et de lui attribuer le meilleur
rôle. . . .»[39]   Elle se défend, disant, «Il n'y a jamais eu de
système chez l'auteur de ces nouvelles, à propos de la priorité
d'un sexe sur l'autre.   Il a toujours cru à une parfaite égalité
naturelle. . . .»[40]

Il nous reste à examiner, individuellement, les personnages

féminins de *l'Uscoque*. Giovanna, la femme d'Orio, est assez timide et docile au commencement, mais elle devient peu à peu plus forte et pleine d'assurance. Fiancée d'abord avec le noble Ezzelin, elle se ravise et se marie avec Orio, principalement pour des raisons de vanité: c'était un défi pour elle de gagner cet homme inapprivoisable. Bien qu'elle l'aime sincèrement, néanmoins, après avoir découvert la vraie nature de son mari l'Uscoque, elle le traite avec froideur, se résigne courageusement à son sort de solitaire, et, finalement, reçoit la mort de ses mains.

Naam, le page, se transforme aussi. A la différence des pages Gulnare et Kaled chez Byron, Naam a un passé bien décrit par la romancière, qui la rend plus vraisemblable que ces dernières. Ayant une indulgence extraordinaire envers son maître, Naam reste loyale envers lui jusqu'à ce qu'il l'accuse à tort de perfidie, et c'est alors qu'elle décide de se venger. Amie constante de sa rivale Giovanna, Naam ne peut pardonner le meurtre de celle-ci par son époux, et, en fin de compte, elle trahit Orio au moment où il tente de répéter le même crime contre elle.

Même Argiria, soeur d'Ezzelin et personnage secondaire, montre des changements d'attitude. Au début, elle a tendance à réagir par impulsion et à se laisser persuader facilement. Choquée par le mariage de Giovanna avec Orio plutôt qu'avec son frère, elle refuse d'assister à la cérémonie. Enfin, cédant aux désirs d'Ezzelin, elle y assiste et renouvelle ainsi son amitié pour Giovanna. Plus tard, Argiria accepte les avances de ce même Orio, quoiqu'elle ait décidé auparavant de ne plus jamais supporter la présence de celui qu'elle avait appelé «ce dernier des hommes, cet assassin de mon frère.»[41] Quand Ezzelin réapparaît d'une façon inattendue, Argiria devient folle parce qu'elle doit renoncer à Orio.

Dans sa vie comme dans son oeuvre, George Sand défendait ses propres intérêts et guerroyait contre les conventions sociales qu'elle considérait injustes. Semblable au page Naam, Sand la rebelle vivait un peu en homme: son nom, parfois son costume, ses opinions et son comportement étaient masculins. Désenchantée par le mariage, elle se révoltait contre ce que même Prudhomme appelait «une odieuse institution.»[42]

Il paraît que Sand ne croyait pas à un amour absolu et permanent dans le mariage, et ses personnages reflètent cette conviction. Giovanna aimait Orio jusqu'à leur mariage, et ensuite son amour s'éteignit, lentement mais sûrement. D'autre part, son affection pour Ezzelin ne diminua point. De même, ni Argiria ni Naam ne cessèrent d'aimer leur amant Orio, bien que Naam ait fini par le condamner au moment du procès. Pour George Sand, déjà désabusée des hommes, Orio symbolisait peut-être une réalité, tandis que Ezzelin représentait un idéal. Dans une certaine mesure, alors, *l'Uscoque* constitue la contre-partie de Sand, sur le plan féminin, à ce que Byron avait fait sur le plan masculin.

D'ailleurs, Sand voulait sans doute montrer que les femmes avaient plus de choix dans la vie que leurs soeurs littéraires, Médora et Kaled, qui ne pouvaient faire autrement que de mourir, puisque chez Byron il n'y avait que deux options pour les femmes: l'amour ou la mort.

Au contraire, les femmes de *l'Uscoque* trouvent d'autres solutions plus vraisemblables. Pour elles, la vie continue—changée peut-être, mais toujours supportable. Si Giovanna avait échappé à sa situation fatale, elle serait allée «(s') ensevelir dans un cloître loin d'un époux qui (était) l'opprobre de la société.»[43] Argiria perd sa raison, il est vrai; néanmoins, au bout de quelque temps, elle la recouvre. Cet incident s'approche de la réalité, car l'aliénation mentale et la dépression nerveuse se produisent souvent chez des personnes refoulées dans la vie. Quant à Naam, au lieu de mourir de désespoir après s'être condamnée à mort avec son maître, elle «écouta son arrêt et retourna au cachot avec une indifférence qui confondait tous les assistants.»[44] Cependant, son arrêt ne fut pas exécuté, grâce aux bontés d'un juge qui lui propose la liberté en échange de sa subordination. Naam consent à son offre en disant, «Puisqu'il faut que je subisse l'esclavage ou la mort, je choisis l'esclavage à condition que je conquerrai ainsi ma liberté.»[45] En effet, nous dit le narrateur, nous avons raison de croire qu'elle se sauva à la fin.[46] Naam se révèle aussi ingénieuse que courageuse, car, à la différence de Kaled, elle apprend la langue maternelle de son maître sans qu'il le sache. Pendant le procès, Naam s'adresse à Orio et prononce le discours suivant:

> Il faut que tu sois bien simple, malgré toute ton habilité, pour croire que, depuis un an que j'habite Venise, je n'ai pas appris à comprendre et à parler la langue qu'on parle à Venise. J'ai eu mes raisons pour te le cacher....[47]

L'ironie est que l'Uscoque est finalement puni pour ses actes, tandis que Naam, en dépit de ses crimes, n'inspire que l'admiration et la pitié. George Sand excuse le page à cause de son paganisme, mais ne dirions-nous pas aussi que c'est à cause de son sexe?

La comparaison que nous venons de faire entre les ouvrages et les auteurs témoigne que lord Byron était l'homme assez traditionaliste qui pensait, vivait, et écrivait comme tel, tandis que Sand était une femme désabusée, mais émancipée et large d'esprit. Egalement doués de génie et de talent, les deux écrivains s'exprimaient selon les modalités de leur nature, mais en même temps, en accord avec la mode des années romantiques.

Nous pouvons constater, donc, que bien que notre romancière se soit servie des deux contes lyriques de lord Byron comme modèle, et bien que les ressemblances entre ceux-ci et sa nouvelle soient frappantes, George Sand s'écarte radicalement du poète en ce qui concerne le genre et le style, car son style est bien à elle. Ce qui est plus important, les attitudes et les préoccupations de Sand sont essentiellement différentes de celles de Byron. Par l'approfondissement de ses personnages, la complexité de l'action, et par l'importance vouée aux rôles féminins, George Sand nous crée un monde où les femmes sont victimes, en quelque sorte, d'une société injuste.

Notes

[1] George Sand, *Oeuvres de George Sand: Simon, l'Uscoque* (Paris: Perrotin, 1843), p. 194. La nouvelle fut d'abord publiée dans la *Revue des Deux Mondes* à partir du 15 mai 1838.

[2] Frances Winwar, *The Life of the Heart: George Sand and Her Times*, 3rd ed., (New York: Harper, 1945), p. 50.

[3] George Sand, *Oeuvres autobiographiques*, texte établi, présenté et annoté par Georges Lubin (Paris: Pléiade, 1970), I, 1092.

[4] George Sand, *Correspondance*, textes réunis, classés et annotés par Georges Lubin, (Paris: Garnier, 1966), II, 401 n.

[5] Lettre à Janis Glasgow de Georges Lubin, le 19 mai 1980.

[6] Voir *Corr.*, II, 256-98.

[7] Lord Byron, George Gordon, *The Life, Letters and Journals of Lord Byron*, ed., Thomas Moore, collected and arranged with notes by Sir Walter Scott, et al. (London: John Murray, 1920), p. 227. Voir aussi p. 245 n. où l'éditeur écrit, "The Corsaire . . . was, from beginning to end, struck off at a heat. . ., and the rapidity with which it was produced (being at the rate of nearly two hundred lines a day) would be altogether incredible, had we not his own, as well as his publisher's, testimony to the fact."

[8] Lord Byron, George Gordon, *Poetical Works* (London: Oxford University Press, 1945), p. 277.

[9] Byron, *Life, Letters and Journals*, p. 231.

[10] Byron, *Poetical Works*, p. 896.

[11] William H. Marshall, *The Structure of Byron's Major Poems* (Philadelphia: University of Pennsylvanie Press, 1962), p. 50.

[12] Byron, *Life, Letters and Journals*, p. 262.

[13] Sand, *Corr.*, IV, (1968), 359.

[14] Félicien Mallefille était le secrétaire de George Sand et le précepteur de son fils Maurice. Il devint l'amant de George jusqu'à l'arrivée de Chopin qui le supplanta. (Lubin, Sand, *Corr.*, IV, 913).

[15] Ibid., Iv, 367.

[16] Ibid.

[17] George Sand, *Nouvelles* (Paris: Michel Lévy, 1861), p. i.

[18] Byron, *Poetical Works*, p. 277.

[19] Par exemple, le chien de l'Uscoque déteste le page Naam au début du récit, mais vers la fin lui montre beaucoup d'affection. L'auteur ne nous donne pas d'explication là-dessus.

[20] Publiée par Bonnaire, 1839.

[21] Sand, *Corr.*, IV, 613. Est-ce que George Sand avait la mémoire si faible, ou bien estimait-elle si peu *l'Uscoque*, que quinze ans plus tard elle aura oublié de l'avoir même écrit? En 1853, elle écrit dans la notice du *Piccinino* (Paris: Michel Lévy, 1857, I, 1) une autre de ses nouvelles peu connues qui traite d'un chef de brigands:

> J'avais toujours eu envie de faire, tout comme un autre, mon petit chef de brigands. Le chef de brigands qui a défrayé tant de romans et de mélodrames sous l'Empire, sous la Restauration, et jusque dans la littérature romantique, toujours amusé tout le monde, et l'intérêt principal s'est toujours attaché à ce personnage terrible et mystérieux. C'est naïf, mais c'est comme cela. Que le type soit effrayant comme ceux de Byron, ou comme

ceux de Cooper digne du prix Monthyon, il suffit que ces
héros du désespoir aient mérité légalement la corde ou les
galères pour que tout bon et honnête lecteur les chérisse
dès les premières pages, et fasse des voeux pour le succès
de leurs entreprises. Pourquoi donc, sous prétexte d'être
une personne raisonnable, me serais-je privé d'en créer un
à ma fantaisie?

[22] Sand, *l'Uscoque*, p. 194.

[23] Ibid.

[24] Ibid.

[25] Ibid., p. 197.

[26] Ibid., p. 196.

[27] Ibid.

[28] Ibid., pp. 196-97.

[29] Ibid., p. 197.

[30] Beppa apparaît comme personnage dès les premières *Lettres d'un
voyageur* (1834), qui traitent des personnages vénitiens. (Paris: Bonnaire,
1837).

[31] Byron, *Poetical Works*, p. 277.

[32] Sand, *Le Piccinino*, p. 2.

[33] Publié dans la *Revue des Deux Mondes* du 15 avril et du 1er mai
1834. Sand écrit dans la préface tardive de janvier 1853 de ses *Souvenirs
et impressions littéraires* (Paris: E. Dentu, 1862), pp. 115-16:

Le dernier ouvrage que j'avais lue (sic) en quittant Paris
était *Manon Lescaut*. J'en avais causé ou plutôt écouté
causer, et je m'étais dit que faire de Manon Lescaut un
homme, de Desgrieux une femme, serait une combinaison
à tenter et qui offrirait des situations assez tragiques. . .

[34] Voir Janis Glasgow, *Une Esthétique de comparaison: Balzac et
George Sand: La Femme abandonnée et Metella* (Paris: Nizet, 1977).

[35] Ibid., p. 31.

[36] André Maurois, *Byron* (Paris: Grasset, 1930), I, 314.

[37] Sand, *l'Uscoque*, p. 199.

[38] Maurois, p. 303.

[39] Sand, *Nouvelles*, p. i.

[40] Ibid.

[41] Sand, *l'Uscoque*, p. 356.

[42] Cité par Georges Lubin, "George Sand et les droits des femmes,"
Conférence, San Diego State University, San Diego, le 23 avril 1980.

[43] Sand, *l'Uscoque*, p. 414.

[44] Ibid., p. 415.

[45] Ibid., p. 416.

[46] Ibid.

[47] Ibid., p. 407.

III

PARALLELS AND PRECEDENTS FOR THE XIXth CENTURY FRENCH NOVEL

George Sand Reader of Stendhal ou Le Defi Sandien

Marie-Jacques Hoog
Rutgers University

Gloire à la langue anglaise, qui ignore les genres. Comment traduire «reader?» lecteur, lectrice? Je veux parler ici de George Sand lisant Stendhal.

Sand à la lecture

Voici, extraite de *Simon,* roman qui a fait, dit-on, pleurer Stendhal, une page qui illustrera dès l'abord pour nous l'attitude de Sand devant la lecture. Il s'agit de Simon, reprenant ses études:

> Enfermé dans sa cabane, durant les soirs d'hiver, avec les soirs d'hiver, avec les livres poudreux que lui prêtait M. Parquet, il lisait quelques pages et méditait durant de longues heures. Son imagination se détournait bien souvent de la voie et faisait de fougueux écarts dans les espaces de la pensée. Mais ces excursions ne sont jamais sans fruit pour une grande intelligence: elle y va en écolier, elle en revient en conquérant. Simon pensait qu'il y a bien des manières d'être orateur, et que, malgré les systèmes arrêtés de M. Parquet sur la forme et sur le fond, chaque homme doué de la parole a en soi ses moyens de conviction et ses éléments de puissance propres à lui-même.[1]

La lecture est donc un acte de conquête vite dépassé par la création ultérieure.

Deux masques

Même si Armand Hoog les appelle des «ennemis privil-
égiés,»[2] Stendhal et George Sand ne sont pas un couple. Nés à
vingt ans de distance, c'est vrai qu'ils traversent l'un et l'autre les
belles années du romantisme, tous deux masqués d'un pseudonyme strident, sonore, évocateur de terres et de sables lointains. Mais Henri Beyle joue avec ses deux cents noms comme
son Geronimo avec l'*Il Moltiplico* de Polichinelle;[3] Stendhal est
le masque noir et blanc chargé de libérer Dominique de ce
fonctionnaire un peu bouffon qui l'encombre souvent. Il demande: «qu'est-ce qu'un nom?» Il ne demande jamais: «qu'est-ce
qu'un sexe?» Pour Sand, le masque est beaucoup plus qu'un
masque, c'est une panoplie complète d'explorateur, qui
fonctionne à un niveau de l'être et du devenir bien plus essentiel
encore: déclenché par le jeu du «ce n'est pas lui, c'est l'autre»[4]
qu'on trouve dès les écrits de jeunesse, l'«autre» s'est mis à
désigner non seulement un autre visage, un autre âge, mais un
autre sexe. S'il y a multiplication, c'est de rôles, plus que de
noms.[5] Ce travesti manifeste la volonté créatrice d'une très jeune
femme, née la même année que le Code Napoléon, qui abhorre
son nom, obéit à sa belle-mère et décide de réussir. Bientôt son
«nom de plume» deviendra chez elle une ature nature. Isabelle
Naginski remarque que, parlant d'elle-même dans une lettre à
Liszt en 1833, elle utilise à la fois le masculin et le féminin pour
se désigner elle-même dans le même discours.[6]

Ces deux-là, les deux masques, voyagent à travers les mêmes
années, mais non au même pas: les courbes de leurs oeuvres
sont curieusement complémentaires. Au *repli* de Stendhal
pendant les années trente correspond l'*amplification* sandienne.
Après ses deux premiers romans, *Armance,* tombé à plat, et
le Rouge, mieux reçu mais jugé cruel, Stendhal se tait; d'ailleurs,
il s'en va. On sait qu'*Indiana* sort en mai 1832, *Valentine* en
automne de la même année, *Lélia* en août 1833. Le succès de
presse est immense. C'est en décembre 1833 qu'Henry Beyle et
Madame Dudevant, flanquée du petit Musset, se rencontrent à
Pont-Saint-Esprit pour la première et la dernière fois. Cette
image d'Epinal ne nous retiendra aujourd'hui que parce qu'elle
se clôt justement sur le mot de «lecteurs» de Sand:

> Nous nous séparâmes, après quelques jours de liaison
> enjoué (. . .). C'était un homme éminent, d'une sa-

gacité plus ingénieuse que juste en toutes choses apré-
ciées par lui, d'un talent original et véritable, écrivant
mal et disant pourtant de manière à frapper et à inter-
esser vivement ses lecteurs.[7]

Entre 1833 et 1839 le pas sandien devient un *paso doble:*
*Le Secrétaire intime, Jacques, Leone Leoni, Mauprat, Spiridion,
Gabriel, Pauline,* la nouvelle *Lélia,* sans compter des essais littéraires, des nouvelles, surtout italiennes, et les *Lettres d'un
voyageur.* Et j'en passe. Stendhal, lui, emmené par Beyle à
Civita-Vecchia, se tait. Il se relit. Il s'écrit: «Je recommence ma
vie en l'écrivant.»[8] Il ne publiera que vers la fin de son congé
et de la décennie les *Mémoires d'un touriste,*[9] des nouvelles
italiennes pour la *Revue des Deux Mondes* où il entre à peu
près quand George Sand en sort, enfin son chef d'oeuvre, *La
Chartreuse,* en 1839. Quand il mourra, en 1842, il n'aura jamais
revu Sand, ne lui aura jamais écrit. Mais dans ses oeuvres intimes,
il aura parlé de l'art sandien une bonne vingtaine de fois.[10] Sans
tendresse. Parfois avec une certaine envie. Mais enfin, cette
«marchande de modes» ne sait pas écrire. Nous savons par
l'inventaire Bucci que Stendhal possède au moins *Valentine,*
dans l'édition pirate Méline, de Bruxelles, qu'il va lire et abonda-
ment annoter. Pourquoi *Valentine*? Est-ce parce que, curieusement, Sand l'y nomme?

Annarosa Poli et Reboul[11] montrent le succès fait par la
presse contemporaine à *Indiana,* trois fois au moins comparée
au *Rouge.* Par exemple, on lit dans le *Cabinet de Lecture* du 24
juin 1832 qu'«*Indiana* est au dix-neuvième siècle ce qu'est
Faublas au dix-huitième: c'est un livre de l'école de Stendhal.»
Et j'interromps ici ma citation de Boussuge pour attester que le
Pr. Crecelius, de M. I. T., est bien d'accord avec le journaliste sur
ce point, d'après sa lettre à l'auteur de cet article:

> Mais s'il attriste, il ne flétrit pas l'âme comme *Le Rouge
> et le Noir* (. . .) Il a en outre sur lui une immense ori-
> ginalité de style. La physionomie énergique originale de
> Raymon, est plus naturelle que celle de Julien, qui, à
> vrai dire, n'est qu'une nature exceptionnelle (. . .).

Sand, qui avait lu son Boussuge[12] a-t-elle voulu, par délica-
tesse envers l'auteur du *Rouge* qu'elle vénérait, le citer et lui
rendre en quelque sorte hommage? C'est au chapitre XIII de

Valentine qu'on lit en effet:

> Valentine avait toujours entendu dire que Bénédict était
> laid. Dans les idées de la province où, suivant la spirituelle
> définition de M. Stendhal, un *bel homme* est toujours gros
> et rouge, Bénédict était le plus disgrâcié des jeunes gens.[13]

Car Bénédict est pâle, verdâtre même.[14]   Il est de la famille de
ce «petit jeune homme faible et joli, aux yeux noirs, aux impressions passionées» qu'est Julien.   Bénédict, né sous les signes
conjugués du fer et de l'eau, a les yeux pairs, mais il mourra du
fer, comme l'autre.   Le «bel homme,» c'est à coup sûr le Valenod, le vaurien, qui ne «rougit de rien,» «grand jeune homme
taillé en force, avec un visage coloré et de gros favoris noirs
(. . .) un de ces êtres grossiers, effrontés et bruyants qu'en pro-
vince on appelle de beaux hommes.»[15]   Stendhal et Sand, pro-
vinciaux tous deux par leur héritage autant que par leur domaine
fictionnel, sont bien placés pour les connaître, ces coqs de
Grenoble et de La Châtre. . . Mais une citation aussi *visible,* en
plein tissu de la fiction, déroge tant à l'usage qu'elle fait rêver.
Ce qu'on lit ici est aussi incongru que si, par exemple, on voyait
Hugo, dans les *Travailleurs de la mer,* se mettre à citer Balzac, ou
bien Proust, son contemporain Bourget (ils s'en gardent bien, le
dernier surtout).   Si George Sand le fait ici, c'est qu'elle reconnaît, *volens nolens,* sa solidarité, sa fascination pour un
maître à écrire qu'elle jugera plus tard comme un personnage
grossier, poseur—avec tous les défauts que Mérimée lui attribue
dans son *H. B..*[16]   Comme un écrivain qui écrit mal. Mais de
façon efficace.   Et l'efficacité, cela compte pour Sand qui, en
1832, apprend à écrire en écrivant.
    Elle ne parlera plus jamais de lui, sauf dans une lettre à
Hetzel, beaucoup plus tard,[17] pour se demander si *La Chartreuse,* «ouvrage charmant,» serait déjà dans le domaine public.

Citations visibles, citations invisibles

    Après la mention de ces trois citations «visibles,» il y a
celle des «citations invisibles,» bien plus nombreuses: il faut les
décoder pour mesurer la présence de l'auteur du *Rouge* dans

l'univers fictionnel sandien. L'étude qui suit n'est fondée que sur la conjecture, bien entendu. Et elle se limitera ici à envisager certains thèmes communs aux deux romanciers, choisis parmi ceux qu'ils privilégient: miroirs, regards, rôles, contre-personnages, prisons, évasions. Bien d'autres aspects des deux oeuvres, leurs procédés, depuis le «petit fait vrai» jusqu'au jeu du je narratif pourraient être sujets de réflexion.

On sait combien l'évolution de Sand sera rapide, et dans tous les domaines, entre ses débuts littéraires et la fin de cette décennie. Dans sa première Préface à *Indiana,* elle en est encore à son stade de miroir: le roman, même le sien, est chargé de reproduire la société de son temps.[18] Cette image du miroir a été déjà utilisée au moins trois fois par Stendhal, d'abord dans son Avant-Propos d'*Armance,* puis amplifié comme on le sait dans le *Rouge.*[19]

Sand partage aussi avec Stendhal la fascination des jeux de regards entre les amants. Regards et miroirs se confondent dans la fastueuse mise en abîme où Raymon se laisse entraîner par Noun à violer l'espace intime d'Indiana.[20] Dans les beaux *incipits* sandiens, la rencontre des amants se fait, ou bien par le chant, de bouche à oreille, comme dans *Valentine;* ou bien, comme dans *Simon,* c'est le «love at first sight.» Dans *Valentine* encore, le jeu des regards dérobés, obliques, où chaque amant regarde le visage de l'autre reflété dans la rivière, rappelle à travers les jeux stendhaliens, le *Lai de l'Ombre* et le *Roman de la Rose.*

Comme dans la rhétorique amoureuse médiévale, de nouveau, chaque personnage, comme chaque romancier, joue un rôle, sur la scène de la fiction et du monde. Ce motif sandien du rôle pourrait bien être d'origine stendhalienne, sinon d'origine italienne. Lélia, Isidora: toutes ces femmes à soeurs jumelles, à doubles noms, à dominos, parlent de leur «rôle;» ce motif se retrouve trente-trois fois dans le *Rouge;* il est même, sous sa forme «je lis un rôle» l'anagramme du nom de «Julien Sorel— Louis Jenrel.»[21] Notion purement beylienne, fort distante de l'angoisse proprement romantique, mais devenue sandienne.

Les contre-personnages

Les personnages sandiens peuvent être vus comme des

descendants de personnages stendhaliens ou comme leur contre-
partie: Sand ayant pris ces formes de cire et les ayant remodelées
à plaisir. La liste qui suit n'est qu'intuitive. Mais enfin, du côté
des garçons, comment s'empêcher de ranger sous la lignée de
Julien ce même Bénédict, Simon, Pierre Huguenin, Jacques
Laurent, le jeune prolétaire du *Meunier d'Angibault*? Il y a
surtout le petit Saint-Julien/Julien/Giuliano, léger héros de la
charmante fantaisie à la Hoffmann mais aussi à la Stendhal qui
s'intitule *Le Secrétaire intime,* prenant comme titre une des deux
fonctions sociales de Julien.   Rien de plus amusant que de
retrouver les fameux scrupules d'honneur de Julien («mais avec
qui mangerai-je?»)[22], dans la bouche de Saint-Julien qui refuse
d'abord de dîner avec sa superbe princesse, lui, va-nu-pied, parce
que Monsieur estime n'avoir pas été invité par Quintilia avec le
respect dû à son noble rang. L'autre fonction de Julien ainsi
écarté est remplie par le naïf Jacques Laurent, jeune précepteur
(le titre sandien est «pédagogue») de la touchante Madame de
T..   De la haute société de Verrières, nous passons à celle du
Boulevard Saint Germain.   Tout finira bien pour eux quand
Isidora, le bel obstacle, ayant fui en Italie pour rendre son amant
à la noble et chaste Parisienne, recevra chez elle le jeune Louis
de T., qui, pour démasquer cette ancienne grande prostituée, se
fait appeler Charles de Verrières.[23]

Si Julien et Marie de Rénal ont une famille sandienne, le
Valenod n'en manque pas non plus. Mais que dire de Mathilde,
chez qui Sand a dû se reconnaître en partie? Mettez Mathilde
sur un cheval, et vous avez une armée d'héroïnes sandiennes, les
meilleures comme la superbe Fiamma de *Simon,* ou bien
l'énergique Edmée de *Mauprat.* Ou les pires, celles qui caval-
cadent dans *La Daniella, Mont-Revêche, Malgré Tout* (je pense
à l'insupportable Médora). C'est Edmée de Mauprat, peut-être,
qui est la plus remarquable de toutes ces Grandes Mademoiselles.
Imaginez une Mathilde qui lirait Rousseau au lieu de Voltaire,
péché qui la fait punir cruellement par Stendhal. Et qui entre-
prendrait l'éducation de son Julien sandien; «cella» serait alors
corrigé de sa belle main; de maîtresse devenue maîtresse d'école,
sauvant ainsi Bernard le farouche de la fatalité de son sang.

Plots - Pilotis

Comme Stendhal et Sand partagent l'attrition et les satis-

factions du masque-pseudonyme, cette prison portative, ils
partagent le même imaginaire carcéral. La prison me semble un
topos central à leur fiction.

La prison, la «prison heureuse» qu'a étudiée Victor Brombert,[24] apparaît comme un sommet physique et moral dans les
deux grands romans de Stendhal, on le sait.[25] Si l'emprisonne-
ment est le thème fondamental des romans de la rébellion chez
Sand—où l'on voit tant d'épouses captives du mariage, ou bien,
lorsque ce sont des femmes libres comme Lélia ou Jeanne, elles
sont encerclées de trois hommes qui feront leur destin—la prison
comme lieu de l'action et de la métamorphose paraît dans au
moins deux de ses plus grands romans thérapeutiques, *Mauprat*,
1837, et *Consuelo*, 1844.

Nos auteurs se réfèrent tous deux de manière voilée à la
prison sous sa forme la plus légère, la cage à oiseau, traitée par
leur maître Sterne dans son *Sentimental Journey*.[26] Ce motif de
l'oiseau en cage, amplifié dans *La Chartreuse*, sera intériorisé, on
le verra, dans *Consuelo*.

Le topos de la cage-prison me semble important à la fois par
la masse de tissu romanesque qu'il resserre autant que par sa
fonction catalysante: on trouve qu'un-dixième du *Rouge* y est
consacré, un-huitième de *La Chartreuse*, un-septième du *Mauprat*,
presque un-cinquième de *La Comtesse de Rudolstadt*. Chaque
héros se voit dès l'abord suspendu le plus haut possible: pour
Julien: «. . . .on eut la bonté de le loger à l'étage supérieur d'un
donjon gothique (de Besançon) . . . .par un étroit intervalle, entre
deux murs, au-delà d'une cour profonde, il avait une échappée de
vue superbe.» (Au lecteur d'imaginer l'échappée.) «. . . .on n'y
entend, dans le silence des nuits, que le chant de l'orfraie.»[27]

Dans *Mauprat*, c'est Bernard qui parle: «Ma chambre,
placée au plus haut de la tour, recevait les rayons du soleil
levant, qui projetait, d'un horizon à l'autre, les ombres grêles
et gigantesques d'un triple rideau de peupliers.» Les bruits du
dehors semblent hostiles à cet innocent: même pas de chants
d'oiseaux, mais «jamais paysage plus riant, plus frais et plus
pastoral ne s'offrit aux regards d'un prisonnier. . . .»[28]

«Jamais» relève Stendhal, qui a lu, nous le savons par
les *Marginalias*, ce roman de *Mauprat* avant de composer *La
Chartreuse*. Et il rédige son célèbre élargissement panoramique,
la vue de la prison de Fabrice. Il ne s'agit plus d'«échappée.»
Déjà à partir du palais du Gouverneur, Fabrice découvrait la
campagne italienne, son oeil ravi percevait distinctement chacun

des sommets de l'immense mur des Alpes.[29]   Dès qu'il entre dans
sa chambre de bois, au sommet de la tour Farnèse, la vue s'élargit
encore; «sublime» est répété deux fois dans cette longue description, qui prend plus d'une page serrée.   Puis l'oeil de Fabrice,
attiré d'abord par les vastes lointains, l'est ensuite par la proxi-
mité de jolies cages, où se trouvaient «une quantité d'oiseaux de
toute sorte.»[30]   Les oiseaux de Sterne, devenus ceux de Clélia
Conti, images de ses désirs, l'occuperont beaucoup.

Consuelo se trouve, comme Fabrice et Bernard de Mauprat,
injustement incarcérée: c'est la jalousie du grand Frédéric qui
l'a conduite dans la redoutable citadelle de Spandau, l'équivalent
du Spielberg autrichien, au milieu d'un affreux étang prussien.
Pas de vue ici, un grillage serré, des remparts après des remparts.[31]   Lit étroit, dans un espace net, blanc, nu: rêve monastique.   Parfois le reflet d'un soleil rose rosit les murs de la cellule
et la font rêver à Venise.   Pas d'autre bruit que le tocsin, le cri
guttural des gardes, un rare violon mystérieux, le gazouillis du
rouge-gorge apprivoisé.   Pas de tour où monter: Consuelo est
donc forcée de descendre en elle-même, ce qu'elle fait diligem-
ment, s'installant dans un horaire monacal.   Pendant que nos
autres captifs rêvent, ou font l'amour, elle se met, elle, à écrire,
pour la première fois: «c'est un grand plaisir pour moi de
l'essayer.»[32]   Plaisir d'écrire, de créer: d'interprète qu'elle
était dans son rôle de prima donna, elle devient, grâce à la prison,
cette improvisatrice qui, pour Sand comme pour la créatrice de
Corinne, est le sommet de la créativité féminine.   Elle compose sa
propre musique, elle la chante pour Amélie.   L'oiseau de Sterne
et de Fabrice est intériorisé par la belle cantatrice captive.

Du cri à la parole, ou le défi sandien

Après la prison, procès ou évasion sont les deux possibles.
Nous savons bien, malgré les deux références à l'évasion de La
Valette, malgré les efforts complémentaires de Mathilde et de
Marie de Rênal[33] que Julien ne se sauvera pas.   Son salut, ce
sera la solitude, puis l'ascension à la tribune publique où, pour
la première fois, débarrassé de sa méfiance folle et de son rôle,
il pourra prendre librement la parole.   C'est ce qui lui coûtera la
vie.   Mais son séjour dans la tour l'a mené à un tel point d'élé-
vation qu'il s'accomplit en parlant publiquement et qu'il n'y a

plus, après sa mort discrète, que quelques beaux gestes rituels
à faire. La sentence, longtemps débattue, a été prononcée à
deux heures du matin; on a entendu un cri, c'était Madame
Derville, qui double Marie de Rénal, enfermée à clef par son
gros mari. Un autre cri encore, c'était peut-être Mathilde. Mais
enfin aucune des femmes qui ont tant aimé Julien n'est venue
témoigner en public.[34]

C'est aussi à deux heures du matin que la sentence est
prononcée dans *Mauprat*. Silence de mort, cloche lugubre. Pas
un cri. Puis il y a le sursis lorsque Patience, la voix du peuple,
vient contester la validité du jugement. Quand le procès reprend,
une femme voilée paraît au banc des témoins: cri de l'auditoire
devant la beauté «pâle et sublime» d'Edmée. Et voici que,
sortie de sa folie, cette femme, cette jeune fille, porte témoi-
gnage, qu'elle prend la parole. Et ceci pour faire, publiquement,
contre toutes les règles de la pudeur, l'aveu qu'elle n'a même
jamais fait à Bernard: «Je l'aime.» Nous avons ici un des grands
exemples du *défi sandien*. L'aveu, toujours intime depuis la
divine *Princesse de Clèves*, devient public. Soutenue qu'elle est
par ses propres forces de protestation, et par la récente actualité
qui abonde en procès où les femmes—Mme Bertrand, Mme de la
Valette, Clarisse Manson entre autres—ont changé le cours de la
justice masculine, Sand a retourné le sens du *Rouge*. Elle a fait
du Procès le lieu de l'émergence de la parole féminine.

Evasions, élévations

L'autre issue de la prison, énergique, c'est l'évasion et les
plaisirs rocambolesques qu'on prend à libérer le bel oiseau de sa
cage. Le bonheur d'agir, d'écrire, imprègne ces pages, mais ce
n'est pas le même bonheur chez Stendhal et chez Sand. Fabrice
va être réuni pour la vie à celle qu'il aime par les soins de celle
qui l'aime: il passe d'un bonheur intense mais circonscrit et
menacé, d'un petit jardin suspendu d'Eden, à un bonheur large
et profond comme la vie, comme la terre. Révélateur est le
détail de l'épisode. Evanoui après l'effort de la descalade:

> . . . .il n'avait la force ni de parler, ni celle d'ouvrir les
> yeux; il sentait qu'on le serrait; tout à coup il reconnut
> le parfum des vêtements de la duchesse. Ce parfum le

ranima; il ouvrit les yeux; il put prononcer les mots: Ah! chère amie! puis il s'évanouit profondément.[35]

Mais la Consuelo qui s'évade de Spandau au bras de Livérani, elle n'est plus la même que celle qui y est entrée. Grand ressort sandien de la métamorphose. Si Fabrice a laissé son adolescence en prison, Consuelo y a laissé ses illusions. La prison a été pour elle le passage par la caverne de Platon, où l'on se nourrit de mirages, où l'on s'éclaire de reflets. Forcée au repli sur soi, elle a changé de nature, elle est née à l'Idée.

Le récit de son évasion est un des sommets du roman sandien, merveilleusement ressenti d'ailleurs par Alain dans ses *Propos.*[36] Le lecteur expérimente avec Consuelo un bien-être incomparable, ineffable. De la barque on voit la vieille citadelle s'éloigner, sombre comme une caverne de pierres, dans le cadre transparent de l'air et de l'eau. On se sent partir en plein fluide, comme un oiseau libre. Consuelo, qui se connaît maintenant, ignore encore l'identité de son libérateur, mais elle se laisse emporter comme par la grâce divine, à quoi toute pesanteur aurait cédé. Ici, nous ne sommes pas libérés d'un charmant jardin d'amour pour être introduit dans un paradis aussi vaste que la vie des héros. Nous sommes soulevés de terre, sortis de la caverne de Platon, pour voguer librement dans le monde des Idées, au bras d'un compagnon indicible. Le bonheur, ici, c'est le mythe du bonheur, son essence même. Le triangle Auteur-Lecteur-Texte qui transcende le triangle Stendhal-Sand-Roman est épiphanisé dans la Triade sandienne. Je laisse la parole finale à l'auteur de *Consuelo:* «Il veillait, en entraînant Consuelo vers des régions inconnues, tels qu'un archange emportant sous son aile un jeune séraphim anéanti et consumé par le rayonnement de la Divinité.»[37]

Notes

[1] Sand, *Simon,* paru en 1836 (Paris: Calmann-Lévy, 1894), p. 49.

[2] *Littérature en Silésie,* «Stendhal,» (Paris: Grasset, 1945), p. 89. Voir

aussi p. 94: «. . . .plus encore que George Sand, l'ennemie privilégiée de
Stendhal, c'est Germaine de Staël, obstinée à chercher un salut en dehors
de notre domaine.»
  [3]Stendhal, *Le Rouge et le Noir* (Pairs: Garnier, 1955), p. 153:

> Aussitôt Zingarelli, furieux, se pend à sa sonnette: qu'on
> chasse Géronimo du Conservatoire, cria-t-il, bouillant de
> colère. On me chasse donc, moi riant aux éclats. Le
> même soir, je chante l'air *del Moltiplico*. Polichinelle
> veut se marier et compte sur ses doigts les objets dont il
> aura besoin dans son ménage et il s'embrouille à chaque
> instant dans ses calculs.

Le signor Zingarelli, authentique compositeur italien et directeur du con-
servatoire de Naples a-t-il prêté son mauvais caractère et sa fonction au
Porporina de *Consuelo*, et son nom à la Zingarella elle-même?
  [4]Sand, «Nuit d'hiver,» dans *Oeuvres autobiographiques* (Paris: Gallimard, 1971), p. 547:

> Mon masque tombe. Je continue sans m'en
> apercevoir, mais personne ne me reconnait. Et moi-
> même. . . .je ne pense pas que ce soit moi. Non, ce
> n'est pas moi, c'est l'autre. C'est le petit qui s'amuse,
> comme dit mon frère.

  [5]Le Vieil Oncle, le petit Zorzi (celui des *Lettres d'un Voyageur*, de
l'incipit de *Leone Leoni* et de *l'Uscoque*) le jeune interlocuteur de *Mauprat*,
Piffoël à Chamonix, etc.
  [6]Lettre à Liszt dans Sand, *Corr.*, (Paris: Garnier, 1967), III, 65. Cité
par Isabelle Naginski, "Going Underground; Narrative Strategies of a Nineteenth Century Gynograph," *Bulletin de la Société des Professeurs Français
en Amérique*, 1983/1984, p. 28. Aussi chez Béatrice Didier, *L'Ecriture-
Femme* (Paris: P. U. F., 1981), qui se concentre sur ce même tome.
  [7]Sand, *HV* dans *OA*, II, 204-205; notes, p. 1349.
  [8]Cité par Armand Hoog, *op. cit.*, p. 107.
  [9]Aurait-il poussé dans son entreprise qui date de 1836-1837 par le
succès fait au nouveau genre du récit de voyage, surtout aux *Lettres d'un
Voyageur*? On sait que Stendhal a soigneusement annoté les célèbres
Domestic Manners of the Americans de Frances Trollope.
  [10]Voir mon «Stendhal lecteur de Sand» dans *Romanticism in the Old
and the New World*, Colloque à Hofstra University, novembre 1983; la
publication des «Proceedings» est prévue.

[11]Annarosa Poli dans *George Sand: Colloque de Cerisy*, présentation de Simone Vierne (Paris: Sedes, 1983), «George Sand devant la critique,» pp. 5-6. Et Pierre Reboul, *Errements littéraires* (Lille: Presses universitaires de Lille, 1979), dans «De quelques avatars littéraires de George Sand,» p. 56, n. 36, où Reboul écrit: «J'avoue que l'oeuvre me paraît presque charmante.» Pour la réception de la presse, voir surtout dans Sand, *Corr.*, II, une excellente note de Georges Lubin, à la lettre de Sand du 6 juillet 1832 à Charles Duvernet.

[12]Sand, *Corr.*, II, 52, 115, 145, 158.

[13]Sand, *Valentine*, publié en 1832.   (Plan de la Tour: Editions d'aujourd'hui, 1976), p. 118 et seq.

[14]Le reflet de l'Indre lui donne le teint à la mode. Montgrédien, dans ses études sur la mode romantique, signale ce maquillage bronze-vert qu'il est de bon ton de porter.

[15]Valenod, dans *Le Rouge et le Noir*, p. 13, à comparer avec le portrait de Julien, p. 17.

[16]*H. B.,* pour Henry Beyle, opuscule paru en 1850 sous forme d'une plaquette anonyme, tiré à vingt-cinq exemplaires par Mérimée, nous dit V. del Litto dans «Mélanges V Littérature,» *Oeuvres complètes de Stendhal* (Genève: Cercle du Bibliophile, 1972), pp. 331 et 412.

[17]Lettre à Hetzel dans Sand, *Corr.*, VII, 167.

[18]Sand, *Indiana*, préface de 1832 (Paris: Garnier, 1962), p. 6: «. . . . qu'on s'en prenne à la société pour ses inégalités, à la destinée pour ses caprices. L'écrivain n'est qu'un miroir qui les reflète, une machine qui les décalque.»

[19]Stendhal, *Armance* (Paris: Folio, 1975), p. 47:

> En attendant, nous sollicitons un peu de l'indulgence que l'on a montrée aux auteurs de la comédie des *Trois Quartiers*. Ils ont présenté un miroir au public; est-ce leur faute si des gens laids ont passé devant ce miroir? De quel parti est un miroir?

Voir la note d'Armand Hoog, p. 282: «Thème familier à Stendhal dans ses oeuvres ultérieures. Mais cette image, qui évidemment plaisait à son auteur, est-elle une définition de son art?» Dans le *Rouge*, p. 76, on lit l'exergue, signé San-Réal. Puis, p. 357:   «Et moniseur, ce roman est un miroir qui se promène sur une grande route,» etc.

[20]Sand, *Indiana*, p. 86, «Les deux panneaux de glace qui se renvoyaient l'un à l'autre l'image de Noun à l'infini,» etc. Ce passage a inspiré Musset.

[21]Stendhal, *Le Rouge*, p. 25. Voir Armand Hoog: «Le rôle de Julien» dans *Stendhal-Club* (Grenoble: 15 janv., 1978), pp. 131-141.

[22]Stendhal, *Le Rouge*, p. 19: «Mais avec qui mangerai-je?» *Le Secré-taire intime* déjà discuté par lettre en novembre 1833 est publié dans *Romans et nouvelles* (Paris: Calmann-Lévy, 1834), pp. 10 et 13: «Saint-Julien pensa que c'était un mouchard, parce qu'il n'avait jamais vu de mouchard et que, dans son extrême méfiance, il prenait tous les curieux pour des espions» cité par Reboul, *op. cit.*, p. 53. Lubin note (*Corr.*, II, 433) que le titre a peut-être été pris chez Canel et Guyot, *Chroniques du Café de Paris*, publié par Capo de Feuillide en août 1833, où un chapitre s'intitule «Le Secrétaire intime.» Mais Stendhal a utilisé «Un Secrétaire intime» pour la moitié de son chapitre I et tout son chapitre II comme titre de page (*Le Rouge*, pp. 233-245).

[23]Sand, *Isidora*, paru en 1845-1846 (Paris: Calmann-Lévy, 1894), p. 186.

[24]Victor Brombert, *La Prison romantique, essai sur l'imaginaire* (Paris: Corti, 1978).

[25]On pourrait ajouter qu'Olivier de Malibert, d'*Armance* est double-ment prisonnier, d'abord de sa condition physique, ensuite du secret où il la garde, même de ses proches.

[26]Stendhal rend plusieurs fois hommage à Sterne: voir par exemple *Le Rouge*, exergue du chapitre XXXVI intitulé «Un Donjon:» «Le tombeau d'un ami.» George Sand (*OA* II, dans *LV*, 664) reprend le thème de la liberté: «laissez-moi ma liberté, criais-tu, laissez-moi fuir» fait-elle dire à Musset, s'engage (*Ibid.*, II, 669) dans la peinture d'un épisode d'enfance, où elle se montre rendant la liberté à des colombes. Lawrence Sterne a été fort apprécié d'elle aussi, son *Tristam Shandy* autant que *A Sentimental Journey* 1768, traduit dès 1770, puis par Jules Janin à l'époque romantique. Dans mon édition (London, New York: Everyman's Library, 1960), p. 75, le jeune voyageur anglais à Paris craint la Bastille; il n'a pas de passeport en règle. Il quitte sa chambre pour trouver un protecteur à Versailles en pensant:

> . . . .as for the Bastille, the terror is in the word. Make
> the most of it you can, I said to myself, the Bastille is
> but another word for a tower and a tower is but another
> word for a house you can't get out of.

Beaucoup de détachment ironique de Julien semble s'inspirer de cette attitude. Mais Sterne continue:

> I was interrupted in the hey-day of this soliloquy, with
> a voice which I took to be of a child, which complained it
> could not get out. . . .looking up, I saw it was a starling

> hung in a little cage. 'I can't get out, I can't get out'
> said the starling.

Le poète alors remonte dans sa chambre en courant, pour écrire une vindication de la Bastille et l'éloge de sa douce et gracieuse maîtresse, la Liberté.

[27] Stendhal, *Le Rouge*, p. 454.

[28] Sand, *Mauprat*, en chantier dès 1835, publié en 1837 (Paris: Garnier Flammarion, 1969), p. 267.

[29] Stendhal, *La Chartreuse de Parme* (Paris: Garnier Flammarion, 1964), pp. 321-323.

[30] Ibid., p. 324.

[31] Sand, *Consuelo*, publié en 1842-1843 (Paris: Garnier, 1959), III, 168 et seq.

[32] Ibid., III, 205. Le «journal intime» de la main de Consuelo occupera une cinquantaine de pages, jusqu'à l'aventure de sa libération.

[33] Mathilde en tentant de circonvenir Frilair, Marie en écrivant de sa main à chacun des trente-six jurés et en projetant d'aller se jeter aux pieds du roi à Saint-Cloud. Voyez par exemple Stendhal, *Le Rouge*, p. 478.

[34] Julien alors la menace durement: «Je cesse de te voir, je te fais fermer ma prison, et bien certainement le lendemain je me tue de désespoir si tu ne me jures de ne faire aucune démarche qui nous donne tous les deux en spectacle au public.» Voyez au contraire dans *Mauprat* les pages 286 et 297-299. Dans *La Chartreuse*, la Sansévérina, entièrement responsable de l'évasion de Fabrice, réalisera son projet dans le plus grand secret.

[35] Stendhal, *La Chartreuse*, p. 398. Consuelo se retrouvera évanouie aussi, Sand, *Consuelo*, p. 256.

[36] Alain, *Propos* (Paris: Gallimard (Pléiade), 1956), II, où il parle cinq fois de *Consuelo*: «oeuvre forte, trop peu lue,» et de «*Consuelo*, oeuvre pascale, notre *Meister*.» Voir pp. 157, 494, 627, 800, 918.

[37] Consuelo se réveille dans la barque, pour expérimenter, non le parfum, mais la souplesse et la douceur du manteau qui l'enveloppe (Sand, *Consuelo*, p. 257), puis elle se rendort après avoir vécu le premier instant d'amour de sa vie (Ibid., p. 267).

Quelques Notes sur *La Ville noire* de George Sand

Stefan Max
San Diego State University

Le ler mai 1860 paraît dans *La Revue des Deux Mondes,* dirigée par Buloz, la troisième et dernière «Livraison» du roman de George Sand *La Ville noire.* Jean Courrier, dans sa présentation du roman, récemment réédité par les Presses Universitaires de Grenoble, nous dit que c'est «un des tout premiers romans du XIXème siècle à situer ses personnages et son intrigue au coeur du monde ouvrier, plus de vingt ans avant le toujours cité *Germinal* (1885) d'Emile Zola.»[1]

Il est vrai que George Sand, bien avant Zola, entrelace une histoire d'amour et une histoire sociale. Cette dualité, on la retrouve chez les deux écrivains mais avec cette différence: romantisme amoureux, socialisme sentimental chez George Sand; réalisme amoureux, réalisme social chez Zola—du moins dans ses romans «ouvriers,» *L'Assommoir, Germinal.*

Les critiques, quand ils essaient de classer les écrivains, opposent souvent les introvertis aux extravertis. Nerval serait un introverti puisqu'il attachait la plus grande importance au songe et au rêve éveillé. Zola serait un extraverti car il mettait au premier plan de ses préoccupations une époque, une civilisation. . . . Une littérature entièrement introvertie serait le signe d'une société névrosée; une littérature entièrement extravertie se déssécherait dans une inhumaine nomenclature. . . . Mais ce n'est pas si simple: De l'introverti pur à l'extraverti pur, s'étendent toutes les nuances. Une George Sand rendra compte de toute une société complexe y inclue pour la première fois les ouvriers, au travers de ses propres introspections, interposant, entre le monde à peindre et l'écrivain qui le dépeint, ses désirs inavoués, ses angoisses. Et sans doute n'a-t-elle idéalisé ce monde que parce que sa démarche, souvent naïve, convenait le mieux à ses lecteurs bourgeois qui n'avaient pas toujours bonne conscience quand il leur arrivait de penser à la classe ouvrière.

Dans *La Ville noire,* George Sand fait un tableau idyllique de ce que devait être l'existence de l'ouvrier à l'époque. Elle voit l'argent comme une malédiction et pense que l'ouvrier est plus heureux que le bourgeois parce qu'il n'en a pas. Dans certains cas, l'argent est une grâce divine qui récompense les gens exceptionnels. C'est le cas de Tonine, l'héroïne de *La Ville noire.* Zola, beaucoup plus perspicace, saisit la loi d'airain, qui veut que le prolétariat ne recoive que le salaire minimum pour subsister sans cesser d'être réserve du travail, et il en fait le ressort de *Germinal* et de *L'Assommoir.* Zola parle ainsi de *L'Assommoir* à son éditeur:

> Peinture d'un ménage d'ouvriers à notre époque. Drame intime et profond de la déchéance du travailleur parisien sous la déplorable influence du milieu des barrières et des cabarets. La sincérité seule des peintures pourra donner une grande allure à ce roman. On nous a montré jusqu'ici les ouvriers comme les soldats sous un jour complètement faux. Ce serait faire oeuvre de courage que de dire la vérité et de réclamer par l'exposition franche des faits, de l'air, de la lumière et de l'instruction pour les basses classes.[2]

Notons que les ouvrages, romans et drames, publiés entre 1860 et 1865, mettaient en scène des ouvriers de fantaisie, dans la note larmoyante et paternaliste. Ainsi Eugène Manuel, celui dont les mauvaises langues assuraient que son plus bel alexandrin figurait sur sa carte de visite («Inspecteur général de l'Instruction publique»), allait faire représenter au Français le 17 janvier 1870, puis publier avec grand succès, un drame en un acte intitulé: *Les Ouvriers.* Le héros, semblable à Sept-Epées, le héros de *La Ville noire,* est travailleur infatigable, rangé, économe, passionné d'instruction, ambitieux. . . . Zola notera au début de l'ébauche de *L'Assommoir,* «Ne pas tomber dans le *Manuel.*» C'est de ce Manuel-là qu'il s'agit, et de ses confrères. On ne l'a pas toujours compris.[3]

On a souvent comparé George Sand aux deux autres grands romanciers de l'époque, Balzac et Zola. Quand, en mai 1860, paraît *La Ville noire,* Zola n'est qu'un jeune poète inconnu. George Sand n'en a jamais entendu parler. Quant à Balzac, n'est-il justement pas celui qui a le mieux réussi à peindre son époque? Pas tout-à-fait. Dans les quatre-vingt-sept romans de

Balzac, l'ouvrier n'apparaît pas.   On ne trouve guère, dans toute
son oeuvre, que les quatre on cinq lignes par lesquelles débute un
de ses romans les moins connus, *Pierrette.*   Il n'y a pas d'ouvriers
chez Balzac.   C'est par la peinture des milieux ouvriers encore
inexplorée que George Sand veut s'imposer contre toutes les
résistances d'une bourgeoisie surprise de voir l'accession du
«prolétaire» à la noble condition de personnage de roman.

   Il ne faut pas oublier non plus que *La Ville noire* paraît
quatre ans avant la célèbre préface de *Germinie Lacerteux* des
frères Goncourt.   Cette préface était très audacieuse pour
l'époque:

> Vivant au dix-neuvième siècle, dans un temps de suffrage
> universel, de démocratie, de libéralisme,   nous nous
> sommes demandé si ce qu'on appelle «les basses classes»
> n'avaient pas de droit au roman, si ce monde sous un
> monde, le peuple, devait rester sous le coup de l'interdit
> littéraire et des dédains d'auteurs qui ont fait jusqu'ici
> le silence sur l'âme et le coeur qu'il peut avoir.[4]

Avec cette préface, Jules et Edmond de Goncourt accélèrent le
mouvement qui porte le Réalisme vers les sujets populaires.   Ils
font aussi les premiers l'expérience d'un langage littéraire qui
stylise le parler des faubourgs.

   George Sand innove moins dans ce domaine.   Il n'y a que
deux traits que caractérisent *La Ville noire:* les amours entre Tonine et Sept-Epées, amours romantiques à fin heureuse, proches
du feuilleton à grand tirage et le cadre de ces amours—la «Ville
Noire,» c'est-à-dire Thiers, avec ses petites usines, coutelleries et
papeteries, échelonnées le long des gorges de la Durolle.

   George Sand s'était rendue en Auvergne en 1859 et elle
écrit à ses amis: «. . . .sur la route du Mont-Dore. . ., nous allons
à pied visiter l'enfer. . . .   C'est un endroit maudit, le diable s'y
est embusqué.»[5]   Dans *La Ville noire,* c'est là que se déroule la
tentative de suicide d'Audebert.   C'est là que Sept-Epées, le
héros du roman, éprouve la même tentation.   Même l'irrépro-
chable Tonine déclare un jour qu'elle a envie de s'attacher à
une meule et se jeter dans le trou d'enfer.

   Le diable est constamment au rendez-vous dans l'itinéraire
sandien; mais le diable dans *La Ville noire* n'est pas le Satan de
Consuelo, «protecteur et patron du genre humain,» ni le démon
séducteur que George Sand évoque dans la *Lélia* de 1833: «Je

rêvais les étreintes d'un démon inconnu, je sentais sa chaude haleine brûler ma poitrine et. . .j'appelais le plaisir au prix de l'éternelle damnation»[6]   Le diable dans *La Ville noire* est un site: Thiers avec ses usines.   Et il s'agit plutôt d'un diablotin bien sage que la Vertueuse Tonine arrive à dompter facilement. A la fin du roman, comme dans certains contes de fées, l'Enfer se transforme en Paradis.

Les personnages principaux dans *La Ville noire* sont ouvriers de condition, mais aristocrates de caractère.   On comprend psychologiquement, mais pas sociologiquement, le refus du fier Sept-Epées de s'enliser dans la routine d'un travail répétitif.   Il va donc tenter de s'élever, de s'établir à son compte.   Etant célibataire, il peut faire des économies sur son salaire qui constituent le capital de départ.   En plus, étant «beau garçon,» il aura des possibilités de mariages avantageux, mais il restera fidèle à Tonine qui mène le jeu dans *La Ville noire.*   Dans ce site ouvrier, elle possède toutes les qualités de pureté de la Sainte Vierge.   Sa simplicité et sa modestie se reflètent dans son prénom populaire.   Ce que Sept-Epées désire en Tonine, c'est une complémentarité, la paix d'un corps différent et pourtant choisi, le repos de la nuit.   La Femme est ici, selon les plus anciennes traditions gnostiques (reprises par le Romantisme), médiatrice de la Nature (Tonine s'intéresse aux plantes, à l'écologie déjà).   Elle est la vierge consolatrice par un rôle d'essence, puisque Sept-Epées trouve en elle exactement ce que les autres hommes de la région viennent y chercher: elle est celle qui pleure et recueille les pleurs, elle est l'eau qui enveloppe, détend: elle est l'ombre dont Sept-Epées sortant de la forge est le terme solaire.   Selon une figure propre au Destin, elle *retourne* le malheur de Sept-Epées en grâce et le pouvoir des gens de la Haute Ville en impuissance, l'avoir en nullité et le dénuement en être.   Par le caprice même de son regard, penchant d'un côté, se détournant de l'autre par un choix aussi immotivé que celui du *numen* divin, la Femme Consolatrice devient une Femme Vengeresse.

Au niveau de l'imaginaire, une très belle alliance s'opère entre le feu, le soleil, principes mâles, et l'eau, la nuit, principes féminins.   Sept-Epées, forgeron coutelier, «noir comme un diable» à la fin de sa journée de travail, contraste avec la belle Tonine aux blanches mains, qui est plieuse dans une papeterie.   George Sand insiste beaucoup sur sa pâleur comme élément de séduction.   Symbole de beauté et de charité c'est elle le «rayon de soleil» qui percera les ténèbres.

La solution pour l'ouvrier n'est pas de quitter la Ville noire pour les agréments de la Ville Haute, mais de la transformer par le travail, l'amour et l'instruction. La lutte de l'ouvrier dans ce roman n'est pas contre le capital et ses représentants de la Ville Haute, mais contre la nature. L'ouvrier gagne finalement ses titres de noblesse en domptant la nature, en faisant d'elle l'alliée du travail des hommes. On retrouve ici une influence de Lamennais avec qui George Sand avait collaboré pour le journal *Le Monde*: «Par l'industrie, dit Lamennais dans son *Esquisse d'une philosophie* (1840), l'homme s'assimile corporellement la création, il en fait comme une extension de son propre organisme.»[7]

Nous rejoignons ainsi l'idée maîtresse saint-simonienne, celle du progrès de l'industrie. L'innovation technique est la preuve tangible de la créativité humaine qui se développe avec le progrès scientifique. Le personnage de Sept-Epées illustre tout à fait ce désir de perfectionnement scientifique. Il veut réussir non seulement pour briller aux yeux de Tonine, mais aussi pour apporter plus de bien être dans la tâche de l'ouvrier.

George Sand est habile à utiliser les ressources littéraires romantiques, souvent héritées du classicisme. Comme dans *La Princesse de Clèves,* le héros et l'héroïne sont des êtres exceptionnels; lui, le plus beau, le plus habile, le plus intelligent des couteliers; elle, la plus belle, la plus vertueuse, la plus charitable des papetières. . . . Comme dans le roman classique, nous avons des hasards, des conversations surprises qu'on ne devrait pas entendre, des lettres envoyées qui ne sont pas reçues, des malentendus. . . . En plus, les ouvriers de *La Ville noire* parlent le beau langage des bergers et bergères d'Honoré d'Urfé ou des nobles voyageurs sans itinéraire de Chateaubriand. Ils sont atteints d'ailleurs, comme ces derniers, du mal du siècle. *La Ville noire* commence ainsi:

> Pourquoi es-tu triste mon camarade? De quoi es-tu mécontent? Tu es jeune et fort, tu n'as père ni mère, femme ni enfant, partant aucun des tiens dans la peine. Tu travailles vite et bien. Jamais tu ne manques d'ouvrage . . .tu sais lire, écrire et compter presqu'aussi bien qu'un commis. Tu as de l'esprit et de la raison et par-dessus le marché, tu es le plus joli homme de la ville. Enfin tu as vingt-quatre ans, un bel âge: Qu'est-ce qu'il te faut donc,

et pourquoi au lieu de venir te promener et causer avec nous le dimanche, te tiens-tu à l'écart, comme si tu ne te croyais pas l'égal des autres, ou comme si tu ne les jugeais pas dignes de toi? Ainsi parlait Louis Gaucher, l'ouvrier coutelier à Etienne Lavoute, dit Sept-Epées, le coutelier-armurier.[8]

Dès les premières pages, on se rend compte que les vrais problèmes du monde ouvrier—longues heures de travail abrutissant, salaires insuffisants, etc., seront mis entre parenthèses. Gaucher continue à sermoner son ami qui a l'ambition de devenir propriétaire:

Et bien: pourquoi donc pas? reprit Gaucher. Un peu de raison au bout de la tâche et l'ouvrier peut devenir un gros bourgeois. Regarde là, au dessus de nos têtes, sur la terrasse de la montagne, ces jolies rues à escaliers, ces promenades d'où l'on voit cinquante lieues d'horizon, ces murailles blanches et roses, ces jardins en fleurs, treillagés de vert; tout cela est sorti du gouffre où nous voici attelés du matin au soir. . . Tous ces gens riches qui de là-haut nous regardent suer en lisant leurs journaux ou en taillant leurs rosiers, sont, ou d'anciens camarades, ou les enfants d'anciens maîtres ouvriers qui ont bien gagné ce qu'ils ont, et qui ne méprisent pas nos figures barbouillées et nos tabliers de cuir. Nous pouvons leur porter envie sans les haïr, puisqu'il dépend de nous de monter où ils sont montés. Regarde! Il n'y a pas loin! Deux ou trois cents mètres de roches entre l'enfer où nous sommes et le paradis qui nous invite, ça représente une vingtaine d'années de courage et d'entêtement, voilà tout![9]

Des passages comme celui-ci indiquent que George Sand exclut délibérément du champs de sa vision les vrais problèmes sociaux, la vulgarité et la laideur. On dirait qu'elle ne veut présenter au monde que ce qui est beau. Et pour montrer la beauté sous tous ses aspects, elle a créé un enfer d'une étonnante richesse plastique, tantôt vigoureux, tantôt sauvage et, à la fin du roman, détendu et enjoué.

Les couleurs roses et sentimentales du dénouement correspondent à l'idéalisme de *La Ville noire* au travail. La fin (Tonine hérite d'une usine) reflète tout à fait les espoirs de

Fourier qui attendait d'un mécène le financement de la
Révolution (Fourier épinglait, paraît-il, sur sa porte une carte
priant d'attendre son retour au cas où ce bienfaiteur se mani-
festerait en son absence). Avec la fraternisation finale de la Ville
Haute et de la Ville Basse, les luttes du Travail et du Capital sont
éliminées; les antagonismes disparaissent. Le roman se termine
avec un espoir de réconciliation pour l'avenir.

Sur le plan des rapports sociaux comme sur celui de
l'imaginaire, cette réconciliation des contraires—enfer et paradis,
ombre et lumière, feu et eau, Ville Basse et Ville Haute,
bourgeois et ouvriers—donne le sens au roman. Tous ces couples
dynamiques témoignent de la richesse et de l'ambiguité des
rapports sociaux et humains. Les êtres et la nature sont res-
sentis dans leur profondeur et leur solidarité.

La Ville noire demeure «incognito» dans l'oeuvre de George
Sand. Elle-même ne l'évoque pas. Georges Lubin n'a rien
découvert à ce sujet dans la *Correspondance* des années 1860-
1861. Aucun critique de l'époque n'évoque le roman. Les
biographes modernes du plus illustre au plus récent, à part
Jean Courrier dans la préface de la nouvelle édition du roman,
ignorent *La Ville noire*.

Dans l'oeuvre immense de George Sand, tout n'a pas la
même portée. *La Ville noire* n'est sans doute pas son meilleur
roman ni le roman aux idées sociales les plus avancées. Mais il
est un des tous premiers témoignages romantiques sur la vie
laborieuse des hommes. Alors, ceux qui s'intéressent au monde
du travail devraient commencer par la lecture de ce beau roman
d'amour et de réussite collective.

Notes

[1] Jean Courrier, dans George Sand, *La Ville noire* (Grenoble: Presses
Universitaires de Grenoble, 1978), Présentation pp. i-xxxvi.

[2] Lettre de Zola à son éditeur Lacroix, datée de 1869 (Ms 10.303
folio 60, Bibliothèque Nationale, Département des Manuscrits).

[3] Henri Mitterand, dans Emile Zola, *Les Rougon-Macquart*, (Paris:

Bibliothèque de la Pléiade, 1961), II, 1540.

[4] Ibid., II, 1537.

[5] George Sand citée par Jean Courrier, dans Sand, p. ix.

[6] Ibid., p. x.

[7] Lamennais cité par Jean Courrier, Sand, p. xvii.

[8] Sand, pp. 1-2.

[9] Ibid., pp. 3-4.

IV

LITERARY INFLUENCE ON SPAIN AND RUSSIA

George Sand and the Spanish Connection

Hugh A. Harter
Ohio Wesleyan University

In a recent article in the issue of *Europe* devoted to George Sand,[1] Christian Abbadie studies the influence of Franco-Spanish political relations on the life, psychology, and work of the author. He points out that Spain was a part of Aurore Dupin's life almost from the beginning through her father's, her mother's and her own sojourn in Madrid during the cataclysmic events of 1808. Whether from vague memories of her own or from tales recounted by her mother of that stay and the horrifying experience of the return to France through battle-torn countrysides, the episode occupies a dramatic and vividly recounted section of Sand's *Histoire de ma vie.* The interest in Spain and Spain's problems were lasting. Abbadie tells us that:

> George Sand, qui été marquée dès sa première jeunesse par la lutte à mort entre la France du premier Empire et l'Espagne soulevée par la «guerre d'Indépendance,» recherchera toute sa vie, fièvreusement, des témoins ou des historiens de cet épisode.[2]

Spain was, of course, a favorite topic of Romantic literature. We have only to mention a Victor Hugo, whose father, like George Sand's, had also been an officer in Joseph Bonaparte's Spain, Alfred de Musset who wrote his *Contes d'Espagne et d'Italie* without crossing the Pyrenees, Alexandre Dumas, Mérimée, and Théophile Gautier, to name a few. These were friends of George Sand, as was the Hispanist Louis Viardot, who translated Cervantes and the *Lazarillo de Tormes,* Henri de Latouche, Félicien Mallefille, and Charles Dembrowsky, who visited Mallorca at the time that Sand and Chopin were staying on the island, and who wrote his memoires of the trip to a Spain still in the throes of the Carlist civil wars.[3]

Sand also had extensive contact with political and military figures connected with Spain, including the controversial Juan Alvárez Mendizábal who, as prime minister, confiscated Church lands and properties in Spain, and a liberal republican of Jewish descent whose very name was anathema to clerics and conservatives alike. It was largely through his influence that Sand and Chopin decided to go to Mallorca, and, as we know so well, the sojourn at the charterhouse of Valldemosa was a disaster that exacerbated the already bitter memories of the battle-torn Spain of the child Aurore which she recalled as an adult.

Abbadie also mentions, but gives no supporting evidence for, another trip to Spain, one which, according to him, took place before the one to Barcelona and Mallorca from May to June of the same year, 1838, with an itinerary that took the author from Bayonne by way of Irún, Burgos and Pancorbo to Madrid.[4] As this journey would have coincided with the beginnings of the love affair with Chopin, and as Sand's major biographers make no mention of such a trip, we can only speculate as to what effects such a stay in Spain would have had. It would certainly have alerted her first hand to the violent conflicts at the heart of Spanish politics and have given her a sense of the immediacy of the armed struggle between Queen Isabella II's government and her uncle, the pretender to the throne, Don Carlos. To have entered Spain via Irún and Burgos would have meant traveling through the war zone, and all of this conceivably could have made her reluctant to undertake the trip and projected sojourn in any part of Spain, including Mallorca.

What we do know with certainty is that Sand, her two children, Maurice and Solange, and the ailing Chopin, did set out on what was to become one of the mose publicized episodes of the author's and the composer's life. If it has been romanticized and exploited touristically over subsequent years, it was far from idyllic while it was happening. Sand returned to France spewing forth hatred for all things Spanish and said so with vitriol. In 1839, she wrote the following to François Rollinat:

> L'Espagne est une odieuse nation!. . . . Le commerce paye des contributions à Don Carlos aussi bien qu'à la reine. Personne n'a d'opinion. On ne se doute pas de ce que peut être une conviction politique. On est dévot, c'est-à-dire fanatique et bigot, comme au temps de l'Inquisition. Il n'y a ni amitié, ni foi, ni hon-

neur, ni dévouement, ni sociabilité. Oh! les misérables: que je les hais et que je les méprise![5]

In other letters, she speaks of anarchy, of cruelty, of the lack of freedom in personal life, in politics and in religion.

By the same token, we know that Spain and things Spanish were of constant interest to George Sand, and that side by side with her personal reactions to an arch-conservatism was the myth of a colorful Spain, of a noble peasantry, downtrodden and exploited by nobility and clergy, and of a country economically and politically the pawn of power politics played by both France and Great Britain. We also know how lasting were her attachments to her Spanish friends, and how their political attitudes affected her perspectives on events in and concerning Spain. Given Sand's republicanism, her feminism, her anticlericalism, and socialism in things French, it is only to be expected that her ideas on Spain would be shaped by her basic beliefs and attitudes in these areas.

Consequently, it should hardly surprise us to find that in Spain itself, George Sand's works and image were also seen primarily in terms of political orientation. Her Spanish contemporaries who admired her were of a liberal persuasion, while those who were fundamentally conservative, monarchist and staunch defenders of the Church, were severely critical of her, even when they were supposedly speaking purely in terms of literature rather than of politics or religion. One's literary tastes and preferences, in the middle decades of the nineteenth century in Spain, as still today, were dictated by one's political espousal and orientation to a degree perhaps more sharply delineated that in any other occidental countries.

The advent of the Romantic movement in Spain itself was a direct consequence of political change. When the tyrannical Ferdinand VII died in 1833, the end of a repressive censorship allowed the young exiles to return from other parts of Europe, brimming with excitement over the artistic movement already well underway elsewhere. At the same time that a certain freedom of expression was ushered in, the civil conflict called the Carlist Wars began, threatening the Regency of the Queen Mother María Cristina and her infant daughter, Isabella II. Nevertheless the Romantic movement got under way. In the novel, the predominant figure soon became Sir Walter Scott whose works, along with those of Fenimore Cooper, were widely read in translation. Byron's works were also known, but in prose rather than in verse versions.[6] Chateaubriand's *Atala* and *René* had innumerable editions.[7] These had preceeded the establishment of Romanticism, attesting to the censors' attitude toward them, and had continued once the movement was under way. Scott and Cooper's works, set in areas remote in space and time, were politically and morally "safe," Byron's less so.

Whether French, English or American, however, the principal point of entry for literature into Spain was via France. The critic José F. Montesinos tells us:

> Ya vimos que todo viene de Francia, aun lo que no es francés, y los orígines de casi todo lo que se imprime dentro de la Península radican en París. La lengua de aquella nación parecía conferir a cuantos lograban poseerla todos los saberes y maestrías. « ¡ Ya tiene mi hijo una carrera! Folletos, comedias novelas, traducciones . . . ¡y todo con sólo saber francés! ¡ Oh francés, francés!» podía exclamar con razón el don Candido Buenafé, de Larra.[8]

Scott, of course, introduces the vogue of the historical novel, and Cooper and Chateaubriand, the taste for the exotically distant, neither being threatening in their immediacy or their political attitudes. When such figures of Spanish Romanticism as Espronceda or Enrique Gil y Carrasco undertook the writing of a novel, they used the Middle Ages as the setting, i. e., a period that provided remoteness in time, heroism and Christianity. The Spanish Romantics, by and large, left the novel to translators, and expressed themselves either in poetry or in drama.

The number of translations is impressive. In addition to those foreign authors mentioned earlier, there was a change of taste around 1840, and the novel of manners and contemporaries of Balzac and George Sand became the major interest.[9] The personality of the novelist drew the reader's attention. Publishers in Barcelona, Madrid, and even provincial cities were on the lookout for new materials to be translated. In addition to Sand and Balzac, Victor Hugo and Eugène Sue also became immensely popular.

George Sand's success was very great. Montesinos tells us that, from 1836 on, with a Paris edition of *Leone Leoni*, until 1848 all of Sand's writings, including early works, were published in Spanish translations:

> La primera edición española de George Sand, que había
> de ser aún más afortunada que Balzac—sin duda su arte
> era más asequible a la masa, y a que lo fuese contribuían
> tanto las buenas como las malas cualidades de la autora—
> es del mismo año en que la primera de Balzac se imprime,
> y también francesa. En 1836, Rosa publicó en París
> *Leone Leoni* (aparecida en francés el año anterior), según
> una versión de don Fernando Bielsa. Entre esa fecha y
> 1848 se tradujo cuanto la autora hizo de más importante,
> y sus traductores, como los de Balzac, fueron personali-
> dades de cierto renombre a veces: Ochoa, Tío, Bala-
> guer.[10]

In 1837, two translations of *Indiana* and of *Valentine* were
published, one in Madrid, and *André* (*Andrés*) in Barcelona. *Le
Secrétaire intime* (*El secretario privado*), *Lettres d'un voyageur*
(*Cartas de un viajero*), *Leone Leoni,* and *Simon.* In 1840,
Lavinia was published in Barcelona, while *Consuelo* appeared in
Madrid in 1842. In 1843, three translations, of *Spiridion,*
Lélia, and *Pauline,* were brought out in Barcelona, and one of
Rose et Blanche in the provincial capital of Ronda. 1844 saw the
printing of translations of three works in both Madrid and
Havana, of *Consuelo, La Comtesse de Rudolstadt,* and *L'Uscoque*
(*Orio Soranzo*), and a volume published in Toledo and Seville
that contained translations of *La Marquise, Lavinia, Metella,* and
Mattea. In 1845, *Mauprat, Jeanne,* and *La Prima donna* came
out in Spanish in Madrid, and *Teverino* in 1846.[11]
Such a spate of translations clearly implies an avid reading
public, and the question arises as to who the fans of George
Sand were during this period. Montesinos tells us that even in
such a God-fearing society as that of the Spain of the 1830's and
40's, it was in large part women readers who contributed to her
fame and success, despite the air of scandal that clung to her
name:

> Un cierto tufillo de escándalo que siempre exhaló su
> nombre, hizo que este éxito clamoroso siempre fuera un
> poco equívoco; sin embargo, paradójicamente, parece
> ser que las mujeres, ya grandes lectores de novelas, contri-
> buyeron no poco a acrecentarlo, lo que no deja de ex-

trañar en una sociedad tan timorata como lo imaginamos
la de aquellos tiempos.[12]

Naturally, the irony of a large female reading public of an
author of notoriety led to caricatures and jocosity. In a work
published in 1844, *Los españoles pintados por sí mismos (The
Spaniards Depicted by Themselves)*, George Sand plays a prominent role. One author portrays an eleven year old girl who is
learning George Sand's novels by heart,[13] and another young
woman begins her personal library with a novel of Sand whom
she sees "with a certain kind of idolatry."[14] Perhaps one of the
two most amusing passages, however, comes from a piece entitled
El Empleado (The Employee) in which bureaucrats are depicted
as wasting away their working hours with the following: "long
and eternal newpapers, novels of George Sand, political discussions. . ."[15]

Aside from the popular success of Sand's works in Spain,
there is also the question of critics and of contemporary authors, some of whom, like José Zorrilla, had even met Sand on
trips to France. Here also, the question of praise or censorship
of Sand's works was based on political, social, and religious
considerations rather then purely esthetic ones. Even among
some major figures, what might well be called the bigotry and
fanaticism which Sand herself had so abhorred on her trip to
Mallorca, was turned against her. In Spain, the novel was seen
primarily as an instrument for proselytizing and for moral
example. Iris M. Zavala, for example, in her study of ideology
and politics in the Spanish novel of the nineteenth century tells
us essentially this, that "entre los críticos, predomina la pre-
ocupación por el valor proselitista de la novela, y se concibe la
obra como instrumento político."[16] One Spanish writer, re-
viewing a novel, goes even further, saying that the novel has
little importance as literature, but great importance in questions
of morality: "la novela es un género muy poco importante en
literatura; pero lo es en moral."[17]

From our vantage point of the late twentieth century, it is
easy for us to pontificate about the lack of perception of those
who wrote some hundred and fifty years ago about such matters
as morality and truth at, for example, the same time that they
condoned slavery and waxed bloodthirsty at the sight of striking
workers or of social reformers. Romanticism was, we know, tied
to political and social thought, at least in the beginnings. Even in

Spain, as the incipient movement rejected neo-classicism and embraced such interests as the Crusades and the discovery of the New World, it also took to its breast the concept of modern revolutions.[18] It is the latter, the modern revolutions, that created the schisms. Zavala tells us that after the mid-1830's, the "harmonious" vision of Sir Walter Scott was replaced by the radicals such as Dumas and Sue, and the "Socialist George Sand."[19] The highly respected and venerable Alberto Lista declared in 1840 that literature is the reflection of society, but of the only society possible: Christian and monarchical.[20]

In 1836, Emile Souvestre published an article in the *Revue de Paris* which may be considered a manifesto of the novel. He affirms the ideas of progress, truth within practical order, and truth within moral order. He speaks of Sand, sword in hand, struggling against social prejudice:

> Le roman est donc déjà et sera chaque jour davantage le livre initiateur, soit qu'il cherche à devenir un catéchisme du coeur avec Bernardin de Saint-Pierre, ou qu'il raconte avec Chateaubriand toutes les poétiques oppressions de l'âme que la religion guérit; soit que Scott lui ouvre de nouveaux horizons historiques et force l'art de serrer de plus près la réalité; ou que Sainte-Beuve et Alfred de Vigny lui fassent effleurer les fibres les plus mélancoliques et les plus intérieures; soit même que George Sand le lance, l'épée à la main, contre les préjugés sociaux, au risque de lui faire égorger en chemin quelques vertus, le roman aura fait son devoir, si par quelque chemin que ce soit il a poussé vers le vrai.[21]

This article, utilized by Souvestre for the prologue of one of his novels, was translated into Spanish, but was also undoubtedly known to Spaniards who regularly read the *Revue de Paris*. Such opinions were quickly attacked as being destructive of traditions and the past, and also as a part of the reaction against the portrayal of low life, of what was unacceptable in terms of middle-class morality and standards. One had to take sides. Several major figures of Spanish Romanticism were opposed to Sand and those authors disassociated with her. Mariano José de Larra, despite his Francophile upbringing, fulminates against Dumas, Hugo, Sue and Balzac as destructive of tradition,[22] but Serafin Mesoneros Romanos goes even further. He sees in these authors and in George Sand a revolutionary and even criminal intent, stating that they want to "sublevar al hombre contra el hombre, a la sociedad contra las leyes, a las leyes contra la creencia religiosa."[23] This, he says is their intention: "Fuerza es repetirlo: a tan criminal empeño, a tan formidable resultado, conspiran hoy la novela en las emponzoñadas plumas de los Hugo, y Dumas, Balzac, Sand y Soulié. . . ."[24] At the time of the Revolution of 1848 and after, the Spanish press began a series of attacks against the "socialist republicans," Hugo, Sue and George Sand.[25]

In view of this, it is not surprising that a writer so deeply devoted to a conservative and traditional stance as Fernán Caballero should have great success with her first novel published in 1849. The time was ripe. She declared that what she described in *La Gaviota* was reality, but what she portrayed was her own sense of morality and patriotism. Her plots are insipid and badly constructed, and her descriptive passages are surely no better than those of the "costumbristic" writers of the magazines and newpapers of the period, but the histories of Spanish literature have consistently described her as the initiator of the realistic novel in Spain and accord her praise that esthetically she does not merit. However, she was on the right side of the political and moral fence. On the other hand, the woman author whom I have called the Hispanic George Sand,[26] Gertrudis Gómez de Avellaneda has survived almost exclusively as a poet. The reason seems clear: it is in her poetry that she is least controversial, and in her poems of religious themes, that she most closely fits the formula of ideological conformity. In her early novels, for example, in which she introduces such "unacceptable" themes as adultery, abolition, miscegenation, divorce, social injustice, and the appalling state of women's education, we can see why she has been compared to George Sand. Her personal life, as I have indicated elsewhere, also parallels to a striking degree that of Sand. La Avellaneda also began as a rebellious spokesman against injustice, was excluded from the Royal Spanish Academy as a woman, and ended her life in a kind of genteel defeat, a *bonne dame* of Madrid rather than of Nohant but who also had softened her literary efforts to a sort of pastoral outlook. George Sand was, as Fernán Caballero was to declare, la Avellaneda's "fetish," but, to the former, George Sand was the proverbial "bête noire," or even worse, a kind of "demon," bent on destroying, like some nineteenth century

Voltaire, those traditions which bigotry and fanaticism were determined to keep in place.

There is, of course, considerably more to be studied in the area of George Sand and Spain. Other Spanish authors read her, learned from her, accepted her or rejected her, some on esthetic and some on the politico-moral grounds outlined above. There are also the relationships of Spaniards who traveled to France or lived there and who were her contemporaries, but there is also the question of Sand's subsequent reputation in more recent times. One woman writer, Carmen de Burgos, wrote a biography of Sand[27] as well as a tract entitled *La mujer moderna y sus derechos,* which would indicate an affinity of interests between the two in the area of women's rights. It will be interesting, too, to see if the fact that Spain now has a Socialist government will revive and extend the interest in Sand as a political writer and thinker. At any rate, the present study should be considered as no more than a brief introduction to a very interesting and provocative subject: Sand and her relationship to Spain and Spanish literature.

Notes

[1] Christian Abbadie, "George Sand et les relations politiques franco-espagnoles," *Europe,* No. 587 (March, 1978), pp. 48-74.

[2] Ibid., p. 49.

[3] Ibid., p. 50.

[4] Ibid., p. 51: «D'abord cette connaissance de l'Espagne a été limitée géographiquement: George Sand est allée deux fois en Espagne. En mai-juillet 1838, son itinéraire se limite à joindre Bayonne à Madrid, en passant par Irún, Burgos, Pancorbo.»

[5] Ibid., p. 64.

[6] José F. Montesinos, *Introducción a una historia de la novela en España, en el siglo XIX* (Madrid: Editorial Castalia, 1966), p. 64.

[7] Ibid., pp. 69-72.

[8] Ibid., pp. 79-80.

[9] Ibid., p. 81.

[10]Ibid., p. 87.

[11]All of this information regarding translations of Sand's works appears in Montesinos, pp. 87-88.

[12]Ibid., p. 88.

[13]Ibid., partially quoted, p. 88.

[14]Ibid.

[15]By A. Gil y Zarate, quoted in Montesinos, p. 88.

[16]Iris M. Zavala, *Ideología y política en la novela española del siglo XIX* (Salamanca: Anaya, 1971), p. 18.

[17]Ibid.

[18]José de Espronceda, often called the Spanish Byron, is the prime example of this, but those Spanish authors who were opposed to revolution, either political or social, were more numerous and more vociferous then their opponents.

[19]Zavala, p. 39.

[20]Ibid., p. 47.

[21]Ibid., p. 49.

[22]Ibid., pp. 56-57.

[23]Ibid., p. 60.

[24]Ibid.

[25]Ibid., pp. 131-132.

[26]In a paper entitled "Gertrudis Gómez de Avellaneda as a Hispanic George Sand," which I read at the George Sand Conference at West Virginia University, Morgantown, West Virginia, April 18-19, 1980.

[27]As of this reading, I have been unable to find more than the fact that de Burgos, who wrote under the pseudonym Colombine, did write the biography to which I refer. De Burgos seems to be one of those women writers who have been successfully interred by literary historians whose only mention of her is to her book-length study of Larra.

L'Influence de George Sand en Russie

Wanda Bannour
Paris

George Sand est «la Jeanne d'Arc de notre temps, l'étoile du salut et la prophétesse d'un avenir grandiose. «Ce n'est pas la première fois que l'humanité sera sauvée par une femme,» s'exclame, en 1841, l'écrivain socialiste russe Vissarion Bélinski.[1] Celle à qui Chateaubriand prédisait qu'elle serait le «Byron de la France» a inspiré à son/sa biographe Wladimir Karénine l'opinion selon laquelle «on parlera du siècle de Sand comme on parle du siècle de Byron.» Et il ajoute: «Nous avons tous été éduqués par Sand.»

Sand arrive en Russie lors d'une période les plus noires de son histoire: celle de la *nicolaïevchtchina*—règne despotique du tsar Nicolas Ier—qui s'ouvre sur la déportation et la pendaison des officiers décembristes, en 1825-1826. La répression consécutive à ce complot suscita une opposition qui provoqua des exils volontaires: des hommes s'affirmant socialistes comme Herzen, Ogarev, Bakounine, fréquentaient l'intelliguentsia parisienne et s'enflammaient pour les écrits de Sand. Bakounine qui, bouleversé par la lecture de *Lélia* qui, dit-il le «rend meilleur, (lui) ouvre les yeux sur (s)es défauts, aiguise le sentiment de (s)a dignité,»[2] fait connaître Sand à Bélinski. Celui-ci, par le le biais de la critique littéraire,[3] familiarise les Russes avec les oeuvres de Sand.

Mais Sand ne voit pas son public limité aux socialistes: Ivan Tourguenev, libéral peu engagé, salue «son grand talent:» «Tout ce qui vient d'elle porte la touche du maître» écrit-il à Pauline Viardot.[4] Une des plus grandes fortunes du XIXe siècle, Nadejda von Meck, l'égérie de Tchaïkovsky, apprécie ses oeuvres. Les salons russes ne parlent que de George. Elle dépasse de beaucoup le succès de Germaine de Staël. Alors que, sur le plan de l'engagement, une Flora Tristan va beaucoup plus loin qu'elle, Sand est au premier plan: on persiste à la tenir pour

«un prophète, un révélateur.»[5] Comment expliquer ce rayonnement, voire cet engouement?

L'intelliguentsia russe se reconnaît en Sand, propriétaire
terrienne aristocrate, reliée d'une part à sa terre natale, le Berry,
et aux paysans, d'autre part aux milieux avant-gardistes de la
capitale, aux têtes politiques comme Leroux, à la bohème littéraire. Elle est donc à même d'être comprise et recue avec
transport par ces aristocrates terriens, ces «nobles repentis»
que sont Herzen, Ogarev, Bakounine. Le populisme russe a en
commun avec celui de Sand un grand élan de générosité fondé
sur des éléments plus affectifs que rationnels.

Le féminisme de Sand touche les Russes où une infime
minorité de femmes—l'aristocratie des salons—accède à la vie de
l'esprit, où la conscience aigüe de l'oppression de la femme travaille les bonnes volontés. Sand, intellectuelle rejetée par son
milieu, Sand, qui travaille pour vivre, qui élève seule une famille,
qui vit librement sa vie amoureuse, prend place au côté des
«humiliés et offensés.» Les jeunes philosophes russes hégéliens,
militent pour la reconnaissance de la femme, être humain à part
entière, investi de dignité humaine, libre.

Sand, décidée à assumer des responsabilités réservées aux
hommes, édifie un surmoi de type viril: elle s'habille en homme,
voyage souvent seule, affronte des problèmes de tout ordre. De
ce fait, elle est à même de servir de modèle à une catégorie de
femmes russes qui vont passer à l'action au cours des années
soixante et soixante-dix: les nihilistes. Ces jeunes filles, issues
des couches supérieures de la société, mais en rupture de ban
avec leur milieu, vont diffuser les idées socialistes dans les campagnes où elles assumeront les fonctions d'institutrice, de sage-
femme, d'infirmière. Ayant à se déplacer et parfois, comme les
auteurs des complots anarchistes (où des femmes comme Sophia
Perovskaïa et Vera Figner jouèrent un rôle de premier plan), à
assumer des périls considérables, il leur faudra développer des
vertus de courage et de vaillance pour lesquelles Sand donne
l'exemple. Bien que Sand n'ait pas, en politique, des positions
si radicalisées, elle inspire néanmoins de nouveaux types de
comportements sociaux.

Politiquement, Sand est une populiste, une démocrate
socialiste proche des utopistes: elle se tient aux côtés des saint-
simoniens, de Leroux, de Lamennais. Son christianisme à tendance déiste la rend fort proche des Russes comme Herzen ou
Bélinski chez qui la revendication sociale se fait à partir de

germes chrétiens: sens de la justice à l'égard des opprimés, amour du prochain, générosité.

Par rapport à la Russie, Sand est perçue comme prophète qui, en quelque sorte, «teste» avec plusieurs décennies d'avance, des idées et des pratiques que mettra à exécution l'intelliguentsia russe à partir des années soixante. Si George Sand «prend» en Russie avec une telle force, c'est en grande partie parce que sa pensée s'exprime dans l'élément concret de la littérature romanesque. Or les Russes, bien que passionnés de philosophie,[6] sont davantage des êtres de sentiment plutôt que de concepts: ils goûtent d'autant plus les idées qu'elles s'expriment sous une forme littéraire, de préférence romanesque. Ils peuvent alors s'identifier—ou s'opposer—aux personnages, se définir compte tenu de leur propre environnement. Les Russes cherchent des solutions à leurs problèmes tant sur le plan de la vie sociale que sur celui de la vie privée, les deux étant conçus comme indissociables. D'où l'intérêt passionné suscité par le *Bildungrsroman*: Sand prend ici place auprès de Balzac, de Goethe (*Wilhelm Meister*), de Godwin *(Caleb Williams)*, de Dickens et de Thackeray.

Examinons de plus près l'influence des oeuvres de Sand tant sur la production littéraire que sur les idées et la praxis des Russes dans la seconde partie du XIXe siècle.

Le statut des serfs en Russie est au premier plan des préoccupations sociales et politiques dès les années quarante. Certes, le *rescript* d'Alexandre II (1857) va accorder aux paysans la liberté, mais bien des problèmes restent non résolus. L'un de ceux-ci est l'énorme distance qui sépare les classes sociales. C'est pourquoi les ouvrages de Sand, *Le Meunier d'Angibault* (1844), *Valentine* (1832), *Simon* (1934), qui prônent la fusion des classes sur la base de l'amour, sont reçus avec transport par des hommes comme Bélinski. Roturier *raznotchinets*,[7] Bélinski, qui a éprouvé un amour malheureux pour l'une des soeurs de Bakounine où, peut-être, des considérations de distance sociale ont joué le rôle d'obstacle, est très sensibilisé à cette question dite de «mésalliance» qui joue chez Sand un rôle important.

Un problème plus directement politique mais à forte résonance morale est celui de l'engagement révolutionnaire: autant celui-ci est relativement aisé lorsqu'il s'agit d'anarchistes prêts à tout, autant il suscite de difficultés chez les jeunes libéraux à la Tourguenev qui voudraient bien que la Russie s'engage dans la voie du progrès social mais par des moyens non-violents. Dans *Horace* (1842), Sand met en scène un de ces

jeunes gens de bonne volonté mais qui hésite, et renonce finalement à l'action révolutionnaire. Son attitude (au moment de
l'affaire du Cloître Saint-Merri, en 1832), sera celle de la plupart des libéraux en 1848, Lamartine en tête, Lamartine dont
Sand dénoncera l'ambivalence et les hésitations.[8]

Notons que ce problème de l'engagement, si difficile pour
des hommes plus phraseurs que résolus, est l'un des thèmes
préférés des romanciers russes. Le *Roudine* (1855) de
Tourguenev est précisément le type d'un de ces hommes aux
idées nobles et à la volonté défaillante. Tourguenev, qui se serait
inspiré du personnage de Bakounine, modifia sa conclusion
lorsque «Michel» combattit vaillamment sur les barricades de
Dresde. Il fit mourir héroïquement son héros lors d'une attaque
de barricades à Paris.

La classe dominante, dans la plupart des pays d'Europe, se
considérait, à tort, comme constituant une élite de droit et ceci
peut-on ajouter, de toute éternité. Or, la formation d'une classe
ouvrière en France, les pratiques confirmées du compagnonnage,
font que Sand pose la question d'une relève des élites, en particulier dans *Le Compagnon du Tour de France* (1840); son
amitié avec Agricol Perdiguier lui fournit des renseignements de
première main. Cette nécessité d'assurer une relève des élites se
pose également avec acuité en Russie mais sous une autre forme,
le pays n'étant pas encore entré dans l'orbite de la civilisation
industrielle. Si Tourguenev campe, dans *Terres vierges* (1877),
un couple d'ouvriers intelligents et lucides, les démocrates nihilistes prônent la formation d'une élite ouvrière par les intellectuels: dans *Que faire?* de Tchernychewski, c'est un professeur,
Lopoukhov, et un médecin biologiste, Kirsanov[9], qui incitent
une jeune femme pauvre, Vera, à entreprendre des études de
médecine après avoir organisé une coopérative et une communauté de couturières.[10]   Tchernychewski unit cette foi dans
les pouvoirs pédagogiques et moraux de la science à un romantisme populiste s'incarnant en l'homme nouveau Rahmétov,
noble fortuné «venu au peuple» dont il partage les travaux et
les dures conditions de vie.

C'est à George Sand que l'on doit, à travers des situations
romanesques mais inspirées par une expérience réelle, la formulation d'une nouvelle éthique, la rupture avec l'idée d'une
nature humaine éternelle et non modifiable. Sand milite pour
des rapports authentiques au sein du couple. Seul l'amour peut
unir les êtres; dans le cas contraire, la coexistence avec un être

que l'on a cessé d'aimer ne peut aboutir qu'à la souffrance et à la haine. Forte de l'expérience Musset-Pagello à Venise, Sand écrit sur la lancée *Jacques,* en 1834. Le héros, Jacques, pour laisser la place libre à sa jeune femme et à l'amant de celle-ci, Octave, décide de s'effacer et disparaît dans la montagne.

Jacques a été lu attentivement par Tchernychewski qui s'en est amplement inspiré pour son roman *Que faire?* (1861). Situant l'intrigue dans les milieux des jeunes socialistes *raznotchintsy* de son époque, Tchernychewski est allé plus loin que Sand. Il a dédramatisé l'action en imaginant un suicide simulé et a liquidé la notion, qu'il estime mensongère, de sacrifice.

Ce n'est pas à tort que *Que faire?*, considéré comme la bible du nihilisme, connut un immense succès. L'ouvrage met l'accent sur un point de la plus haute importance: à savoir que l'esprit possessif doit être radicalement combattu, aussi bien en ce qui concerne les personnes que les biens. Aucun «amant» ne peut prétendre «posséder» la femme aimée, la jalousie est un sentiment pernicieux aux effets dangereux. Nous reconnaissons ici un thème qui tint fort à coeur à Sand dans la mesure où elle eut personnellement à souffrir du despotisme amoureux de certains de ses compagnons.

Là où Sand fut plutôt distancée par les Russes c'est en ce qui concerne les problèmes esthétiques. Certes, elle les pose avec acuité dans *Les Sept cordes de la lyre.* Cependant Bélinski, dès les années trente, avait dejà insisté avec force sur la malhonnêteté de l'écrivain se tenant à l'écart des problèmes sociaux; fidèle à son idée de l'art engagé, Dobrolioubov[11] et Tchernychewski dénoncent le mensonge de l'art pour l'art. Sand et le nihiliste Pisarev[12] font écho. Albertus, dans *Les Sept cordes de la lyre* (1840) affirme:

> Tout artiste qui ne se propose pas un but noble, un but social, manque son oeuvre. Qu'importe qu'il passe sa vie à contempler l'aile d'un papillon ou le pétale d'une rose! J'aime mieux la plus petite découverte utile à l'homme.

Et Pisarev:

> Le poète est soit un titan ébranlant les montagnes du mal séculier, soit un moucheron butinant le pollen des fleurs. . . . Dans le premier cas il porte en soi les pensées et les souffrances de notre monde contemporain, dans le

second cas il célèbre d'une voix flûtée des boucles d'or parfumées. . . . Il n'est alors qu'un Monsieur le Puceron ou une Mademoiselle la Grenouille secrétant leur bave.[13]

Mais notre examen serait incomplet s'il laissait de côté un élément sandiste très important pour la pensée russe: il s'agit de l'élément mystique. *Jeanne* (1844) suscitera l'admiration de Dostoïewski. *Consuelo* brosse le portrait d'un de ces nobles généreux et fortunés qui, comme Alexandre Herzen, renoncent à leur fortune et à leur confort. Ainsi Herzen s'exile, met son argent à la disposition d'une typographie pré-«dissidente,» soutient les jeunes émigrés sans ressources condamnés à mort dans leur patrie.

Immense fut en Russie l'influence de Sand. Elle fut non seulement un maître à penser qui, déjà, esquissait des solutions aux problèmes les plus brûlants de l'époque, non seulement un écrivain engagé qui vint en aide à tous les proscrits d'Europe (Bakounine inclus dont elle prit la défense contre les chauvins réactionnaires et les calomniateurs soutenant qu'il émargeait à la cassette du tsar); elle fut aussi et plus encore, peut-être, un modèle. Bakounine, inlassablement, la donnait en exemple à ses quatre soeurs pour les aider à s'émanciper de la tutelle familiale et conjugale. Herzen, pour qui Sand «résumait dans sa personne l'idée révolutionnaire de la femme,» tenta d'éduquer dans l'optique sandienne sa femme Natalie et ses enfants. Enfin Sand, comme nous l'avons vu, servit de modèle aux jeunes femmes nihilistes. Sans George Sand, une Sophie Kovalevskaya, une Alexandra Kollontaï n'auraient peut-être pas été ce qu'elles furent: des êtres d'une grande noblesse et d'une grande vaillance.

Notes

[1]Vissarion Bélinski (1811-1848), écrivain et critique russe, leader de l'opinion démocratique dans la première partie du XIXe siècle.

[2]George Sand, *Corr.*, ed. Garnier, 1966, II, 401, note.

[3] L'intelliguentsia russe lisait souvent dans le texte les ouvrages de Sand. Ceux-ci, par ailleurs, étaient traduits et publiés dans les revues littéraires de l'époque: *L'Observateur moscovite* et la *Bibliothèque de lecture*.

[4] Le 28 mars 1864.

[5] Bakounine, le 12 février 1843, cité par Francine Mallet, *George Sand*, Paris, Grasset, 1976, p. 405.

[6] Les années trente et quarante voient fleurir des cénacles philosophiques où on expose et discute avec passion les idées de Schelling et Hegel (dont les *intelliguents* russes ont parfois suivi les cours en Allemagne), de Fichte, ainsi que des philosophes français du XVIIIème siècle.

[7] «hors-rang»

[8] Ce procès des ambiguïtés coupables des libéraux sera fait avec vigueur par Tchernychewski, tant dans ses articles du *Sovremennik* (fin des années cinquante, début des années soixante) que dans son Prologue.

[9] Conçu sur le modèle de Claude Bernard.

[10] Communauté et coopérative ne visant pas seulement la suppression de l'exploitation des ouvrières grâce à un nouveau type de gestion mais leur organisation en communauté dans un foyer; leur éducation et leur initiation à l'art, particulièrement à l'opéra où elles ont un abonnement, reflètent l'engouement des Russes pour la musique vocale.

[11] En particulier dans sa célèbre analyse de l'*oblomovchtchina* à partir de Gontcharov, *Oblomov*.

[12] Dimitri Pisarev (1840-1868), théoricien russe du nihilisme.

[13] Voir la revue *Rousskoïe Slovo*, 1867, chapitre XXIV, «Les Nihilistes.»

The Serenity of Influence: The Literary Relationship of George Sand and Dostoevsky

Isabelle Naginski
Tufts University

In one of his notebooks for 1876 and 1877, Dostoevsky noted:

> In Russia, criticism is amateurish (ot ruki), impres-
> sionistic (po vdoxnoveniju). Someone reads a few novels
> and immediately starts writing the criticism section
> [of a journal]. That is why there is so much lack of
> content. If one has a great deal of talent (like Belinsky),
> one can express many feelings, but it still doesn't mean
> that one is a critic. But a (scholarly!) study of how
> writers (Schiller, George Sand) influenced Russia and to
> what an extent would be an extraordinary and serious
> undertaking. But we will have to wait a long time for
> that. The history of the metamorphosis (perevoploščenie)
> of an idea into another idea.[1]

Dostoevsky's remark is richly significant and certainly prophetic. We had to wait until the late 1890's for Veselovsky's preliminary study of the impact of European writers on nineteenth century Russian literature.[2] A monograph on Schiller and Dostoevsky came out in 1975.[3] And there is still no full-length study in print of the impact of George Sand on Russian literature—although two dissertations have recently been completed.[4]

Should we be surprised? Since Sand's works are only now beginning to attract the serious examination they deserve, we are faced with the following paradox: we are saturated with biographies of Sand[5], but very few monographs dealing with her works exist.[6] If little attention has been concentrated on the novels, even less has been directed at George Sand's "rayonnement." Patrick Waddington's study of Sand and Turgenev, although describing in part their mutual literary relationship, has more to say about their friendship.[7]   In short, the kind of critical work Dostoevsky had dreamed about concerning Sand's impact on Russia has not yet been written[8], although comparable studies exist for England (Patricia Thomson's *George Sand and the Victorians*)[9] and for Italy (Annarosa Poli's two monographs).[10]

If Sand scholars, for the most part, have neglected her impact on foreign literatures, we must look to Dostoevsky scholars for their possible attempts at making connections between Dostoevsky and the West. Here again, results are disappointing. Very little attention has been paid to Sand except in passing and the scholarship on the literary relationship of Sand and Dostoevsky is slim.[11]   Most specialists agree that Sand, along with Balzac, Schiller and Dickens, was a "major influence" on Dostoevsky; but either they show Sand's impact to have been restricted to the early formative period of the young writer; or they propose connections without exploring them.

The strategy of Victor Terras in *The Young Dostoevsky* is to belittle Sand's influence as much as possible. In discussing Dostoevsky's short story "The Landlady," Terras identifies its style and narrative tone to be "closest to George Sand at her 'sublime' worst, e. g. in *Lélia.*"[12]   In making a catalogue of common traits between the two writers, he lists "an overabundance of 'standard' Romantic imagery and phraseology," "vague and abstract" descriptions of the "'heroes' inner life;" an emphasis on the "dialogue of emotions" at the expense of action; and "trite, unimaginative, tumid emotionality."[13]

In Dostoevsky's unfinished novel, *Netočka Nezvanova,* Terras finds:

> . . . .as George-Sandian [sic] a narrative as any Russian writer, male or female, ever. . . .produced. The emotional pose, the sentimental cliché, and the moral phrase practiced by the narratress [sic] of *Netočka Nezvanova* are an exact replica of George Sand's mode of diction in the 1830's and 1840's."[14]

Two pages later, Terras again criticizes Dostoevsky's novel for "a very George-Sandian [sic] lack of discipline: superficialities, repetitions, careless formulations and thoughtless 'phrases'."[15]

Making links between weaknesses in Dostoevsky and what Terras perceives to be Sand's pernicious influence presupposes a preconceived judgment of Sand's literary merit on the part of the critic. Obviously, if Terras does not admire Sand's works, her influence on Dostoevsky, while it cannot be denied, must be ridiculed and minimized as much as possible. In fact, the literary traffic between Sand's writing and *Netočka Nezvanova* is far more interesting than Terras would have us believe.[16]

Other scholars, while sympathetic to the possible connections between Sand and Dostoevsky, are content to drop interesting clues and suggestions for further study and leave it at that. Joseph Frank, in the first volume of his biography of Dostoevsky, for instance, acknowledges that Sand, along with Victor Hugo and Balzac, played "an important part in [Dostoevsky's] spiritual and literary evolution."[17] Robert Jackson, in his *Art of Dostoevsky*, suggests interesting affinities between the early Sand and one of Dostoevsky's late stories:

> Without any question, Dostoevsky's story "The Gentle Creature," which appeared in the November 1876 issue of *Diary of a Writer*, less than half a year after his article on George Sand, gives evidence of his veneration of the French writer."[18]

But Jackson ends his chapter on "The Gentle Creature" with this suggestion, and thus abandons his reader contemplating this unexplored comparative territory. Finally, Jacques Catteau, in *La Création littéraire chez Dostoïevski*, is somewhat more expansive:

> Essentially, George Sand's earliest works are the ones which profoundly marked the Russian writer, the novels of the 1830's and 1840's such as *L'Uscoque, La Dernière Aldini, Taverino* [sic], *Lucrèce Floriani* [sic]. . . .and especially *Bernard Mauprat* [sic] and *Spiridion*. . . . The most striking [aspect is]. . . .the resurgence of novels read in [Dostoevsky's] youth, *Mauprat* and *Spiridion*, in the last work, *Brothers Karamazov*.[19]

But again, the critic is content to name works without exploring the matter further.

Why is it that "the question of George Sand's influence on Dostoevsky has never been thoroughly explored,"[20] to echo Joseph Frank's apt question? Many Dostoevsky scholars have simply not bothered to read her, although this cannot be said of Joseph Frank, as careful and informed a reader of Sand as one could hope for a Dostoevsky scholar. Misinformation about Sand's *oeuvre* is appalling, down to the mistitling of works. Catteau refers to *Mauprat* as *Bernard Mauprat*, *Teverino* as *Taverino*, and to *Lucrezia Floriani* as *Lucrèce Floriani*. Can one imagine a comparable mistake in dealing with Dostoevsky, referring to his last novel, for instance as *Dmitri Karamazov* or the *Brothers Kirizanov*?

Joanna Russ, in her recent monograph *How to Suppress Women's Writing* has identified and studied the various phallocentric strategies critics have used to discourage women's writing—the denial of authorship, the application of double standards for authors and "authoresses," the assignation of women writers to the wrong category, the myth of the isolated achievement, the exclusion of women from the literary canon, etc. The line of attack which best suits hostile or indifferent critics in dealing with George Sand is the following: "she wrote it, but "she" isn't really an artist and "it" isn't really serious, of the right genre,. . . .really art."[21] Catteau's misnaming betrays a cavalier attitude toward the literary production of a woman writer (not to mention ignorance of the works cited). If indeed "it" isn't really art, then is faulty identification matters little. In this perspective, gynography is denied any resemblance to the serious literary output of men writers and is classified in a separate and secondary category. Indeed, Sand's writing has often been attacked for displaying all the faults typical of gynographs: writing too much, too fast and with a lack of attention to style. Witness what Baudelaire had to say in this respect:

> Les femmes écrivent, écrivent avec une rapidité débordante; leur coeur bavarde à la rame. Elles ne connaissent généralement ni l'art, ni la logique; leur style traîne et ondoie comme leurs vêtements. Un très grand et très justement illustre écrivain, George Sand, elle-même, n'a pas tout à fait, malgré sa supériorité, échappé à cette loi de tempérament; elle jette ses chefs-d'oeuvre à la poste comme des lettres.[22]

It is interesting to note that the creation of a vast *oeuvre* is equated with noble potency when it applies to some of Sand's male contemporaries, Hugo, Balzac or Dostoevsky, for instance, while in the case of Sand, her voluminous production is viewed with deep suspicion and used to refute her claim to genius. Bovine metaphors prevail: Nietzsche, Jules Renard, even Dostoevsky himself, all accused her of being the milking cow of literature.[23]   But the comparison, which is meant to be deliberately unflattering, could in fact be used to describe the nurturing quality of Sand's works for a host of younger writers whom she either directly encouraged or inspired from afar. In this perspective, I would like to examine how Dostoevsky's work was nourished by Sand.

The literary relationship between the two writers constitutes a privileged instance of literary traffic and provides a particularly rich profile for a study of literary influence. It also forces us to reexamine certain established notions about how literary influence functions.

We are all acquainted with Harold Bloom's now famous phrase "anxiety of influence," in which a writer denies uneasily any influences upon him and, in so doing, deliberately engages in an act of "misprision," misreading and misinterpreting the precursor writer.   "Strong poets misread one another," says Bloom, "so as to clear imaginative space for themselves."[24] This anxiety of influence is in large part due to what Bate has called "the burden of the past."[25]   The author's exorcizing of a burdensome literary ancestor is seen as a struggle of men and texts wrestling with one another.   In a recent interview in *Diacritics*, Bloom discussed the direction his Freudian paradigm is taking:

> I'm finding. . . .that I am abandoning the Freudian family
> romance as a paradigm for talking about the relationship
> between poets and am substituting the Freudian account
> of the dynamics of the transference. . . .which is the my-
> thopoeic version given in the book *Totem and Taboo*
> [i. e. the primal history scene, the murdering and de-
> vouring of the totem papa by the primal horde]. . . .
> What Freud and the Freudians call counter-transference
> . . . .now seems the best model for what I call influence
> anxiety.[26]

Bloom, who favors "an agonistic notion of culture, poetry, interpretation, of reading,"[27] would no doubt explain Dostoevsky's
attacks on Gogol in *Poor Folk* and elsewhere as a classic case of
anxiety of influence. And the devouring myth of the father in
Totem and Taboo[28] can be seen operating in Dostoevsky's
Pushkin Speech, whose eulogizing tone indicates that he had
finally "digested" the father of Russian literature.[29]

But Bloomian concepts lose their capacity to explain the
nature of the influence in the case of Dostoevsky and European
writers. In fact, evidence suggests that in a cross-cultural situation involving the nineteenth century Russian writers, the very
opposite is true: where we looked for anxiety of influence, we
found serenity of influence.

Since a nineteenth-century Russian writer such as Dostoevsky did not have to grapple with the "burden of the past" in
any way comparable to the French and English writers, since he
was free to recreate his literary genealogy, made up of Russian
and European writers, his serenity of influence is not based on a
secure sense of belonging to a tradition, but rather on an exhil-
arating sense of freedom. The Slavicist Rufus Mathewson confirms this view:

> The Russian. . . .writers were free of the pieties of the
> English novel. . . .and [free] of the oppressive skepticism
> and self-knowledge of the French. [They] could ask the
> most elementary questions about themselves, their coun-
> tries, and their God, without embarrassment.[30]

In fact, it is remarkable to what an extent Dostoevsky is
willing to talk and write about the impact certain European
writers had on him: George Sand and Balzac especially. Witness the following opening lines of his necrology of George Sand
in his *Diary of a Writer:*

> The May issue of the *Diary* [*of a Writer*] was already set
> in print and gone to press when I read about George
> Sand's death in the papers. . . . So that I did not have the
> time to say as much as a word about her death. And yet,
> as I read the news, I understood what her name had come
> to mean in my life—how much the enthusiasm and ven-
> eration this poet had produced in me at the time and how
> many joys, how much happiness she had given me back
> then.[31]

Enthusiasm, veneration, joys, happiness—these are not the emotions which describe anxiety. This is the vocabulary of the
serenity of influence. The two articles Dostoevsky devoted to
George Sand in the June 1876 issue of *Diary of a Writer* (entitled
"The Death of George Sand" and "A Few Words About George
Sand")[32] dispel the applicability of the anxiety of influence. I
have argued elsewhere that the literary relationships of the
Russian novelists with their chosen Western predecessors follow
the model of the serenity of influence.[33] These relationships
suggest that new ways of looking at literary influence are
needed which not only go beyond the Lansonian search for
sources, or beyond the Formalist study of the transfer of literary
devices, but which also allow us to incorporate writers and their
texts, intersubjectivities and intertextualities into a single system.

The language of passion which Dostoevsky used to describe
Sand gives us a clue, I think, as to the essential nature of their
literary relationship. The French critic Léon Cellier has suggested that the affinity between writers is often established along
the lines of moods and feelings, even the sensibilities of a given
literary movement, rather than techniques or points of view.
He replaces anxiety with passion as a central element of literary
influence:

> Let us keep from reducing the problem [of poetic af-
> finity] to a study of sources or of influence [in the re-
> stricted sense], on the pretext that one must situate the
> problem on firm ground. . . .searching for sources is
> uncertain, the notion of influence is vague. . . .in other
> words, the passionate character [of the relationship] is
> here again a crucial one.[34]

Cellier replaces Bloom's unique Freudian model of the struggle
between father and son with a rich network of possible kinship
relations. The ties can be fraternal (as in the case of Baudelaire
and Poe); it can skip a generation and involve a "grandfather"
and his literary grandchild (for instance, Nerval and Breton). In
this perspective, we might see the relation between Dostoevsky
and Sand as filial-maternal. Of prime importance is the genetic
image Cellier insists upon:

> . . . .the [affinity] in question [has] a quasi-organic link,
> more solid than the community of ideas, as mysterious as
> blood ties.[35]

Cellier's interest in a psycho-sociology of literature led him to elaborate a non-reductive theory of literary influence whose large vision allowed textual concentration without throwing out the writer's personality. Taking a receptor-text as the "privileged base for a *retour en arrière*,"[36] Cellier confronted it with texts by the author's masters and proposed the existence of a "haunted discourse" (écriture hantée). This complex notion, discussed in detail in Cellier's study of Mallarmé and his literary predecessors makes room for biographical, comparative and exegetic methods.[37]   Thus a text is haunted by the author's "personal unconscious," a concept formulated by Mauron, and also by other texts.

This approach enriches, to my mind, our understanding of the literary relationship between George Sand and Dostoevsky. It dispels the model proposed by Terras of the temporary and harmful impact of Sand on Dostoevsky's early period. It allows us to understand the haunting impact of an early, remarkable, and obscure work by Sand, her novel *Spiridion*, on Dostoevsky's last, remarkable and well-known novel, *Brothers Karamazov*.[38]

The Soviet critic, Leonid Grossman, has convincingly argued that Sand's novel, read by Dostoevsky in the 1830's, had an evolutionary impact which emerged in its final form forty years later in Dostoevsky's last work:

> In Belinsky's circle in the early 1840's, an original and fascinating book by George Sand, *Spiridion,* was very much appreciated.   Panaev had translated parts of it especially for Belinsky and Nekrasov. It is quite possible that, filled with enthusiasm for George Sand's works, Dostoevsky read this novel in his youth and then discerned in it a new, original and daring genre, which combined contemporary politics with religious and philosophical problems (problematika) which, undoubtedly, corresponded to some hidden creative tendencies in the young writer. He valued this attempt at an ideological and contemporary epic and turned to it at the time he was planning his book on atheism, and ten years later, when he was planning his last novel, *Brothers Karamazov.*[39]

Grossman's discussion makes clear that *Spiridion* was a case of "haunting discourse" for Dostoevsky. Having read the book in

the late 1830's, Dostoevsky turned to it again when he was contemplating his epic novel, *Atheism,* at the end of 1868,[40] again
in the spring of 1870, when he had renamed the work "Life of a
Great Sinner,"[41] and finally during the last years of his life when
he was composing *Brothers Karamazov.*

The basic problems posed in *Spiridion* have an uncanny resemblance to Dostoevsky's own concerns.   "On the whole,
Spiridion was a large-scale critique of Catholicism against a
background of Utopian Socialist ideas."[42]   The correlations between it and *Brothers Karamazov* are remarkable.   *Spiridion*
corresponds to the plan for Dostoevsky's master-work which he
never composed, but for which we have notebooks, "The Life of
a Great Sinner" (the Russian word žitie, life, with its hagio-
graphic connotations, immediately calls to mind the genre of the
saint's life).   Indeed Dostoevsky's title adequately describes the
subject-matter of *Spiridion* in which the monk Alexis recounts
his spiritual itinerary to a young novice.   This narration of the
journey from traditional faith to philosophical doubt, then to
despairing atheism, and finally to a form of humanitarian and
pro-revolutionary deism, constitutes a veritable "encyclopedia
of beliefs," [43] comparable to what Dostoevsky had dreamed of
producing.

Furthermore, *Spiridion* is an experimental novel, suggesting
the formation of a new novelistic genre which would incorporate
elements of autobiography, philosophical treatise, Gothic tale,
and novel of initiation. In the years when she was writing
Lélia and *Spiridion,* Sand was interested in forging a new genre, a
new type of novel which she called "non-visible."   In this invisible novel she would depict an "ideal, interior" world:

> . . . .which borrowed from the world of the senses only
> the form and draperies (le vêtement) of its inspiration,
> leaving aside. . . .the childish thickenings of plot (com-
> plication des épisodes), not seeking to amuse and enter-
> tain readers with an idle imagination, appealing little
> to the eye and constantly to the soul.[44]

If, as Musset claimed, *Lélia* "had caused all visible novels to
crumble (a fait crouler tous les romans visibles),"[45] *Spiridion*
whose plot is all but invisible accomplished the same feat to an
even greater degree. Made up entirely of monologues and dialogues between monks, no events, no adventures, no love in-

terest, no intrigues take the reader away from the fundamentally abstract character of the novel. In *Spiridion* the visionary replaces the visible and it alone holds the reader's attention.

Sand's search for new novelistic forms and her attempts to create invisible novels would have had a special appeal for Dostoevsky. He was interested in redefining the novel as a melting-pot in which various fictional forms could be fused: the "roman-feuilleton," the detective story, the newspaper *fait-divers*, the psychological case-study, the philosophical parable. Furthermore, his emphasis on the novel as the perfect vehicle for the working-out of what he called "ideas"[46] often led him to the edge of the invisible novel.

In the beginning of this paper I cited a passage in which Dostoevsky talks about studying "the metamorphosis of an idea into another idea." This is a key statement for understanding the way in which *Spiridion* "influenced" *Brothers Karamazov.* It is noteworthy that Dostoevsky used the Gallicism *ideja* (idea) rather than the Slavic *mysl'*. *Ideja* connotes something larger than our English word "idea" as product of the rational mind. It comes closer to the Platonic meaning of the Greek *ideos.* We might be tempted to translate *ideja* as "myth" or even "world-view."

Sand, then, influenced Dostoevsky in his last novel, not so much by providing a cast of characters (although many parallels could be made); nor by providing a set of themes (although, again, there are many resemblances); she did not primarily provide a set of key images (although Sand's use of sun imagery and portraits is significant for Dostoevsky); nor finally primarily by suggesting narrative techniques (although Bakhtin's dialogic imagination is common to both writers). All of these elements are present, can and should be studied, but do not, to my mind, constitute the essential link which makes possible the peripheral ones.

That essential link is the "metamorphosis of ideas," ideas in the large sense, which Dostoevsky talks about. Bakhtin, that most Dostoevskian of critics, called this the objectivizing "of one's own language, its inner form, the original nature of its world-view. . .in the light of another language belonging to somebody else."[47] Literary discourse was perceived by Bakhtin as the manifestation of a world-view in its very formulation. The literary dialogue, then, becomes a confrontation between one's own language and a "foreign," "someone else's" language. Citing the classicist, Wilamowitz-Moellendorf, Bakhtin writes:

> Only the knowledge of a language that contains someone
> else's way of conceiving the world can lead to the ap-
> propriate understanding of one's own language. . . . This
> situation [which describes a purely cognitive linguistic
> phenomenon] is just as pervasive in cases where literary
> creativity conceives language in actual artistic prac-
> tice. . . . In the process of literary creation, the inter-
> animation with a foreign (someone else's) language
> illuminates and objectifies precisely the aspect of one's
> own language (and of the other's language) *that pertains
> to its world-view,* its inner form.[48]

The discovery "of a language containing someone else's way of
conceiving the world" defines the crucial aspect of the literary
relationship between Sand and Dostoevsky. In the process of
reading *Spiridion,* Dostoevsky's language and Sand's language
interanimated one another; the act of reading revealed to Dostoevsky his own ideological language, the language that per-
tains to his world-view as he expressed it in *Brothers Karamazov.*

Remarks

[1] All translations from the French and from the Russian are my own.

[2] I have used the international scholarly system for the transliteration
of Russian.

Notes

[1] *Neizdannyj Dostoevskij, Literaturnoe Nasledstvo* (Moskva: Nauka,
1971), LXXXIII, 628.

[2] Aleksej Veselovskij, *Zapadnoe vlijanie v novoj russkoj literature* (Moskva: Russkoe T-vo pečatnago i izdatel'skago dela, 1896).

[3] Alexandra H. Lyngstad, *Dostoevskij and Schiller* (The Hague: Mouton, 1975).

[4] Carole S. Karp, "George Sand's Reception in Russia, 1832-1881" (dissertation, University of Michigan, 1976); Lesley S. Hermann, "George Sand and the Nineteenth-Century Russian Novel: The Quest for a Heroine" (dissertation, Columbia University, 1979). Items 460 and 457 in Gaylord Brynolfson, "Works on George Sand, 1964-1980: A Bibliography," in *The George Sand Papers, II, Conference Proceedings 1978* (New York: AMS Press, 1982).

[5] In the three year period between 1975 and 1978, six biographies were published: (1) Curtis Cate, *George Sand* (New York: Houghton Mifflin; London: H. Hamilton, 1975); (2) Joseph Barry, *Infamous Woman: The Life of George Sand* (Garden City: Doubleday, 1976); (3) Ruth Jordan, *George Sand: A Biographical Portrait* (London: Constable; New York: Taplinger, 1976); (4) Francine Mallet, *George Sand* (Paris: Grasset, 1976); (5) Tamara Hovey, *A Mind of Her Own: A Life of the Writer George Sand* (New York: Harper & Row, 1977), (6) Renée Winegarten, *The Double Life of George Sand: Woman and Writer* (New York: Basic Books, 1978). See Brynolfson, in *The George Sand Papers, II, Conference Proceedings 1978*, 198-203.

[6] Notable exceptions are: (1) Léon Cellier, *Parcours initiatiques* (Neuchâtel: La Baconnière, 1977): reprints of «Baudelaire et George Sand,» «Occultisme dans *Consuelo.*» «Le Roman initiatique en France au temps du Romantisme;» (2) Ellen Moers, *Literary Women: The Great Writers* (Garden City: Doubleday, 1976); (3) Jean Pommier, *George Sand et le rêve monastique: Spiridion* (Paris: Nizet, 1966); (4) Gerald Schaeffer, *Espace et temps chez George Sand* (Neuchâtel: La Baconnière, 1981); (5) Natal'ja Trapeznikova, *Romantizm Žorž Sand* (Kazan': Izdatel'stvo Kazanskogo Universiteta, 1976). Significantly, these items constitute either a collection of articles (items 1 and 4), or a short monograph (items 3 and 5), or include a chapter on Sand (item 2). There is no recent, solid, book-length study of Sand's works.

[7] Patrick Waddington, *Turgenev and George Sand: An Improbable Entente* (London: Macmillan, 1981).

[8] S. Makashin, in his article on "Literary Interrelationships of Russia and France" (*Literaturnoe nasledstvo*, Moskva: Žurnal'noe-gazetnoe ob"edinenie, 1937), Vols. XXIX-XXX, confirms that there are no book-length studies on the theme "George Sand in Russia," although he does cite several articles. Likewise, there are articles on George Sand and Dostoevsky but no "work of synthesis." The situation since 1937 has not substantially

improved.

[9]Patricia Thomson, *George Sand and the Victorians* (London: Macmillan; New York: Columbia University Press, 1977).

[10]Annarosa Poli, *L'Italie dans la vie et dans l'oeuvre de George Sand* (Paris: A. Colin, 1960); *George Sand vue par les Italiens; Essai de bibliographie critique* (Firenzi: Sansoni; Paris: Didier, 1965).

[11]Cf. (1) Alexandra v.d. Brincken, «George Sand et Dostoievsky: Contribution au problème des emprunts littéraires,» *Revue de littérature comparée*, XIII, No. 4 (oct.-déc. 1933), 623-629; (2) Sigurd Fasting, «Dostoevsky and George Sand,» *Russian Litterature*, IV, No. 3 (July, 1976), 309-321; (3) W. Komarowitsch, *F.M. Dostojewski. Die Urgestalt der Brüder Karamazoff* (Munich, 1928), pp. 167-235; (4) Ivan Pouzyna, «George Sand et Dostoïevski: la parenté littéraire des *Frères Karamazov* et du *Spiridion*,» *Etudes. Revue catholique d'intérêt général*, CCXXXVIII (5 fév. 1939), 345-360; (5) Jacques Viard, «Socialistes chrétiens: George Sand et Dostoïevsky et Péguy,» *Etudes*, CCCXLI (oct. 1974), 389-413; (6) Ottokar Watzke, «George Sand et Dostoiewsky,» *Revue de littérature comparée*, XX, No. 2 (avr.-juin 1940), 165-172; (7) M. I. Weinreich, «Ideological Antecedents of the *Brothers Karamazov*,» *MLN*, LXIV, No. 6 (June 1949), 400-406.

[12]Victor Terras, *The Young Dostoevsky (1846-1849): A Critical Study* (The Hague, Mouton, 1969), p. 89.

[13]Ibid., p. 89.

[14]Ibid., p. 101.

[15]Ibid., p. 103.

[16]Cf. V. L. Komarovich, "Iunost' Dostoevskogo," in *O Dostoevskom. Stat'i* (Providence, RI: Brown University Press, 1966): on Dostoevsky's enthusiasm in the 1840's for French Utopian Socialist thought and its impact on *Netočka Nezvanova*; V. L. Komarovich, "Mirovaia garmoniia Dostoevskogo," in Ibid: on the character of the "dreamer" in *Netočka* and its French antecedents; Joseph Frank, chapter on *Netočka Nezvanova* in *Dostoevsky: The Seeds of Revolt, 1821-1849* (Princeton: Princeton University Press, 1976), especially pp. 349-350 and 360.

[17]Frank, p. 63. I am grateful to Frank's thought-provoking clues which encouraged me to embark on the study of Sand and Dostoevsky.

[18]Robert Louis Jackson, *The Art of Dostoevsky: Deliriums and Nocturnes* (Princeton: Princeton University Press, 1981), p. 259. Jackson is the first, to my knowledge, to propose this connection.

[19]Jacques Catteau, *La Création littéraire chez Dostoïevski* (Paris: Institut des Etudes Slaves, 1978), p. 63.

[20]Frank, p. 129.

[21]Joanna Russ, *How to Suppress Women's Writing* (Austin, University

of Texas Press, 1983), p. 76.

[22]Charles Baudelaire, «Etudes sur Poe,» *Oeuvres complètes* (Paris: Gallimard (Pléiade), 1976), II, 283.

[23]Cf. my "George Sand's Poetics," *George Sand Newsletter,* IV, No. 2, (fall-winter 1981), p. 38.

[24]Harold Bloom, *The Anxiety of Influence: A Theory of Poetry* (New York: Oxford University Press, 1973), p. 5.

[25]Walter Jackson Bate, *The Burden of the Past and the English Poet* (Cambridge: Harvard University Press, 1970).

[26]Robert Moynihan, "Interview: Harold Bloom," *Diacritics,* XIII, No. 3, (fall 1983), 67.

[27]Ibid., p. 66.

[28]
> One day the brothers who had been driven out came together, killed and devoured their father and so made an end of the patriarchal horde. . . . The violent primal father had doubtless been the feared and envied model of each one of the company of brothers; and in the act of devouring him they accomplished their identification with him, and each one of them acquired a portion of his strength.

Freud, *Totem and Taboo,* James Strachey, trans. (New York: Norton, 1950), pp. 141-142.

[29]Literary digestion can be seen in Dostoevsky's discussion of Aleko (hero of Pushkin's poem "The Gypsies") and Onegin (that "abstract man [and] restless dreamer," hero of Pushkin's *Eugene Onegin*). Dostoevsky transforms Pushkin's characters into Dostoevskian seekers of the "accursed questions." Furthermore, in his analysis of *Eugene Onegin,* Dostoevsky poses Tatiana's dilemma in typically Dostoevskian terms, reminiscent of Ivan Karamazov's "rebellion." In the Pushkin speech, Dostoevsky writes:

> Please imagine that you yourself are erecting the edifice of human destiny with the final goal of making people happy, of giving them peace and tranquillity at last. And imagine, further, that in order to do this you must inevitably and necessarily torture to death only one human creature. . . .an honest old man. . . . Would you agree to be the architect of such an edifice under such conditions? (Dostoevskij, *Polnoe sobranie sočinenij v desjati tomax*) (Moskva: Xudožestvennaja literatura, 1958, X, 450).

Ivan's words in *Brothers Karamazov,* a work which appeared the year
before the Pushkin speech, are practically identical:

> Imagine that you yourself are erecting the edifice of
> human destiny with the final goal of making people
> happy, of giving them peace and tranquillity at last,
> but in order to do this you will have to inevitably and
> necessarily torture to death one tiny creature. . . .a
> little child. . . .and on its unavenged tears you will have
> to erect that edifice, would you agree to be the architect
> under those conditions? (Dostoevskij, *Polnoe sobranie
> sočinenij v tridcati tomax* (Moskva: Nauka, 1972-1985,
> XIV, 223-224).

[30]Rufus W. Mathewson, Jr., "Russian Literature and the West," in
Donald N. Treadgold, ed., *The Development of the USSR: An Exchange
of Views* (Seattle: University of Washington Press, 1964), p. 105.

[31]F. M. Dostoevskij, *Polnoe sobranie sočinenij v tridcati tomax,* XXIII,
30.

[32]For a discussion of these two articles, cf. my "Two Opponents of
the Anthill: Dostoevsky and George Sand," in *Proceedings of the
Dostoevsky Conference at Hofstra University, 1981* (forthcoming Westport, CT: Greenwood Press).

[33]For a discussion of Balzac and Dostoevsky in this light, cf. my
"Intertexts: The Old Mandarin," unpublished manuscript.

[34]Léon Cellier, «Paradoxe sur le parallèle,» *Revue de Littérature
comparée,* XXXVIII, No. 2 (avr-juin 1964), 241.

[35]Léon Cellier, *Mallarmé et la morte qui parle* (Paris: PUF, 1959),
p. 48.

[36]Ibid., p. 11.

[37]Ross Chambers, «Critique et initiation,» in Léon Cellier, *Parcours
initiatiques,* p. 16.

[38]Ivan Pouzyna, in his article on George Sand and Dostoevsky, points
out that Dostoevsky's discussion of Sand in his *Diary of a Writer* presents
a paradox. Dostoevsky values Sand for having rehabilitated the principles
of the French Revolution and for articulating the "dogmas of religious
renovation." Where, asks Pouzyna, did Dostoevsky find these opinions
expressed by Sand? Certainly not in the works he cites: *La Dernière
Aldini, Jeanne, La Marquise,* and especially *L'Uscoque.* But, as Pouzyna
astutely remarks, *L'Uscoque* appeared in the *Revue des Deux Mondes* of
1838, the same year that *Spiridion* began to be serialized in the journal:

> . . . .le jeune Russe lut *Spiridion* et. . . . .l'impression de cette lecture se manifesta, d'une façon toute particulière, au moment où, bien des années plus tard, il conçut le projet d'exposer sa propre doctrine religieuse. (Pouzyna, p. 347).

[39] Leonid Grossman, *Dostoevskij* (Moskva: Molodaja gvardija, 1962), p. 434.

[40] Cf. Dostoevsky's letter to Maikov dated 11/23 December 1868, in F. M. Dostoevskij, *Pis'ma* (Moskva/Leningrad: Gosudarstvennoe izdatel'stvo, 1930), II, 150.

[41] Cf. Dostoevsky's letter to Maikov dated 25 March/6 April 1870, in Ibid., II, 263.

[42] Grossman, p. 434.

[43] Ibid., p. 435.

[44] George Sand, "Obermann," *Questions d'art et de littérature* (Paris: Calmann-Lévy, 1878), p. 42.

[45] Musset in a letter to François Buloz. Cited in Marie-Louise Pailleron, *François Buloz et ses amis: La Vie littéraire sous Louis-Philippe* (Paris: Calmann-Lévy, 1919), p. 385. Also cited by Jean Pommier, «A Propos d'un centenaire romantique: *Lélia*,» *Revue de cours et conférences*, (15 janv. 1934), No. 3, p. 234.

[46] Cf. the following comment by Dostoevsky in his *Diary of a Writer:* "Ideas go flying about in the air, but certainly according to laws; ideas are alive and spread according to laws that are too difficult for us to perceive; ideas are infectious." (Entry for Dec. 1876, Dostoevskij, *Polnoe sobranie sočinenij v tridcati tomax*, XXIV, 51).

[47] M. Baxtin, "Iz predystorii romannogo slova," *Voprosy literatury i estetiki* (Moskva: Xudožestvennaja literatura, 1975), p. 427.

[48] Ibid., p. 427. Emphasis is in the text. A somewhat different translation appears in M. M. Bakhtin, "From the Prehistory of Novelistic Discourse," *The Dialogic Imagination: Four Essays* (Austin: University of Texas Press, 1981), p. 62.

V

RELIGION

Les Opinions religieuses de George Sand
Pourquoi Consuelo a-t-elle perdu sa voix?

Eve Sourian
City College and Graduate Center, CUNY

George Sand a toujours été tourmentée par une quête spirituelle: «Ceci est l'histoire de ma vie, ma véritable histoire. Tout le reste n'a été que l'accident et l'apparence... Hélas! oui, c'est un calvaire que cette recherche de la vérité abstraite.»[1]

Ce goût pour le divin remonte à son enfance. Dans l'appartement de la rue Grange Batelière, sa mère et sa soeur lui racontaient des contes de fées, lui parlaient du paradis, des anges, de la bonne Vierge, des magiciens, et des saints de l'église. Le merveilleux des contes de fée et le merveilleux chrétien se confondaient dans sa tête. Et dans tout ce merveilleux chrétien dont Sophie Dupin alimentait l'imagination de l'enfant, point de diable, point d'enfer, point de fantômes. Sophie Dupin était catholique mais chrétienne à sa façon, c'est-à-dire en artiste, elle prenait tout ce qui était beau et bon et rejetait tout ce qui était sombre et menaçant. Aurore vivait dans un monde merveilleux.

Plus tard, à Nohant, la mythologie grecque vint s'ajouter aux contes de Perrault et de Madame d'Aulnoy: le réel et le chimérique se mêlaient alors dans sa tête et toutes les nuits elle voyait s'animer sur les papiers de la tenture une jolie nymphe et une bacchante qui l'effrayaient.

Mais à Nohant, la rivalité des deux mères, Mme Dupin de Francueil et Sophie, va affecter la croyance d'Aurore. Toute l'orientation religieuse de George Sand fut marquée par le catholicisme poétique et populaire de sa mère et par le déisme rationnel de sa grand-mère. Plus tard dans *Impressions et Souvenirs*, évoquant sa jeunesse, George Sand reconnaîtra: «Ce que je cherchais alors, c'était le lien entre la foi et la raison.»[2]

Aurore ne cesse d'adorer sa mère. Elle voulait rester dans ce monde que sa mère lui avait révélé. Son instinct la poussait vers la foi naïve et confiante de Sophie et non vers celle de sa grand-mère, qui déiste, repoussait froidement le dogme catholique tout en respectant Jésus-Christ et en admirant l'Evangile comme une excellente philosophie. Aurore aimait passionément le merveilleux et n'aurait pas mieux demandé que de croire aux prodiges de l'antiquité juive et païenne; malheureusement Mme Dupin de Francueil savait arracher l'enfant à ces rêveries qu'elle désapprouvait: «Ma grand-mère faisant de temps en temps un court et sec appel à ma raison,» écrit George Sand, «je ne pouvais pas arriver à la foi, mais je me vengeais du petit chagrin que cela me causait en ne voulant rien nier intérieurement.»[3]

Prise dans cette lutte entre ces deux mères jalouses, l'enfant se crée un héros, un dieu qui a pour nom Corambé et dont la seule faiblesse était l'excès d'indulgence et de bonté. Il devint le dieu de sa religion qui tenait à la fois du christianisme et de la mythologie classique. Elle lui éleva un autel au pied d'un arbre où elle lui offrait la vie et la liberté de toutes les bêtes qu'elle pouvait se procurer. Ni fille ni garçon, Corambé était vêtu «en femme à l'occasion, car,» nous dit George Sand, «ce que j'avais le mieux aimé, le mieux compris jusqu'alors, c'était une femme, c'était ma mère.»[4] «Mon idéal était aussi bien chrétien que païen,» écrit George Sand. . .«Je crois que j'étais devenue comme ce pauvre fou qui cherchait la tendresse. Je la demandais aux bois, aux plantes, au soleil, aux animaux, et à je ne sais quel être invisible qui n'existait que dans mes rêves.»[5] Avec son culte pour Corambé, créature issue de sa rêverie, elle s'était préparée, par une poésie angélique, à s'enthousiasmer pour Jésus-Christ.

Elle fit sa communion, étonnée que sa grand-mère, qui l'avait empêchée de croire, lui ait donné l'ordre de communier. C'est alors qu'au couvent des Augustines anglaises où sa grand-mère l'avait mise pour des raisons sociales et non religieuses, la jeune fille eut une révélation de la présence divine. Un soir, dans la chapelle du couvent où pénétrait l'odeur du jasmin et du chèvrefeuille, elle ressentit un ébranlement de tout son être en entendant une voix qui lui disait «*Tolle lege.*» Cet amour de Dieu qui l'avait envahie ce soir-là à la chapelle du couvent ne devait plus s'éteindre en elle, quelque forme qu'il prît par la suite. Elle voulut devenir religieuse mais le sage abbé de Prémord, son confesseur, un jésuite, lui conseilla d'attendre. De retour à Nohant, à sa sortie du couvent, un problème la tourmentait. Quelle vie choisir? Le monde ou le cloître? C'est alors que la lecture du *Génie du Christianisme* de Chateaubriand produisit un effet extraordinaire sur la jeune fille qui se remit à relire *l'Imitation de la Vie de Jésus-Christ* de Gerson. Ces deux livres lui avaient été recommandés par ses directeurs de conscience, le premier par le curé de la Châtre qui voulait la fortifier dans son catholicisme, le second par l'abbé de Prémord et par la mère Alicia qui lui en avait même offert un exemplaire. Or l'enseignement de ces deux livres était contradictoire. Gerson disait de renoncer à la nature, à la famille, à la raison, d'être boue et poussière; Chateaubriand présentait la religion chrétienne comme la plus humaine et la plus poétique. L'*Imitation* ordonnait de ne rien examiner, le *Génie du Christianisme* soutenait que pour tout croire il faut tout examiner. «Il y avait donc deux vérités contradictoires dans le sein de l'église.»[6] Qui coire? Et pourquoi l'abbé de Prémord et la mère Alicia avaient-ils repoussé l'idée de sa vocation religieuse? Ils lui avaient recommandé d'être gaie avec ses amis, soumise et dévouée envers sa famille, mais ils lui avaient conseillé la lecture de l'*Imitation de la Vie de Jésus-Christ*. La jeune fille découvrait l'inconséquence de cet enseignement qui l'avait empêchée de faire un choix entre le ciel et la terre et de prendre une route évidente et droite.

Son confesseur ne lui conseillait nullement les préceptes de Gerson: «N'ayez jamais d'effroi quand c'est votre coeur qui vous conseille, écrivait-il; le coeur ne peut se tromper.»[7] Dans une autre lettre il n'hésite pas à lui dire: «Lisez les poètes. Tous sont religieux. Ne craignez pas les philosophes, tous sont impuissants contre la foi.»[8] Elle se lança donc avec frénésie dans la lecture des philosophes: Mably, Locke, Condillac, Montesquieu, Bacon, Bossuet, Aristote, Leibniz, Pascal, Montaigne; puis les poètes et les moralistes: La Bruyère, Pope, Milton, Dante, Virgile, Shakespeare et Franklin. Ces lectures étaient pour elle un moyen d'éprouver sa vocation: «Si je résiste à toutes les objections du siècle, sous forme de raisonnement philosophique, ou sous forme d'imagination de poète, je saurais que je suis digne de me vouer à Dieu seul.»[9] Rien n'ébranla sa foi; au contraire, elle se prit à aimer les philosophes et à voir Dieu plus grand qu'il ne lui était encore apparu.

C'est à la lecture de Jean-Jacques Rousseau qu'elle s'arrêta dans ses exercices intellectuels. Elle le compare à «. . .une musique superbe éclairée d'un grand soleil.»[10] Il était, d'après elle, le plus chrétien de tous les écrivains de son temps. En politique, en religion, elle devint son disciple ardent et le resta longtemps sans restrictions. Elle rejeta désormais, totalement, l'*Imitation de Jésus-Christ.* Pour elle c'était «le livre du cloître par excellence,. . . .le code du tonsuré.»[11] Elle prit conscience du caractère anti-social de l'Eglise romaine qui est «un grand cloître;» or, «les devoirs de l'homme en société sont inconciliables avec la loi du salut.»[12] «Dès que l'Eglise romaine admet une autre société que la communauté monastique elle est un labyrinthe de contradictions et d'inconséquences.»[13] Avec Jean-Jacques Rousseau elle trouvait le vrai christianisme qui exige l'égalité et la fraternité absolue. C'est à cette époque de sa vie, pendant ces longues nuits passées à lire et à méditer que remonte le christianisme social de George Sand.

C'est aussi son christianisme, qui, dès cette époque, la poussa vers l'esprit libéral devenu synonyme pour elle de sentiment religieux. Elle s'indigna des contradictions politiques de l'Eglise. L'esprit traître qui aurait dû embrasser la cause des chrétiens d'Orient s'évertuait à prouver les droits de l'empire turc. Elle n'accepta pas ce sacrifice de la religion à la politique.

Aurore choisit le monde. Elle se détacha de Rome, du dogme, de l'église catholique. Mais elle souffrit d'être séparée du Dieu de son adolescence. «Le catholicisme apprend à aimer Dieu comme une personne. La philosophie délaye l'amour en y faisant intervenir la raison. L'âme rêveuse voulait aimer, et la toute puissance, objet de son admiration, ne suffisait pas à contenter son coeur.»[14]

Lélia exprime l'angoisse métaphysique de George Sand. Comme le dit Pierre Salomon, le drame qu'elle exprime dans *Lélia* c'est celui d'une conscience qui a perdu son Dieu. Dans cette oeuvre, une des plus pessimistes de George Sand, Dieu qui est à la fois l'esprit du mal et du bien est indifférent à la misère humaine. Or, comme le déclarait George Sand: «J'aime mieux croire que Dieu n'existe pas que le croire indifférent.»[15]

Mais cette angoisse n'est que passagère, car à toutes les époques de sa vie elle a eu besoin de croire à l'amour divin, «qui fleurit splendide dans le grand univers, en dépit des apparences qui proclament l'absence de toute bonté supérieure, de toute pitié, de toute justice. . .»[16] «Dieu, son existence éternelle. sa perfection infinie, n'étaient guère mis en doute que dans des oeuvres de spleen maladif. . . .»[17] Sa religion n'a jamais varié quant au fond:

Les formes du passé se sont évanouies pour moi comme

pour mon siècle à la lumière de l'étude et de la réflexion; mais la doctrine éternelle des croyants, le Dieu bon, l'âme immortelle et les espérances de l'autre vie, voilà ce qui, en moi, a résisté à tout examen, à toute discussion et même à des intervalles de doute désespéré.[18]

Dans cette recherche de la vérité, George Sand a été servie par son besoin d'aimer, et par l'enseignement de la vérité: ses maîtres, dit-elle, sont «Leibniz, d'abord, et puis Lamennais, et puis Lessing, et puis Herder expliqué par Quinet, et puis Pierre Leroux, et puis Jean Reynaud et puis Leibniz encore.»[19] Absorbant tous ces enseignements, elle s'est fait sa propre doctrine toute d'idéal et de sentiment sublime, doctrine qui rejoint la doctrine évangélique: «'Terre' de Pierre Leroux, 'Ciel' de Jean Reynaud, 'Univers' de Leibniz, 'Charité' de Lamennais, vous montez ensemble vers le Dieu de Jésus,» s'écrie-t-elle.[20]

Leibniz lui apporta la notion de Dieu et de l'univers qu'il faut accepter avec ce qu'ils ont «d'amer et de sucré.»[21] C'est aussi de son étude que naît sa conception de l'inquiétude et du progrès. George Sand développera cette idée leibnizienne que nous avons de la lumière et de l'intelligence dans la mesure où nous sommes passifs et recevons en nous l'action de Dieu. Notre union avec Dieu ne peut être que passive, mais nous sommes actifs lorsque nous agissons envers les autres créatures pour contribuer au bien, autant qu'il est en notre pouvoir. Ainsi d'après Leibniz, la pierre de touche de l'amour de Dieu est celle que Saint Jean nous a donnée et, lorsqu'on a une véritable ardeur pour procurer le bien général, on n'est plus loin de Dieu.

Le rôle de Lamennais fut différent. Lamennais certes confirma toutes les préventions de George Sand contre Rome. Dans *Les Lettres d'un Voyageur* elle salue Lamennais qu'elle ne connaît pas mais qui vient de publier *Les Paroles d'un Croyant*. Elle l'appelle «l'hérésiarque. . .l'ennemi du pape.» Elle croyait qu'il réformerait le catholicisme dont elle voulait garder les aspects éternellement durables tels que l'amour, l'élan de l'homme à Dieu et la charité. Elle dit:

Il est le dernier prêtre, le dernier apôtre du Christianisme de nos pères, le dernier réformateur de l'Eglise. . .Il ne nous explique point encore la religion nouvelle mais il nous l'annonce. Sa mission était de détruire tout ce qui était mauvais dans l'ancienne. . .[22]

Certes son oeuvre est grande et, remarque-t-elle:

> Il a travaillé dans l'Eglise et hors de l'Eglise, dans ce
> même but et avec ce même sentiment d'évangéliser le
> peuple et de combattre le matérialisme par une philo-
> sophie religieuse, et par une prédication philosophique-
> ment matérialiste.[23]

Cependant, elle le trouve encore trop attaché aux formes du
passé. Elle aurait voulu le voir s'affranchir davantage du dogme
catholique. Tout en l'admirant, elle lui trouve «dans ses vues et
dans ses instincts d'avenir quelque chose de trop ecclésias-
tique.»[24] Il a commis un double suicide, d'abord en devenant
prêtre, puis en n'achevant pas sa libération. Les passions qui
font les grands schismatiques lui ont manqué. C'est un homme
incomplet, son espérance de rénovation sociale est trop vague.
Malgré tout, il aida George Sand à préciser sa critique contre le
dogme catholique et à concevoir l'idée d'une religion progressive.
     Cette idée d'une religion évoluant avec son époque est
chère à George Sand qui croit au progrès et s'indigne contre la
religion romaine figée dans le passé et s'opposant à tout progrès.
A chaque époque sa religion. Ainsi les dieux de l'antiquité et
Jéhovah «qui les résume tous» sont des dieux faits à notre
image, bêtes ou méchants, qui nous récompensent ou punissent
avec le ciel ou l'enfer: «leur histoire sera celle des peuples qui les
auront inventés. . .»[25]
     Ce fut probablement Lessing qui lui permit de développer sa
pensée. Dans sa bibliothèque George Sand possédait l'*Essai sur
l'éducation du genre humain,* traduit et publié en France en
1832. Signalons aussi que Madame de Staël avait dans son *De
l'Allemagne* présenté cette oeuvre de Lessing:

> Lessing dit en effet que les révélations ont toujours été
> proportionnées aux lumières qui existaient à l'époque où
> les révélations ont paru. L'Ancien Testament, l'Evangile,
> et, sous plusieurs rapports, la réformation étaient, selon
> leur temps, parfaitement en harmonie avec les progrès
> des esprits. . .[26]

George Sand en quête de la vérité ne pouvait qu'admirer Lessing
dont le besoin d'étudier et d'examiner est tout entier dans cette
phrase: «Si le Tout-Puissant, disait-il, tenait dans une main la

vérité, et dans l'autre la recherche de la vérité, c'est la recherche que je lui demanderais par préférence.»[27]

Quant à Herder, elle trouvait en lui ces idées qu'elle fit siennes. L'esprit d'examen n'oblige point à tout expliquer, ni surtout à tout rejeter ce qu'on ne peut expliquer. Mystère et dogme sont des idées très différentes. Le dogme vous impose de croire et le mystère résiste à toute explication. Il y a des secrets pour tout, et chacun les sent à sa manière. En présence de la nature et du ciel, on se contente de l'émotion intérieure qui révèle une grande beauté dans un grand mystère. George Sand dit:

> Il faut renoncer à l'interpréter avec nos appréciations, avouer que notre bonté n'est pas sa bonté, que notre justice n'est pas sa justice, et qu'il nous a remis le soin de veiller sur nous-mêmes. . .! Nulle compassion, nulle assistance visible.[28]

Elle ajoute: «Dieu est à toute heure avec moi, mon erreur serait de vouloir qu'il y fut tout entier et occupé de moi seul.»[29] Et elle continue: «Je ne te prierai pas. Je n'ai rien à te demander dans la vie que la loi de la vie ne m'ait offert.»[30] De plus, pour Herder les sociétés sont comme les êtres vivants; elles vivent, grandissent et meurent. Comme Dieu est partout, qu'il est l'âme de la création, l'homme n'a qu'à contempler la nature pour le sentir. Ainsi l'homme doit regarder, sentir Dieu par la poésie, et agir en se tournant vers l'avenir. Par la poésie et le travail il doit se rendre maître de cet univers qui attend de lui son achèvement. Certes, la religion de George Sand est dans l'action qui va créer la société de demain.

De fait, George Sand n'est pas une contemplative, sa religion est tournée vers l'action, la terre. Ce qui l'attire en Pierre Leroux c'est son enseignement positif dirigé vers l'homme. Dans sa doctrine elle trouve toutes les idées chères à son coeur: l'humanité est soumise à la loi du progrès continu; la perfectibilité de la religion; le christianisme est une vérité incomplète destinée à disparaître; le Christ n'est pas un Dieu; l'enfer et le paradis n'existent pas. Et enfin, le dogme de la Trinité (sensation-activité, amour-sentiment, connaissance) est la religion éternelle. Elle écrit dans *Spiridion*:

> Nous repasserons éternellement, peut-être, par ces trois

phases de manifestation de l'activité, de l'amour et de la
science. . . .ce sont les trois principes divins que reçoit
chaque homme venant dans le monde, à titre de fils de
Dieu.[31]

Ainsi dans *Spiridion,* Spiridion et ses successeurs veulent
transmettre le nouvel évangile. Le passé est révolu et ne doit
point entraver l'avenir qui va commencer avec la Révolution
française et la fermeture des monastères. *Spiridion* finit sur une
note optimiste, alors que *Lélia*, dans sa deuxième version, est encore pessimiste. En effet, *Lélia*, en entrant dans un couvent,
cherche l'avenir dans le passé, or le spiritualisme catholique est
impuissant à guérir les misères morales. George Sand oriente
donc, résolument, sa religion vers l'action sociale, vers l'avenir.
Dans la mesure où Jean-Jacques Rousseau se tourne vers le passé
et condamne la société, il ne la satisfait plus totalement.

Comme ses contemporains elle s'intéresse à Swedenborg, à
la métempsychose, à la franc-maçonnerie, et elle s'enthousiasme
pour le livre de Jean Reynaud, *Terre et ciel* (1854), qui croit à la
réincarnation dans les planètes. Mais plus que l'héroïne Hélène,
des *Sept cordes de la lyre,* c'est Consuelo qui va symboliser cette
quête spiritualiste de George Sand. Consuelo est musicienne.
Elle est cantatrice. Or, comme l'a noté Hegel, le ton fondamental
de l'art romantique est de nature musicale et lyrique. Plus que
tout autre art, la musique fait passer le courant de vie entre les
hommes, et, par l'intermédiaire du musicien de Dieu, aux hommes. La musique est l'ascension vers l'inaccessible, la révélation
de l'infini. C'est bien ainsi que le Porpora, maître de Consuelo,
envisageait son art.

> Ton âme, dit-il à son élève, ton génie, ton être enfin, ne
> sera plus à la merci d'une forme fragile et trompeuse; tu
> contempleras l'idéal sublime dépouillé de ce voile ter-
> restre, tu t'élanceras dans le ciel; et tu vivras d'un hymen
> sacré avec Dieu même.[32]

Vouée à la musique, Consuelo sera détachée du monde comme
une religieuse et le Porpora lui dit: «Quoi que tu fasses, et où que
tu sois, au théâtre comme au cloître, tu peux être une sainte, une
vierge céleste, la fiancée de l'idéal sacré.»[33] Mais Consuelo est
initiée à l'action politique d'une secte secrète: les Invisibles.
Désormais engagée, Consuelo n'est plus la fiancée de l'idéal:

«Savoir est un malheur, mais refuser d'agir est un crime, quand on sait ce qu'il faut faire.»[34] A la fin du roman, Consuelo, Albert et leurs enfants, s'en vont par les routes de Bohême, leur fils chantant les vers d'Albert mis en musique par Consuelo. Tous deux partagent la vie du peuple. Poètes, ils lui apportent l'art, l'enthousiasme et, en échange, reçoivent le gîte et le couvert. Quant à Albert, il prédit le progrès indéfini et annonce la révolution.

La question s'est posée de savoir pourquoi Consuelo avait perdu sa voix, et si elle l'avait retrouvée. Plusieurs hypothèses ont été proposées.[35] De fait elle a perdu sa voix parce qu'elle n'est plus la fiancée de l'idéal; perdant ses extases avec l'infini, elle se dévoue au genre humain. Si Consuelo perd sa voix, c'est que, comme George Sand le dit fermement, ces vibrations avec l'infini:

> . . .ce n'est point et ne doit point être l'état normal de la personne humaine. Elle doit obéir surtout à la vibration de la nature tangible et ne pas s'isoler de l'humanité, sous peine de rompre ses liens avec elle, de lui devenir étrangère, inutile par conséquent.[36]

Spiritualiste, George Sand a recherché à ses heures le sentiment de l'infini, sans jamais s'y égarer ou s'y perdre comme Hélène. Vers la fin de sa vie, en 1871, elle déclare: «Mon progrès naturel a été de comprendre que l'infini est une notion placée non en deçà, mais au delà de ma raison.»[37] «Aucun de nos sens n'est approprié à la vision de Dieu.»[38] «C'est la partie la plus sublime et la plus exquise de notre être qui tressaille à l'idée de Dieu. L'usage trop répété de cette faculté nous rendrait fous.»[39] Dans *Spiridion, Consuelo, Jane, Les Dames vertes,* pour ne citer que quelques exemples, nous sommes d'emblée dans un monde fantastique où les légendes païennes se mêlent au merveilleux chrétien. Mais George Sand ne nous laisse jamais dans ce monde; à peine y sommes-nous bien installés que semblable à Madame Dupin de Francueil, elle le détruit, rationnellement et logiquement: Dans *Spiridion,* Alexis dit:

> Non! plus de visions, plus de prestiges, plus de songes extatiques! Angel, les morts ne quittent pas le sanctuaire de la tombe pour venir, sous une forme sensible, nous instruire ou nous reprendre: mais ils vivent en nous. . .

> notre imagination exaltée les ressuscite et les met aux
> prises avec notre conscience, quand notre conscience
> incertaine et notre sagesse incomplète rejette la lumière
> que nous eussions dû trouver en eux.[40]

Le fantastique s'évanouit devant l'expérience de la vie réelle pour que la construction d'un monde meilleur soit possible.

Ainsi, tourmentée par les secrets divins, George Sand a réussi à trouver la Vérité, à force d'amour et de travail. A la fin de sa vie, sa foi et sa raison ne sont plus en conflit. Elle s'est libérée de toute formule imposée. «Nul être humain, écrit-elle, n'a le droit de se dire Dieu, pape, prophète, roi des âmes à tel titre que ce soit»[41] Elle croit à l'amour divin, elle renonce aux dogmes, admet les mystères, mais c'est à la science et à l'industrie humaine de pourvoir à nos besoins, car «l'esprit nous a donné l'étincelle de sa propre flamme pour tout utiliser.»[42] La soif de la perfection, le besoin de l'infini, sont pour elle une preuve irréfutable de l'existence de Dieu. Ce *leit-motiv* revient incessamment sous sa plume. En 1871, elle écrit: «L'esprit qui a mis ce rayon d'infini en nous existe par cela seul que nous aspirons à l'infini; aucun être n'a de faculté sans but, d'aspiration sans emploi.»[43] Et de conclure par cette profession de foi digne du Vicaire Savoyard: «Je sens Dieu, j'aime et je crois.»[44] Cet appel de l'infini toutefois ne saurait s'exprimer dans l'art. «Il y a, dit-elle, dans l'âme quelque chose de plus que dans la forme.»[45] L'art, tous les arts, lui semblent impuissants, incomplets quand il s'agit d'exprimer l'idéal. L'art et la religion doivent être orientés vers la vie, l'action, la société, et Consuelo doit perdre sa voix.

Notes

[1]George Sand, *OA* (Paris: Gallimard, 1971), II, 303.

[2]George Sand, *Impressions et souvenirs* (Paris: Michel Lévy, 1856-1857), p. 142.

[3]Sand, *OA*, I, 707.

[4] Ibid., I, 813.

[5] Ibid., I, 820.

[6] Ibid., I, 1044.

[7] Ibid., I, 1045.

[8] Ibid., I, 1050.

[9] Ibid., I, 1052.

[10] Ibid., I, 1060.

[11] Ibid., I, 1041.

[12] Ibid., I, 104.

[13] Ibid.

[14] Sand, *Impressions et souvenirs*, p. 130.

[15] Ibid., p. 131.

[16] Ibid.

[17] Sand, *OA*, II, 95.

[18] Ibid., II, 94.

[19] Ibid., I, 460.

[20] Ibid.

[21] Jean Deprun, "George Sand et Leibniz," *RHL*, IV (juillet-août 1976), 579.

[22] George Sand, «Sur la dernière publication de M. F. La Mennais,» dans *Mélanges*, (Paris: Perrotin, 1843), p. 88.

[23] Ibid.

[24] Ibid., p. 90.

[25] Sand, *Impressions et souvenirs*, p. 134.

[26] Mme de Staël, *De l'Allemagne* (Paris: Hachette, 1960), V, 8-9.

[27] Ibid., IV, 157-158.

[28] Sand, *Impressions et souvenirs*, p. 134.

[29] Ibid., p. 138.

[30] Ibid., p. 143.

[31] George Sand, *Spiridion* (Paris: Perrotin, 1842), p. 433.

[32] George Sand, *Consuelo, La Comtesse de Rudolstadt* (Paris: Garnier, 1959), I, 146.

[33] Ibid.

[34] Ibid., III, 379.

[35] Simone Balayé, «Consuelo, Déesse de la Pauvreté.» *RHL*, (juillet 1976), pp. 630-631.

[36] Sand, *Impressions et souvenirs*, p. 139.

[37] Ibid., p. 138.

[38] Ibid., p. 137.

[39] Ibid., p. 139.

[40] Sand, *Spiridion*, p. 440.

[41] Sand, *Impressions et souvenirs*, p. 142.

[42] Ibid.
[43] Ibid.
[44] Ibid.
[45] Sand, *OA*, I, 80.

George Sand, hérétique

Tatiana Greene
Barnard College
Columbia University

Nous sommes tous des prêtres.
Lettres à Marcie (1837)

Nous sommes tous des messies. . .
nous sommes tous des Christs.
Spiridion, première version (1837)

Nous aurions pu donner comme sous-titre à cet essai: *Féminisme, Socialisme, Hérésie—une trinité sandienne.*

Hérétique, hérésie: ces mots reviennent souvent chez George Sand. Est-elle hérétique? Si sont hérétiques ceux qui interprètent un culte selon elurs propres lumières, c'est ce que George Sand a fait dans diverses oeuvres ainsi que dans sa correspondance; elle délie les liens existants de la religion pour en nouer d'autres.

Sa révolte contre l'Eglise accompagne sa libération personnelle. Nous le voyons dès l'oeuvre de 1831 *Rose et Blanche,* où Blanche est «idiote» (comme le dit son père) à cause des «patenôtres» des religieuses qui l'ont élevée au couvent et où, plus tard, ayant recouvré la raison, elle meurt, victime des directives de son confesseur, un jésuite, qui lui défend de prononcer ses voeux et qui lui ordonne d'épouser celui qui l'avait violée, a-lors qu'elle était *pauvre d'esprit.*[1] «Le rêve monastique,» pour nous servir de l'expression de Jean Pommier,« demeure cependant chez George Sand, et le couvent sera le cadre où évolueront plusieurs de ses personnages. Aurore Dudevant elle-même, jeune mariée mélancolique, fait une brève retraite au Couvent des Anglaises où, adolescente, elle avait été assez heureuse, joyeuse même, où elle avait trouvé des amitiés précieuses et connu le

moment d'illumination du «Tolle lege.» A présent, Nohant ne
lui appartient pas, Casimir Dudevant y a fait abattre des arbres, le
mariage ne lui a pas apporté le bonheur, ni la paix. Aux
Anglaises, elle est reçue avec une «bonté suave.» Et cependant,
le passage nostalgique et plein de tendresse où elle décrit sa visite
est marqué par une certaine ambivalence. En effet, le couvent,
«asile,» refuge et paix, y est décrit également comme l'opposé de
la vie puisque, dit-elle, «il eût enseveli les agitations de (son)
esprit» et, par sa «règle indiscutable,» comme l'opposé de la
liberté. Elle écrit en effet:

> Toutes ces délicates sollicitudes me rappelaient un
> bonheur dont la privation m'avait longtemps été insup-
> portable, et me faisaient paraître le présent vide, l'avenir
> effrayant. . . . Je me demandais si je n'avais pas résisté
> à ma vocation, à mes instincts, à ma destinée, en quittant
> cet asile de silence et d'ignorance qui eût enseveli les
> agitations de mon esprit timoré et enchaîné à une règle
> indiscutable une inquiétude de volonté dont je ne savais
> que faire. J'entrais dans cette petite église où j'avais
> senti tant d'ardeurs saintes et de divins ravissements.
> Je n'y retrouvais que le regret des jours où je croyais
> avoir la force d'y prononcer des voeux éternels. Je
> n'avais pas eu cette force et maintenant je sentais que
> je n'avais pas celle de vivre dans le monde.[3]

Après les romans de colère que sont *Indiana* et *Valentine,*
tous deux de 1832, vient la première version de *Lélia* (1833) où
l'héroïne se sent au bord de la folie sans avoir même, dit-elle,
«La puissance de blasphémer.»[4] Mais, à la fois pieuse et rebelle,
elle connaît aussi des «jours de calme» où, lisons-nous: «La
religion du Christ, *que j'avais conformée à mon intelligence et
à mes besoins* (nous soulignons) répandait une suavité douce.»[5]
Tourmentée par une «inquiétude désireuse et cuisante,»[6] cette
première Lélia passe ensuite «à l'athéisme,»[7] pour retomber
«dans des abîmes de terreur et de désolation.»[8] Dans la version
de 1839, l'héroïne a subi un profond changement. Devenue
abbesse des Camaldules, cette seconde Lélia a indubitablement
repris le dessus et déclare: «Quiconque ne peut être à soi-même
son unique médecin ne mérite pas que Dieu lui donne la force de
guérir.»[9]
  Emules, dirait-on, d'Héloïse et d'Abélard, l'abbesse et le

cardinal Annibal échangent une correspondance où ils filent leurs théories audacieuses à propos du culte. Le cardinal, qui a demandé à Lélia de le confesser (car un simple prêtre serait trop timide devant la confession d'un prélat) est le porte-parole des convictions de George Sand. Il a, dit-il «analysé» l'essence de la religion chrétienne et déclare:

> Je la crois progressive, perfectible, par la permission, par la volonté même de son divin auteur; et, quoique je sache que je suis hérétique au point de vue de l'Eglise actuelle, je suis pénétré, dans ma conscience, de la pureté de ma foi et de l'orthodoxie de mes principes; je ne suis donc pas athée quand je viole les commandements de l'Eglise, car ces commandements me paraissent insuffisants pour les temps où nous vivons et l'Eglise a le droit et le pouvoir de les réformer.[10]

D'une part ce cardinal peu ordinaire ne veut pas «être exclu» de la communion de l'Eglise, d'autre part il souhaite le «réveil» de celle-ci, proclamant qu'il croit «à l'éternelle vie de l'Eglise catholique, malgré (son) admiration pour Luther et (sa) sympathie pour les idées de réforme.»[11]   Quant à Lélia, elle fait de sa religion une «forme particulière de la religion univer-selle,»[12] idée chère à Pierre Leroux, comme le rappelle M. Reboul pour qui «La vie conventuelle de Lélia manifeste le féminisme militant de Sand.»[13]   Lélia proclame qu'elle se considère «dans l'esprit du plus pur christianisme,»[14] l'esprit des Esséniens.   Elle ouvre des conférences théologiques dans l'intérieur du couvent.[15]   Mais le cardinal meurt, et l'abbesse est accusée d'avoir été «l'épouse adultère du Christ. . . .d'avoir entraîné dans des voies de perdition un prince de l'Eglise»[16] et «d'avoir professé des doctrines étranges, nouvelles, pleines de passions mondaines et toutes imprégnées d'hérésies.»[17]

Deux textes de George Sand parurent en revue en 1835. Dans l'un, «Mattea,» une enfant de quatorze ans, se considérant trahie par son confesseur, décide de suivre une religion qu'elle s'est forgée, et s'en trouve heureuse. Dans l'autre, «Le Poème de Myrza,» une femme prophète traverse «les querelles philosophi-ques et religieuses de son siècle,» chantant sous un portique de Césarée, la «Sagesse, la Miséricorde et la Nécessité, les trois essences du Dieu vivant,» lesquelles sont comme une ajoute ou même une substitution aux vertus théologales de la foi, de

l'espérance et de la charité.[18] Il semble peu probable que George
Sand, amie de Pierre Leroux, lequel soutient dans *Le Globe* la
doctrine saint simonienne, ait échappé à l'influence de certaines
idées des Saint-Simoniens, selon la doctrine desquels la femme
joue un rôle de première importance, pouvant être prêtresse et
prophète.[19]

Dans les *Lettres à Marcie* (1837) George Sand parle de
«prêtres impies» et de «fidèles trompés»[20] et pose une question
à laquelle elle donne la réponse: «Nous sommes tous des prêtres,»[21] écho de *L'Apocalypse* qui dit: «Il a fait de nous une
royauté de Prêtres.»[22] Prophétique de ton, le texte de George
Sand propose une voie:

> Quel remède en effet assigner à la perte de nos croyances?
> . . . .Jamais, quoi qu'on fasse, on ne détruit l'esprit de vie
> des religions, on ne brise que de vains simulacres, on ne
> souille que des vêtements.
>
> Eh bien, il est vrai, nous n'avons plus de culte; nous
> prions sur les montagnes et les forêts car nos temples sont
> dévastés et profanés. . . .
>
> Quant à nous, qui sommes les enfants du siècle. . . .nous
> nous rattacherons à l'esprit de l'Evangile. . . .avec la ferme
> volonté de tout sacrifier à l'amour et à la recherche de la
> vérité. . . . L'existence d'un *Dieu-Perfection* nous est si
> intimement révélée qu'elle ne peut être révoquée en doute
> . . . .*Pour guérir les athées (nous soulignons)*, il ne faudrait
> peut-être qu'. . . .entrer de bonne foi dans une réforme
> douce et graduée. . . .
>
> Faute de prêtres intelligents et sincères, nous sommes
> tous des prêtres. . . .
>
> Puisque Dieu a placé notre vie entre une foi éteinte et
> une foi à venir, puisque le prêtre qui tenait sur ses genoux
> le livre de la destinée humaine, n'a pas voulu tourner le
> feuillet et nous lire *la seconde parole du Seigneur* (nous
> soulignons), il est temps de pourvoir à nos pensées et à
> nos actions. Ce qui a péri avait sa raison de périr, n'allons
> donc pas nous lamenter.[23]

Il fallait donc croire, il fallait même «guérir les athées. . .»
Et cependant il semble qu'à l'époque des *Lettres à Marcie* il ne
suffit pas, aux yeux de George Sand, d'être simplement *une âme
croyante,* sans doute trop passive ou docile à son gré puisqu'elle
ajoute, avec un léger mépris: «s'il est encore des âmes croyantes,
laissons-les s'endormir, pâles fleurs, parmi l'herbe des ruines; mais
l'homme ne vit et ne marche qu'avec une idée, un désir, un
but,»[24] déclaration où, selon nous, malgré la fermeté du style,
se reconnaît certain flottement, quelque chose de contradictoire
ou de schizoïde dans les idées qu'elle présente. C'est que la foi
n'avait de valeur, aux yeux de George Sand, que liée à l'action.

Spiridion, oeuvre dédiée à Pierre Leroux, fait aboutir les
principales religions de l'occident à la Révolution Française.
Pourtant George Sand a la nostalgie de certain christianisme et
lorsque, dans la première version, celle de 1838, le frère Angel
ouvre la tombe de Spiridion, il y trouve le texte du «MANU-
SCRIT DE SPIRIDION,» et lit les lignes suivantes où l'on peut
voir une spiritualisation du réel en même temps qu'une réi-
fication du spirituel—lignes que l'auteur éliminera dans la seconde
version:

> Nous sommes tous fils de Dieu, nous sommes tous des
> hommes divins, quand nous aimons et quand nous con-
> cevons la perfection.   Nous sommes tous des messies,
> quand nous travaillons à amener son règne sur la terre;
> nous sommes tous des Christs quand nous souffrons pour
> elle.[25]

Selon ce passage les hommes sont donc égaux en ce qu'ils ont,
tous, la capacité spirituelle d'amener sur terre le règne de la
perfection.   Les convictions de George Sand touchent de certaine
façon au domaine de la mystique—s'il n'est plus besoin d'intermédiaire entre les hommes et Dieu.   En 1858 la romancière
écrira à une correspondante: «Quittez le prêtre et allez à Dieu,
qui vous appelle, et qui juge apparemment que votre âme est
assez éclairée pour ne pouvoir plus supporter un intermédiaire
sujet à erreur.»[26]

On sait que George Sand s'est intéressée à diverses sectes et
à des groupes tels que les Rose-Croix, les Franc-Maçons, les
Taborites, et ces «Invisibles» dont il est question dans *Consuelo*
(1842-43) et dans *La Comtesse de Rudolstadt* (1843-44). Dans
l'avant-propos de l'édition de 1867 du *Compagnon du Tour de*

France (1840) elle expliquera la nécessité des sociétés secrètes par l'existence de l'inégalité entre les hommes et par les persécutions que subissent certains d'entre eux: «Quand la sainte philosophie du Christianisme était proscrite du sol romain, il fallait bien qu'elle se cachât dans les catacombes.»[27] Les groupes qui dévient par rapport aux principes ou aux dogmes des maîtres-groupes représentent à ses yeux une affirmation des opprimés ainsi que la force de ceux-ci face à l'injustice et à l'arbitraire.[28]

Dans *Consuelo* George Sand va, selon une intéressante *réversibilité,* jusqu'à donner à Satan un rôle de rédempteur. Il peut y avoir là le souvenir de certains textes du romantisme noir, de Nodier, du Musset de *La Coupe et les lèvres* (1832), mais George Sand, elle, se montre encore en sa peinture de Satan un redresseur de torts. Ainsi Consuelo, expliquant la croyance de la secte des Lollards selon laquelle «Satan n'était pas l'ennemi du genre humain, mais au contraire son protecteur et son patron,» rappelle que Lucifer est pour les Lollards «victime de l'injustice,» qu'il est, comme «Belzébuth, Astaroth, Astarté, . . .l'innocence et la lumière même» et qu'ils croyaient «que le diable serait réhabilité et réintégré dans le ciel avec sa phalange maudite. . . .»[29] «Ils lui rendaient un culte impie, dit-elle, et s'abordaient les uns les autres en disant: que celui *à qui on a fait tort* (en italiques dans le texte), c'est-à-dire celui qu'on a méconnu et condamné injustement, *te salue,* c'est-à-dire te protège et t'assiste.»[30] Consuelo elle-même, héroïne forte et bonne, femme de génie, a une vision où Satan lui apparait comme «le plus beau des immortels après Dieu, le plus triste après Jésus.»[31] Il y a peut-être là le souvenir des lectures de Milton:[32] le Satan de George Sand «traînait après lui les chaînes qu'il avait brisées et ses ailes fauves, dépouillées et pendantes, portaient les traces de la violence et de la captivité.»[33] (En 1854 *La Fin de Satan* de Hugo aura des images analogues). Il devient paradoxalement une figure d'amour et de charité: il «souriait douloureusement aux hommes souillés de crimes, et pressait les petits enfants sur son sein.»[34] Consuelo, dont le nom est *consolation* et fait penser également au sacrement du *consolamentum* dans le culte des Cathares, décrit un rêve où il lui a semblé que:

> Le violon d'Albert parlait et qu'il disait par la bouche de Satan: Non, le Christ mon frère ne vous a pas aimés plus

que je ne vous aime. . . .Comme le Christ, je suis le Dieu
du pauvre, du faible et de l'opprimé. . . .[35]

Certes pour George Sand le bien est inséparable de la justice. Si
l'injustice disparaissait, peut-on penser que, selon elle, le mal se
convertirait alors en bien et que le *Mauvais* lui-même deviendrait
bon, et même le meilleur des êtres? Est-ce parce que l'ange
déchu représente, comme le dit le texte, la «révolte légitime»
qu'il fut traité avec violence et sans justice? Le *dernier* des anges
chassé du ciel, devient chez George Sand un des *premiers* et
même, comme nous venons de le voir, un «Dieu»! Dans *La
Comtesse de Rudolstadt,* Gottfried, disciple de Jacques Boehm,
mais simple d'esprit en apparence et dont Consuelo pense qu'il
est «fou. . . .comme l'était Albert,» parle en prophète et annonce
la transformation de Satan dans un passage où s'entend un écho
de Pascal:

> En attendant les grands prodiges qui vont éclater dans le
> courant de ce siècle, Dieu. . . .qui est le *silence éternel*
> (nous soulignons) suscite parmi nous des êtres supérieurs
> pour le bien et pour le mal, des puissances occultes, des
> anges et des démons. . . .Satan rugit et se débat encore
> mais bientôt il va renoncer au mensonge, perdre tout son
> venin, et, au lieu du sang impur des reptiles, sentir cir-
> culer dans ses veines la rosée du pardon.[36]

On ne pourrait imaginer plus grande *révolution.*

En ce qui concerne l'attitude de George Sand vis-à-vis des
femmes, et sans vouloir essayer de trancher ici la question du
degré ou de la nature de son féminisme, nous constatons qu'elle
est indiscutablement féministe lorsqu'elle parle de religion, de
justice, ou encore de son mépris pour ce qu'elle nomme «le règne
de la matière.»[37] Ce sont des jeunes filles qui, dans les romans
champêtres, communiquent par certain pouvoir inné avec le
surnaturel—et le bien: Jeanne, héroïne du roman de ce nom
(1844) a le don mystérieux de la «connaissance»; elle croit à
l'existence des *fades,* créatures puissantes, tantôt bonnes, tantôt
malveillantes; la douce Marie de *La Mare au diable* (1845) a, elle
aussi, une sorte de «connaissance» alliée au bon sens, et la petite
Fadette (1848), étant peut-être elle-même une «fade,» a le
pouvoir de guérir ainsi que celui de faire prendre au *fatum,* au
destin, une direction favorable.

Jean Zyska (1843) que George Sand écrivit après *Consuelo*
et avant *La Comtesse de Rudolstadt,* comme si, pour dire
l'histoire de ce personnage à la fois historique et mythique, elle
n'avait pas voulu attendre d'avoir terminé la vaste oeuvre double,
est présenté dans une Notice de 1853, laquelle est d'un intérêt
immense pour notre propos et semble avoir échappé aux critiques. En effet, George Sand présente dans cette Notice (*à des
femmes,* notons-le) ses convictions hardies et passionnées:

> Femmes. . . . .c'est pour vous que j'écris. . . . .Voilà pour-
> quoi, pauvres femmes, nobles êtres qu'il n'a pas été au
> pouvoir de l'homme de dégrader, voilà pourquoi l'histoire
> de l'hérésie doit vous intéresser et vous toucher par-
> ticulièrement; car vous êtes filles de l'hérésie, vous êtes
> toutes des hérétiques; toutes vous protestez dans votre
> coeur, toutes vous protestez sans succès.

> Comme celles de l'Eglise *protestante*[38] (en ital-
> iques dans le texte) de tous les siècles, votre voix est
> étouffée sous l'arrêt de l'Eglise *sociale* officielle. Vous
> êtes toutes *pauvres* à la manière des éternels disciples du
> paupérisme évangélique; car, suivant la loi du mariage
> et de la famille, vous ne possédez pas; et c'est à cette
> absence de pouvoir et d'action dans les intérêts tem-
> porels, que vous devez cette tendance idéaliste, cette
> puissance de sentiment, ces élans d'abnégation qui font
> de vos âmes le dernier sanctuaire de la vérité, les derniers
> autels pour le sacrifice. . . .[39]

Ces femmes «pauvres,» ajouterons-nous, si, de plus, selon les
mots du Sermon sur la Montagne, elles ont «soif de justice» et
ont «le coeur pur,» ne devraient-elles pas se trouver parmi les
fidèles qui «verront Dieu?» Nous trouvons là la doctrine de
l'ébionisme dont parle Renan.[40]

Chose quelque peu surprenante, dans l'oeuvre pour laquelle
elle compose cette Notice, George Sand avait pris pour héros
Jean Zyska, brigand, justicier, cruel, révolutionnaire, hérétique,
chef des Hussites et des Taborites, celui dont le comte Albert, de
Consuelo, se croit dans ses moments d'aliénation illuminée, le
double ou la réincarnation. La Notice explique de la façon
suivante les idées de l'auteur en matière de religion dans ce
texte de violence et de pitié mêlées:

> La religion officielle, l'église constituée, a toujours suivi
> un même système; la religion secrète, celle qui cherche
> encore à se constituer, cette société idéale de l'égalité,
> qui commence à la prédication de Jésus, qui traverse les
> siècles de catholicisme sous le nom d'hérésie. . . .aboutit
> chez nous jusqu'à la révolution française. . . .Femmes,
> c'est toujours votre lutte du sentiment contre l'autorité,
> de l'amour chrétien, qui n'est pas le dieu aveugle de la
> luxure païenne, mais le dieu clairvoyant de l'égalité
> évangélique, contre l'inégalité païenne des droits dans
> la famille. . . .Pauvres laborieux ou infirmes, c'est toujours
> votre lutte contre ceux qui vous disent encore: «Tra-
> vaillez beaucoup pour vivre très mal; et si vous ne pouvez
> travailler que peu, vous ne vivrez pas du tout. . . .»[41]

> Quand vous lisez l'Evangile, les Actes des Apôtres, les
> Vies des Saints, et que vous reportez vos regards sur la
> vérité actuelle, comment vous expliquerez-vous l'épou-
> vantable antithèse de la morale chrétienne avec les
> institutions païennes?[42]

Ce texte incandescent se clôt sur l'idée que «la religion secrète»[43] dont parle l'auteur est «la doctrine le l'*Evangile éternelle.*»[44]   Joanniste, évangéliste, George Sand annonce, à sa
manière, une *bonne nouvelle*. . . .   La trajectoire sandienne est
ferme, comme la romancière l'indiquera elle-même, à l'âge de
soixante-huit ans, dans une lettre à Flaubert:

> Dès les premiers jours de mon éclosion intellectuelle
> . . . .j'ai eu des principes. Ne ris pas, des principes d'en-
> fant très candide qui me sont restés à travers tout, à
> travers *Lélia* et l'époque romantique, à travers l'amour
> et le doute, les enthousiasmes et les désenchantements.[45]

En 1863, année qui est aussi celle de la parution de *La Vie
de Jésus* d'Ernest Renan, George Sand se donne *tout entière* dans
son roman *Mademoiselle la Quintinie* (elle avait écrit à Flaubert
que «ne pas se donner tout entier dans son oeuvre» lui paraissait «aussi impossible que de pleurer avec autre chose que ses
yeux»,)[46] et dans la préface à ce roman elle se demande s'il y a
«deux Eglises, une officielle qui a le droit d'imposer et une
secrète qui a le droit de protester.»[47] La jeune héroïne y rejette

l'ascendant d'un prêtre autoritaire et orgueilleux qui, bien des
années auparavant, par le contrôle qu'il avait exercé sur sa mère,
avait causé le malheur et la mort de celle-ci. On lit, prononcées
par un prêtre, des paroles qui font penser à tels passages de satire
et de parodie du Pascal des *Provinciales:* «Oui, nous seuls re-
présentons la vérité morale et religieuse, la seule vérité, qui
prévaut depuis les premiers âges de la pensée humaine, et qui pré-
vaudra au-delà des institutions civiles de tous les siècles.»[48] Mais
un autre prêtre, vieux et compatissant, se souvient des dernières
paroles de la malheureuse mère de l'héroïne. Cette jeune femme,
dont il dit qu'elle était à la fois sainte et folle, blasphémait à
l'heure de la mort: «Votre culte du Christ, crie-t-elle, est une
torture que vous nous imposez! Il est, ce Dieu-homme, le type
de l'inflexible froideur. Sa mère pleure en vain à ses pieds, il
ne l'aperçoit même pas.»[49] Au moment où cette femme met au
monde l'enfant de l'époux qu'elle déteste, elle maudit Dieu.
Féminisme, rébellion quasi-viscérale, blasphème, chez la mère,
foi libre et joyeuse chez la fille, forment dans ce roman un alliage
inattendu et nouveau.

Trois mois après qu'elle eût écrit la préface de *Mademoiselle
la Quintinie* George Sand adresse à un correspondant, que nous
croyons être Ernest Renan, des observations sur son livre—qu'elle
vient de lire. Nous y noterons ses convictions en ce qui concerne
l'immortalité:

> Votre conclusion ne me soumet pas. . . .Jésus était. . . .
> spiritualiste sans être exclusivement spiritualiste. Vous,
> vous êtes exclusivement spiritualiste; je ne peux pas
> comprendre cette doctrine par la raison qu'il ne me
> semble pas possible d'affirmer des âmes sans corps. . . .
> qui dit *l'immortalité* dit *la vie.*[50]

En effet Renan voit dans «le véritable esprit de Jésus» «l'idéalisme absolu» (nous soulignons) et trouve «infécondes» «les
tentatives *socialistes*» (en italiques dans le texte). Ces idées
allaient à l'encontre des convictions de George Sand qui ajoute
dans sa lettre des paroles si hardies qu'elles en semblent naïves:

> Jésus se trompait sur les conditions de la résurrection,
> n'en doutons pas; mais il me semble que, quant au prin-
> cipe de la vie, il le comprenait bien, ou du moins aussi
> bien qu'il est donné à l'honne de comprendre. Que l'âme

se revête d'un corps de chair ou de fluide, il ne lui en
faut pas moins quelque chose à animer, ou bien elle n'est
plus une âme, elle n'est plus rien.[51]

Hubris, dira-t-on? Interprétation profane d'un texte sacré? Si
nous cherchons à voir pour quelles raisons George Sand exprime
cette étonnante conviction, nous en trouverons peut-être une
explication dans le texte de l'Evangile où Jésus répond aux
Sadducéens qu'ils ne comprennent «ni les Ecritures ni la puissance de Dieu» et dit qu': «à la résurrection les hommes n'ont
point de femmes, ni les femmes de maris, mais ils sont comme les
anges de Dieu dans le ciel.»[52] Il semble que, pour George Sand,
la résurrection et la vie éternelle comportent la résurrection de
l'être entier, âme et corps. La foi de George Sand, il ne faut pas
l'oublier, est liée à ce qui lui est le plus cher: à sa petite fille,
morte encore enfant. Et c'est une religion de justice, pensons-
nous qui la convainc qu'elle retrouvera sa Jeanne, Nini, dont la
mort avait été injustice, négligence, cruauté. En 1855 elle
écrivait à un ami:

> Je ne peux pas vous dire ce qui se passe en moi. . . .Je
> vois la vie future et éternelle devant moi comme une
> certitude. . . . Je sais bien que ma Jeanne n'est pas morte
> . . . .Je sais bien que je la retrouverai et qu'elle me re-
> connaîtra, quand même elle ne se souviendrait pas, ni
> moi non plus. . . .[53]

Et, dans un autre texte, récit (comme l'écrit Georges Lubin)
d'un rêve, vrai ou supposé où l'on rencontre. . . .des idées fami-
lières à George Sand: l'immortalité de l'âme, la réincarnation
dans d'autres mondes, la possibilité de retrouver ailleurs ceux
que nous avons aimés sur cette terre, l'auteur voit une «belle
jeune fille.» «Mon enfant,» lui dit la romancière, m'a été arraché
par ceux qu'on appelle les hommes.

> Mort? dit la jeune fille avec surprise.—Jeanne, lui dis-je,
> regardez bien et souvenez-vous.—Je m'appelle Nata,
> dit-elle, et pourtant le nom que vous me donnez caresse
> mon oreille comme un son plaintif déjà entendu ail-
> leurs.[54]

La grand-mère et la petite fille ont toutes deux, dans ce rêve, sans se connaître, le sentiment qu'elles sont très chères l'une à l'autre.

Telles sont certaines des convictions de George Sand en ce qui concerne la vie éternelle et la résurrection: elles sont liées à sa vie intime. Par ailleurs, en ce qui concerne l'Eglise et ce qu'elle nomme «la Rome cléricale,» elle écrira avec violence, avec fanatisme même, dans une lettre à Barbès de 1867:

> Croyez-vous comme Flaubert que *ceci* est la fin de la Rome cléricale: Je le voudrais bien et j'attends les événements avec impatience. Comme lui, je crois que le mal est là et que cette religion du moyen-âge est le plus grand ennemi du genre humain; mais je ne crois pas avec Garibaldi qu'il faille en proclamer une autre.[55]

Il lui semble, ajoute-t-elle, «plus qu'impolitique—presque antihumain» d'imposer de «nouvelles philosophies.» «L'homme, dit-elle, n'a encore jamais été lui-même. Il faut. . . .qu'il ait le droit de nier Dieu même, sans crainte du bourreau. . . .» et, trente ans après avoir proposé un remède pour «guérir les athées,» elle déclare que les athées sont, eux aussi, «notre chair et notre sang.»[56]

Certains personnages de George Sand font figure d'apôtre; tel est le comte Albert, qui souffre pour les hommes et avec eux, tel est le Trenmor de *Lélia*, saint laïque, pêcheur racheté par ses oeuvres; tel est Ralph qui, dans *Indiana,* propose une religion à la Rousseau: «Pour nous l'univers, dit-il, est un temple où nous adorons Dieu.»[57]   Dans l'oeuvre de 1857 intitulée *Le Diable aux champs,* un dialogue s'engage entre deux personnages, l'un nommé Ralph comme dans *Indiana,* l'autre Jacques, comme dans le roman de ce nom (1834). Jacques y déclare, sur le ton prophétique du Gottlieb de *La Comtesse de Rudolstadt*:

> . . . .un jour viendra où il n'y aura plus d'Eglises, car l'esprit humain tend à s'affranchir, même au prix de ses croyances les plus chères. Nous ne pouvons ni hâter ni retarder ce moment; sauvons au moins la doctrine évangélique en nous-même; sauvons-la à tout prix nous aussi, dussions-nous passer pour hérétiques auprès des orthodoxes, pour niais auprès des athées.[58]

C'est en effet «la doctrine évangélique» que George Sand a dit à bien des reprises qu'elle voulait conserver «à tout prix.» Dans son introduction à l'édition de 1865 de *Cosima, ou la haine dans l'amour,* pièce déjà ancienne alors car elle avait été représentée en 1840, elle écrit:

> . . . .je ne suis pas catholique, je l'avoue. . . .mais si j'ai porté comme bien d'autres sur l'avenir des regards plus avides que ne le permet l'Eglise, je n'ai point abjuré la plus belle partie des vérités évangéliques. . . .[59]

Dans son interprétation hardie et indépendante de l'Ecriture George Sand est guidée à la fois par le désir de revoir dans un autre monde ceux qui lui sont chers et par sa haine de l'injustice. S'il existe une Jérusalem sandienne, c'est avant tout un monde où la souffrance des hommes est diminuée, leur liberté et leur dignité plus grandes. Revenons encore, à ce propos, à la Notice de *Jean Zyska* où *l'hérésie sandienne* est inséparable du socialisme de l'auteur, ainsi que de son féminisme, et où ses aspirations sont formulées avec force:

> L'hérésie du passé, le communisme d'aujourd'hui, c'est le cri des entrailles affamées et du coeur désolé qui appelle la vraie connaissance, la voix de l'esprit, la solution religieuse, philosophique et sociale du problème mon-strueux suspendu depuis tant de siècles sur nos têtes. Voilà ce que c'est que l'hérésie, et pas autre chose: une idée essentiellement chrétienne dans son principe, évan-gélique dans ses révélations successives, révolutionnaire dans ses tentatives et ses réclamations. . . Maintenant que vous apercevez ce que c'est que l'hérésie, vous ne vous imaginerez plus, comme on le persuade à vous, femmes, et à vos enfants, lorsqu'ils commencent à lire l'histoire, que ce soit un chapitre insipide. . .bon à reléguer dans les subtilités ridicules du passé théologique. . . .[60]

Il n'est pas surprenant par ailleurs, il est logique au contraire, que plusieurs personnages de George Sand méprisent l'argent car n'est-il pas «plus aisé qu'un chameau passe par le trou d'une aiguille qu'il ne l'est à un riche d'entrer dans le royaume des cieux»? (Matth. XIX, 24). Consuelo, son mari et leurs enfants parcourent à pied les routes de Bohême tandis que leur fils chante «le chant admirable» (et l'on pense à la *science admirable* de l'alchimie), le chant de «La bonne déesse de la pauvreté.»[61]

L'héroïne du *Meunier d'Angibault* (1844) se dépouille du château dont elle a hérité et, lestée, libérée, mérite ainsi d'épouser l'ouvrier qu'elle aime.

A la fois hérétique et évangéliste, c'est ce qu'est devenue Aurore Dupin, l'enfant dont le père, un jour, soudain, ne fut plus là, dont la mère ne la voyait que par capricieuses intermittences, l'adolescente qui avait peut-être trahi sa vocation religieuse, la jeune fille jalouse de l'honneur de sa mère et qui aurait pu vivre auprès de ses parents de Villeneuve au château de Chenonceaux, et faire un *grand mariage. . . .*Sa rébellion, à partir de ce qui lui fut ôté, puis du mariage si peu heureux, s'exprime dans des textes où se formule tout un système par lequel elle cherche à combattre ce qu'elle considère comme inacceptable et injuste.

En 1872 George Sand écrit à Flaubert sa réaction devant la misère du peuple et ce qu'elle voudrait voir se réaliser, c'est-à-dire que l'humanité ne soit plus brutalement maltraitée, car alors, peut-être, elle deviendrait «bonne»:

> Je plains l'humanité, je la voudrais bonne, parce que je ne
> peux pas m'abstraire d'elle; parce qu'elle est moi; parce
> que le mal qu'elle me fait me frappe au coeur; parce que
> sa honte me fait rougir; parce que ses crimes me tordent
> le ventre; parce que je ne peux comprendre le paradis au
> ciel ni sur la terre pour moi toute seule.[62]

En nous servant des mots de Guillaume Apollinaire, nous dirions que George Sand a cherché, dans le domaine des croyances religieuses, à résoudre une «querelle de la tradition et de l'invention,» mais une «querelle» où *l'invention* est sienne. . . . Elle l'a fait avec audace et fermeté. Hérétique et révolutionnaire par rapport à la religion catholique, George Sand présente au lecteur une croyance à la fois nouvelle et ancienne puisque, comme elle l'écrit avec insistance, elle se rattache à l'Evangile (tout en trouvant à redire, comme nous l'avons vu, même aux paroles de Jésus. . . .). Ni déiste ni panthéiste, George Sand présente un christianisme à elle, inséparable de son désir fervent de justice, inséparable de ses aspirations socialistes.

Notes

[1] George Sand, *Rose et Blanche ou la Comédienne et la religieuse* (Paris: B. Renault, 1831), III, 16, et Vols. IV et V passim.

[2] Jean Pommier, *George Sand et le rêve monastique: Spiridion* (Paris: Nizet, 1966).

[3] George Sand, *Histoire de ma vie,* IVème partie, ch. IX, 1854. *Oeuvres autobiographiques,* Texte établi, présenté et annoté par Georges Lubin (Paris: Gallimard, «Pléiade», 1971), II, 48.

[4] George Sand, *Lélia,* édition de Pierre Reboul (Paris: Garnier, 1960), p. 89.

[5] Ibid., p. 186.

[6] Ibid., p. 196.

[7] Ibid.

[8] Ibid.

[9] Ibid., p. 407. Dans une lettre à Madame d'Agoult citée par M. Reboul, George Sand parle déjà, en 1836, de cette seconde version de son roman, et se sert du vocabulaire de la maladie et de la guérison: «. . . .je refais Lélia, vous l'ai-je dit? Le poison qui m'a rendu (sic) malade est maintenant un remède qui me guérit.» Voir P. Reboul, dans «D'une Lélia à l'autre.» Sand, *Lélia,* pp. 327 à 344. La citation se trouve p. 330.

[10] Sand, *Lélia,* p. 471.

[11] Ibid., p. 479.

[12] Ibid., p. 477.

[13] Ibid., p. 450.

[14] Ibid., p. 535.

[15] Ibid.

[16] Ibid.

[17] Ibid.

[18] Voir George Sand, «Le poème de Myrza,» *R D M,* ler mars 1835, pp. 474, 489. «Mattea,» *R D M,* ler juillet 1835.

[19] Dans le *Larousse du XXème siècle* Leroux est: «Saint Simonien.» On lit chez Sébastien Charléty (*Histoire du Saint-Simonisme* 1825-1864, Paris, Paul Hartmann, 1931): «Pierre Leroux les fréquentait (fréquentait les Saint-Simoniens) depuis les premiers mois de 1830,» (p. 78) et Pierre Leroux, son gérant, ayant adhéré à la doctrine, le *Globe* prit le 27 décembre, le titre de «Journal de la doctrine de Saint-Simon» (p. 95).

Charléty parle des nouveaux journaux *La Femme nouvelle, La Tribune des femmes, l'Apostolat des femmes.* Dans *Religion Saint Simonienne,* procès de la Cour d'Assises de la Seine les 27 août 1832 (Paris: A la librairie Saint-Simonienne et chez Johanneau Libraire, 1832), on voit qu'Enfantin demande comme conseils deux femmes, Aglaé Saint-Hilaire et Cécile Fournel (p. 33). On connaît l'expédition des Saint-Simoniens en Turquie où ils étaient allés chercher la *Mère,* qui devait être l'instrument du salut. Voir aussi dans *Religion Saint-Simonienne* (supra) la «Lettre écrite par Cécile Fournel au Président. . .» (pp. 309-317) et la «Note sur le Procès» par Aglaé Saint-Halaire.

[20]George Sand, *Lettres à Marcie,* (1837) dans *Mélanges, Oeuvres complètes de George Sand.* Nouvelle édition revue par l'auteur et accompagnée de morceaux inédits (Paris: Perrotin, 1843), p. 192.

[21]Ibid., p. 202.

[22]Dans une introduction à *l'Apocalypse* nous lisons cette opinion que «Les fidèles eux-mêmes participent d'ailleurs à cette royauté du Christ. . . Ce royaume est connu comme un royaume de Prêtres.» La sainte Bible, *l'Apocalypse,* traduite par M. E. Bosmard, P. P., professeur à l'Ecole Biblique, 2ème édition revue (Paris: Les Editions du Cerf, 1953, p. 24. Dans le texte même de *l'Apocalypse,* V. 1, 6 et 5, 10 (p. 28, p. 42).

[23]Sand, *Lettres à Marcie,* pp. 196, 197, 198, 199, 200, 202.

[24]Ibid., p. 202.

[25]George Sand, *Spiridion* (Paris: Félix Bonnaire, 1839), p. 442. Dans les *Oeuvres Illustrées* (Paris: Hetzel, 1856) la fin de *Spiridion* diffère de la fin de l'édition de 1839. Jean Pommier (dans *George Sand et le rêve monastique,* p. 88) parle de «la seconde version et (de) son testament nouveau,» précisant: «Au lieu du seul manuscrit de Spiridion, Angel, désormais, en exhume trois.»

[26]George Sand, «A Mademoiselle Leroyer de Chantepie» (Nohant, 5 juin 1857), *Correspondance,* (Paris: Calmann-Lévy, 1892), IV, 158.

[27]George Sand, *Le Compagnon du Tour de France* dans les *Oeuvres illustrées de George Sand.* Préfaces et Notices nouvelles de l'auteur (Paris: Michel Lévy Frères, 1867), p. 2.

[28]Notons que Huguenin, le héros de ce roman appartient au groupe des Compagnons du «Devoir de la Liberté» (ch. VII, p. 49).

[29]George Sand, *Consuelo* (1842-1843). Dans les *Oeuvres illustrées* (Paris: Hetzel, 1855), p. 135.

[30]Ibid., p. 87. On sait que Baudelaire, alors qu'il a jeté l'anathème contre elle, s'est servi dans ses «Litanies de Satan,» des mots mêmes de George Sand dans le vers: «O Prince de l'exil, à qui l'on a fait tort.» En ce qui concerne la question des rapports de George Sand et de Baudelaire, ainsi que celle de l'influence de la romancière sur le poète, voir: Léon

Cellier, «Baudelaire et George Sand,» (RHL, 67e année, No. 2 (avril-juin 1967, pp. 239-258. Léon Cellier cite Jean Pommier qui écrit à propos de la première des *Lettres d'un voyageur:* «Voici l'idée-mère de «Spleen et Idéal» (Pommier, *Dans les Chemins de Baudelaire*, Paris: Corti, 1945). Voir aussi: Thérèse Marix-Spire, «La femme Sand et Baudelaire (documents inédits),» *Europe*, 45e année (avril-mai 1967), pp. 456-457. Chez George Sand nous lisons dans les *Lettres d'un voyageur:* «le violon frémit,» et «Il y a des jours où tout porte au spleen» (Paris: Garnier-Flammarion, 1973, pp. 78-79). On voit des gens se moquer «d'un pauvre diable.» Ils crient «comme des spectateurs d'un saltimbanque maladroit. Ils le punissent ainsi de l'ennui impertinent qu'il éprouve et qu'il avoue» (Ibid., p. 93). Chez Baudelaire, «Le violon frémit comme un coeur qu'on afflige» («Harmonie du soir»); dans la suite «Spleen et Idéal» quatre poèmes portent le titre de «Spleen.» De plus le titre du poème «La cloche fêlée» fut d'abord (en 1851) «Le Spleen» également (v. p. 596 des «Notes et variantes» de Baudelaire *Oeuvres*, texte établi et annoté par Y.–G. Le Dantec (Paris: N. R. F., 1944–dépôt légal: 1934). «Le mort joyeux» fut d'abord «Le Spleen» également, en 1851 (Ibid.). Dans *Le Spleen de Paris* (1869), un des poèmes en prose est intitulé «Le vieux saltimbanque» («. . . .je vis un pauvre saltimbanque, voûté, caduc, décrépit, une ruine d'homme,» *Oeuvres*, v. supra, p. 426); le poème en prose de Baudelaire intitulé «Les tentations/ou/Eros, Plutus et la Gloire» présente «Deux superbes Satans et une diablesse. . . .» Le premier Satan tient une fiole «qui portait pour étiquette ces mots bizarres: «Buvez, ceci est mon sang, un parfait cordial. . . .» (p. 438): «à ses chevilles délicates traînaient quelques anneaux d'une chaîne d'or rompus. . . .» —«Il me regarda avec ses yeux inconsolablement navrés. . . .» (p. 439).

[31] Sand, *Consuelo*, p. 135.

[32] «. . . .je me mis aux prises sans façons, avec Mably, Locke, Condillac, Montesquieu. . . .Puis vinrent La Bruyère, Pope, Milton, Dante, Virgile, Shakespeare, que sais-je?», *HV*, 4e partie, ch. IV, dans *OA*, voir n. 3, I, 1051.

[33] Sand, *Consuelo*, p. 135.

[34] Ibid.

[35] Ibid.

[36] George Sand, *La Comtesse de Rudolstadt* (1833-1844), nouvelle édition revue et corrigée (Paris: Charpentier, 1845), I, 354-355. Autre édition consultée: Hetzel, 1856.

[37] «Rien dans mes anciennes croyances ne s'était assez formulé en moi. . . .pour m'aider à lutter contre ce cataclysme où s'inaugurait le règne de la matière et je ne trouvais pas dans mes idées républicaines et socialistes du moment une lumière suffisante pour combattre les ténèbres que

Mammon soufflait ouvertement sur le monde.» *HV,* Ve partie, ch. II (1855) dans *OA,* II, 195-196, voir n. 3.

[38]Maurice (Dudevant) Sand ayant fait baptiser ses enfants dans le culte protestant, George Sand écrit à Flaubert que c'est là «dans les idées de (son) fils, une *protestation* (en italiques dans le texte) contre le catholicisme, un divorce de famille avec l'Eglise, une rupture déterminée et déclarée avec le prêtre romain.» «Au même,» *(Correspondance* (Paris: Calmann-Lévy, 1892) V. 295). George Sand ne semble pas être là en désaccord avec les idées de son fils.

[39]Sand, *Jean Zyska-Gabriel* (1843) (Paris: Michel Lévy, 1867). L'orthographe Ziska est également utilisée par George Sand. La Notice que nous citons est datée de «Nohant, 17 janvier 1853.» Voir pp. 18 et 19.

[40]«Le pur *ébionisme* c'est-à-dire la doctrine que les pauvres (ébionim) seuls seront sauvés, que le règne des pauvres va venir, fut donc la doctrine de Jésus,» Ernest Renan, *La Vie de Jésus* (1863) (Paris: Calmann-Lévy, 1923), p. 107.

[41]Sand, *Jean Zyska-Gabriel,* p. 24.

[42]Ibid., p. 26.

[43]Ibid., p. 23.

[44]Ibid., p. 30.

[45]Sand, «A Gustave Flaubert, à Paris» (de «Nohant, 25 octobre 1872) dans *Correspondance* (Calmann-Lévy, 1892), Vi, 247.

[46]Sand, «A M. Gustave Flaubert, à Paris» (de Nohant, 2 février 1863), *Correspondance* (Calmann-Lévy), IV, 338.

[47]George Sand, *Mademoiselle la Quintinie* (1863) (Paris: Calmann-Lévy, 1928). La préface est datée de «Nohant, février 1863.»

[48]Ibid., p. 206.

[49]Ibid., p. 305.

[50]Sand, «A M. xxx, Palaiseau, 9 juin 1863,» *Correspondance* (Calmann-Lévy), IV, 158.

[51]Nous lisons, dans *La Vie de Jésus:* «. . . .le vrai royaume de Dieu, le royaume de l'esprit. . .; son royaume de Dieu. . . .c'était surtout le royaume de l'âme. . . .» et «. . . .les tentatives 'socialistes' de notre temps resteront inféconds, jusqu'à ce qu'elles prennent pour règle le véritable esprit de Jésus, je veux dire l'idéalisme absolu, ce principe que pour posséder la terre, il faut y renoncer. . . .» (pp. 166-167; 169).

[52]   Vous êtes dans l'erreur ne comprenant ni les Ecritures ni la puissance de Dieu. Car à la résurrection les hommes n'ont point de femmes, ni les femmes de maris; mais ils sont comme les anges de Dieu dans le ciel. Quant à la résurrection des morts, n'avez-vous pas lu ce que Dieu vous a dit, en ces termes:

Je suis le Dieu d'Abraham, le dieu d'Isaac, et le Dieu de Jacob? Or Dieu n'est pas le Dieu des morts, mais des vivants. (Matthieu, XXII, 20)

Car, une fois ressusscités des morts, les hommes ne prennent point de femmes, ni les femmes de maris, mais ils sont comme les anges dans le ciel. (Marc, XII, 35)

Jésus leur dit: «Les enfants de ce siècle se marient et sont donnés en mariage; mais ceux qui ont été trouvés dignes d'avoir une part au siècle à venir et à la résurrection   des morts,   ne prennent point de femme et n'ont point de mari; aussi bien ne peuvent-ils plus mourir puisqu'ils sont comme les anges, et qu'ils sont fils de Dieu, étant fils de la résurrection.» (Luc, XX)

[53] Sand, «A Edouard Charton à Paris,» de «Nohant, 2 février 1863,» *Correspondance* (Calmann-Lévy), V, 227.

[54] Sand, «Après la mort de Jeanne Clésinger,» *OA*, II, pp. 1228-1229, voir note 3; 1233; le texte de Georges Lubin, p. 1225.

[55] Sand, «A M. Armand Barbès à La Haye» de «Nohant, 12 octobre 1867,» *Correspondance* (Calmann-Lévy), V, 227.

[56] Ibid.

[57] George Sand, *Indiana* (1831) (Paris: Calmann-Lévy, 1926), p. 295.

[58] George Sand, *Le Diable aux champs* (Paris: Librairie Nouvelle, 1857), p. 32. Dans la préface de cette oeuvre, datée de «Nohant, mars 1855,» George Sand dit qu'elle l'avait commencé, «à la fin de septembre 1851.» Sous un aspect quelque peu Marivaux, quelque peu Beaumarchais et même Lesage, *Le Diable aux champs* préfigure certaines parties de diverses pièces de Paul Claudel,—soit par des conversations entre êtres non humains (comme dans *Le Soulier de satin,* soit par des dialogues poursuivis au cours de promenades, comme dans *La Ville* ou dans *Le Père humilié*). Les dialogues entre Ralph et Jacques fourmillent d'idées sur la religion, sur le mariage et sur l'instruction à donner aux enfants, mais n'aboutissent pas à une conclusion nette.

[59] George Sand, *Cosima, ou La Haine dans l'amour,* drame en cinq actes et un prologue. Edition consultée: «nouvelle édition» (Paris: Michel Lévy, 1866), pp. 4-5. On y lit l'indication: «Drame représenté pour la première fois à Paris par les comédiens ordinaires du roi, sur le Théâtre-Français, le 29 avril 1840.» Dans l'acte II, Cosima se décrit comme étant: «. . . .troublée, effrayée, jusque dans le sanctuaire de ma conscience, et n'osant plus chercher ma force dans les pratiques d'une religion qui condamne mes pensées avant même qu'elles soient écloses!» (p. 27)

[60] Sand, *Jean Zyska-Gabriel,* p. 25.

[61] Sand, *La Comtesse de Rudolstadt,* dans *Oeuvres illustrées* (1856), p. 17.

[62] Sand, «A Gustave Flaubert, à Paris» de «Nohant, 25 octobre 1872» *Correspondance,* (Calmann-Lévy), VI, 247.

VI
THEATRE

Fantasy in the Plays of George Sand

Albert Smith
University of Florida, Gainesville

Among attempts by French authors in the nineteenth century to expand the expressive capabilities of literature, the exploitation of fantasy, especially on the stage, has received scant attention. Though we may find recognition of fantasy in a particular writer like Hugo or Musset, in so far as awareness of a general tendency is concerned we discover next to nothing in scholarly writing. Yet important critics of the time promoted fantasy, and a considerable number of authors resorted to it. Enough dramatists used elements of fantasy to force the conclusion that it had extraordinary expressive potential.

The Romantics in particular recognized the validity of introducing fantasy into literary works. Charles Nodier and Philarète Chasles, early in the Romantic period, pointed to modern man's need to compensate for the mechanization and regularization of life and suggested that fantasy offered a ready means for meeting the threat of rampant positivism.[1] Later, Victor Hugo, in his work on Shakespeare, called attention to fantasy as one of the great sources of artistic inspiration, citing literary creations which are thoroughly false from the standpoint of objective reality, yet eminently true from the standpoint of what they symbolize.[2]

In the theatre, the Romantics exploited two forms of fantasy, especially: the *commedia dell'arte* and a genre qualified as *romanesque*. Théophile Gautier regularly proclaimed his love for a *comédie romanesque* and for plays using elements of the *commedia*.[3] Nerval in his criticism speaks favorably of the former type of play.[4] Gautier successfully tried his hand at a *pièce romanesque* in *Une Larme du diable* and at a play molded on the Italian comedy in *Pierrot posthume*. Hugo, too, when he no longer felt himself hobbled by the constraints of stage production, wrote several plays which fall within the definition of the

romanesque, for example, *La Forêt mouillée* et *Mangeront-ils?*
It is no wonder that Musset received the acclaim of discerning
contemporaries: a number of his comedies have elements which
clearly reflect his partiality for fantasy.

The features of the *commedia dell'arte* are well known:
stock masks representing fixed social types; improvised plot with
the accent on comic episodes which interrupt a more serious
action, usually sentimental; a setting defined not by its historical
detail but by its functionality; gesture as well as speech as a
means for generating laughter.[5]   The character of the *comédie
romanesque* is less well known. We find the form described most
elaborately by Gautier, first in a chapter of *Mademoiselle de
Maupin* and subsequently in his criticism.[6]   Here, too, the
characters represent types: lovers, servants, peasants, nobles and
kings, and clowns.   These personages have no relation to any
known historical period or locale; their extravagant costumes
reflect no specific period or country; the rich and fancifully
conceived settings resemble no place in the real world.   There is
thus no attempt to imitate objective reality in the *comédie
romanesque.*   Similarly, there is no concern for verisimilitude in
the development of plot. Gautier rejects the notions of logic and
probability, emphasizing that the events of the moment are more
important than a tight plot structure leading to a reasonable
dénouement.   The cause-and-effect principle is thus suspended.
Scenes change capriciously.   Gratuitous episodes abound.   Digressions are frequent; even the author, says Gautier, may intrude
for a few moments to woo the heroine in the hero's place.
Animals and objects have speaking roles. Indeed, a key notion in
Gautier's conception of the *romanesque* is speech.   Though the
visual is important, it is the verbal aspect that creates the charm
of the *comédie romanesque.*   Specifically, the form accentuates
speech in itself rather than speech serving to advance the action.
And in this form of *discours pour le discours,* it is style that
counts: the hallmark of the genre is, for Gautier, brilliant expression.   The *comédie romanesque* thus rejects imitation of
the observed world to rise above crude reality, as Gautier says,
"sur les ailes bigarrées de la folie."[7]

One does not generally associate George Sand with literature of this kind. Yet, together with that *esprit engagé* which
is one of her principal traits, we find a not insignificant measure
of fantasy in her work.   I should like to outline here what I perceive to be elements of fantasy in her theatrical production.

I shall consider three works: *Les Vacances de Pandolphe,* a comedy in three acts first performed at the Gymnase Dramatique in March, 1852; *Comme il vous plaira,* an adaptation of Shakespeare's *As You Like It,* presented at the Théâtre Français in April, 1856; and *Le Diable aux champs,* written in the months just preceding Louis-Napoléon's coup and published finally in 1855.

Les Vacances de Pandolphe resembles a standard *commedia dell'arte.*[8]   The characters bear names recalling the Italian heritage of the play: Pascariel, Léandre, Pedrolino, Isabelle, Colombine. Though the setting in which they perform is Italian, it is scarcely notable for its realism. Sand insists that the setting be fanciful, in a style reminiscent of Watteau. She likewise rejects realism in costuming. Certain costumes must also recall Watteau's paintings of characters from the *commedia.*[9] She has the frayed costume of the down-at-the-heels Léandre exaggerate grotesquely the nobleman's proud indigence.[10] In both setting and costume, stylization and fancy are key concepts.

The action of the play is anything but simple. There are at least three separate plots. One deals with Doctor Pandolphe's frustrated attempts to enjoy a restful vacation. Another focuses on the simple Violette's claim to a rich uncle's inheritance. A third plot turns on the love of Pandolphe's gardener, Pedrolino, for Violette. No one action dominates.

Sand shows at least as much interest in the comic elements in her play as in plot or message. As in the traditional *commedia,* humor derives mainly from antic behavior. The character creating most of the comedy is Pedrolino. He is funny because he is consistently clumsy. His efforts to oblige his employer regularly create chaos. Attempting to move a table, he causes Pandolphe to lose his balance.[11]   Fanning the dozing doctor, Pedrolino accidentally whacks him in the face and jolts him awake.[12]   In a moment of despair, Pedrolino pulls the corner of the table-cloth to dry his tears. Unfortunately, the table is set, and dishes, silver, and food tumble to the floor.[13]   One is reminded of modern farce played so amusingly by Peter Sellers in the various Inspector Clouzeau films.

Comme il vous plaira is less frankly farcical.[14] The *comédie romanesque* is not necessarily a matter of buffoonery. Those Romantics drawn to the *romanesque* uniformly cited Shakespeare's original as a model, and *As You Like It* has few truly farcical elements.

Like her contemporaries who favored the *comédie roma-nesque*, Sand was mainly interested in rejecting realism and in exploiting verbal exchange. Her adaptation of Shakespeare's play naturally has features which would have delighted Gautier. The refusal of historicity and local color is as in the original. It is impossible to determine at what historical epoch the action takes place; and Sand gives no clues which allow pinpointing the scene of the events. Moment and milieu have no bearing on the behavior of the characters, who might be acting in any sylvan locale in a remote past.

Though George Sand made a conscious effort to bring more order into her adaptation than Shakespeare had given to his original,[15] plot structure in *Comme il vous plaira* is far from tight. Digressions and gratuitous scenes are the rule. The author pauses, for example, to allow the jester, Pierre Touchard, to philosophize mockingly on human destiny;[16] or she breaks the main action with an amusing scene between Jacques and the exiled duke's official singer—who unwittingly demonstrates that his voice is awful.[17] As in Shakespeare, there are several plots: in addition to the Roland-Rosalinde action, Sand shows particular interest in the relationship between Célia and Jacques, and she is not without concern for Touchard and Audrey, Roland and Olivier, and Jacques and the exiled duke. Though Sand shows more respect for verisimilitude than did her model, she is not a slave to it. The peripeteia which permits the dénouement, for instance, is wholly unexpected. Duke Frédéric's decision to relinquish his usurped power and to return the ducal throne to his brother, whom he exiled years before, comes as a total surprise. Nothing in his character or career has prepared us for his change of heart.

As for Gautier, so for Sand, the *romanesque* is characterized by its emphasis on speech. The bulk of the action in *Comme il vous plaira* is taken up with verbal exchanges dealing with different forms of love. Célia attempts regularly to tease the misanthropic Jacques out of his mistrust of amorous relationships;[18] Roland frets over his timid love for Rosalinde, who in turn complains of his apparent refusal to express his passion directly to her;[19] Jacques, appropriately, uses the monologue to elaborate his jaded views on intimate human relations and his attraction to the solitary life.[20] Touchard provides a certain verbal comedy with his physical attraction to Audrey.[21] It is these speeches and exchanges that create the interest in Sand's adaptation. The author is only secondarily concerned with a tightly organized plot.

Le Diable aux champs is not wholly a fantasy piece like Les Vacances de Pandolphe or Comme il vous plaira.[22] Sand was at pains in this "comédie monstre," as she called it, to make her work timely, specifically to evoke French provincial life in the waning days of the Second Republic.[23] With such a plan in mind, it is natural that she should choose the realistic mode by which to treat her subject. The setting of the work is a detailed imitation of a provincial village. The action occurs at a precise moment—September, 1851. The characters belong to recognizable contemporary social classes—nobles, landed gentry, bourgeois, servants, peasants, priests, and artists. These personnages allude constantly to the contemporary political and social situations. Both moment and milieu are shown to have a bearing on their mentality and thus their actions. The realism extends—as in numerous works by George Sand—even to the speech of the characters. As we move among nobles, bourgeois, and peasants, we encounter varying degrees of grammatical correctness in the language being used, so that we are led to see speech, among other elements, as a marker of social position.

Le Diable aux champs is based, then, upon an awareness of class differences in French society, awareness which further betrays a realistic orientation. Yet into this close imitation of real life, Sand introduces notes which have a distinct ring of fantasy. Already in the midst of a realistic action in Part I, she presents two birds commiserating on the difficulties of avian domestic life and, in addition, reinforcing by their behavior before a puppet which personifies Satan, an idea expressed by the artists a few minutes earlier, that the devil no longer frightens anyone, even the birds.[24] Elsewhere other animals speak—spiders, cranes, beetles, dogs—and in Part VII Sand has the marionettes muse on their unusual metaphysical condition.[25]

Fantasy is also visible in Sand's characterization. Ostensibly realistic, Sand's personages have a striking resemblance to types which Gautier recognized in the comédie romanesque: romantic young lovers, vagabond ladies, supportive and resourceful handmaids, caustic clowns, simpleminded valets and peasants, gentle and indulgent kings, and motley-dressed graciosos.[26] As in Comme il vous plaira, Sand brings on stage in Le Diable aux champs several young couples in love: Diane de Noirac and Gérard de Mireville, nobles; Florence and Jenny, from the middle class; and Pierre and Maniche, peasants. We recognize in the courtesan Myrtho the vagabond lady who here, on her own account, has come from Paris in search of the lover who abandoned her.   Diane de Noirac's servant Jenny is clearly a loyal and resourceful handmaid.   Her lack of education and position in no way prevent her organizing a successful strategy to save her mistress from social disgrace.   Were it not for the seriousness with which Sand treats the subject and for the realistic context, we might easily imagine ourselves following the actions of a maidservant of certain earlier comedies not without kinship to the *romanesque.*

In *Le Diable aux champs* there are peasants aplenty, some evidently simple individuals unaware of what is going on around them.   Sand's character Jacques even resembles the misanthropic personage of the same name in *Comme il vous plaira* in his cynicism and his detachment from ordinary human relations. The artists are nothing other than realistically drawn *graciosos,* with their bent for merrymaking and wit.

Likewise, the actions of these characters may be seen as partaking of the *comédie romanesque.* The amorous situation of the various lovers is romantic in the extreme.   It is principally love that guides them.   Diane de Noirac seeks perfect satisfaction in love.   At the beginning of the work, Jenny is represented as unconsolable at having been abandoned by her fiancé.   Florence has followed her to support her when she falls too deeply into despair.   Myrtho lives to take revenge on Diane for having captured her lover, Gérard.   The work ends much like *Comme il vous plaira,* indeed, much like the archetypal comedy, with the definitive joining of each set of lovers in a festive union.

Other aspects of *Le Diable aux champs* belong less exclusively to the fantasy theatre: the complex plot, with its plurality of sub-plots; the zig-zagging movement of the action, reflecting George Sand's rejection of linear structure; and the emphasis on verbal exchange.   These, as they are used in *Le Diable aux champs,* cannot be conceived as the sole property of fantasy.   As Hassan El Nouty has pointed out, the same features occur in Romantic attempts to achieve in the theatre something wholly contrary to the *romanesque,* an ever greater illusion of reality, as evidenced in Vitet, Monnier, and the Musset of *Lorenzaccio.*[27]   On balance, we must grant that *Le Diable aux champs* is closer to the realistic than to the *romanesque.*   At the same time, because of its evident resemblances to the *comédie romanesque,* we have grounds for viewing the work as a variant of the fantasy theatre.

George Sand was well aware of problems facing the dra-
matist. She was certainly conscious of the expressive potential of
fantasy.[28]   Numerous ideas advanced in her works relate directly
to what we understand as fantasy theatre.   When the artists in
Le Diable aux champs discuss the odd coloration of objects on
their sets and the unusual play of perspective on their miniature
stage,[29] they are in effect underscoring Sand's perception that
art is really *artifice,* having nothing to do with an exact repro-
duction of reality.   That the *commedia* which they present on
their puppet stage is set in no specific time or locale[30] shows
that Sand agreed with other theorists of fantasy theatre on the
matter of setting: it should be universalized, in order to remove
it from what Gautier had already called crude reality, and what
Sand herself termed "le réel aride."

Sand sought to avoid the imitation of a gloomy positive
reality in most of her dramatic works. She defended strenuously
her idealization of character, emphasizing her preference for seeing the world through rose-colored glasses rather than through
the mud-stained magnifying glass of the realists.[31]   She found
particular charm in animals and objects with speaking roles.
These, she said, give a peculiar fairy-tale quality to the play
which contributes to removing the spectator from the real
world.[32]   Like Gautier, she preferred types to individuals. She
recognized in particular the interest of types from the old
commedia dell'arte:

> Leurs masques exprimaient des types psychologiques. Pan-
> talon n'était pas seulement   un disgrâcieux cacochyme,
> c'était surtout un avare et un vaniteux.   Tartaglia n'eût
> pas amusé une heure,   s'il n'eût été que bègue et myope.
> C'était un sot et un méchant sot. Le public des atellanes
> lui-même. . .voulait deviner l'homme moral à travers l'homme
> physique.[33]

For these types are symbols of eternal human attitudes, of the
human psyche itself.[34]

As for plot, Sand repeatedly stressed her attraction to an
unhurried, digressive action, which she opposed to the tight
linear structure of plays enjoying popular success in her day.[35]
A leisurely action, in her opinion, allowed the spectator time to
reflect on the characters and events in action on the stage.[36]

Like Gautier before her, Sand saw little validity in the logical development of plot. She has the artists in *Le Diable aux champs* emphasize that the dénouement need in no way determine the action which precedes it.[37] What she particularly liked in the *commedia dell'arte* was its improvisational quality, its lack of predetermined plan.[38] It is thus natural that the *commedia* with puppets performed in *Le Diable aux champs* relies heavily on improvisation.   Even the overture music is improvised: "L'ouverture se compose d'un tambour, d'une trompette, d'un mirliton, d'un flageolet et de deux couvercles de casserole, jouant tous ensemble, chacun dans un ton ou dans un rythme différent."[39]   To underscore that the *commedia* has no rigid outline to which the actors must adhere, Sand makes the action of the puppet play subject even to external circumstances. That a spectator's comments cause the action to veer from its course is simply a veiled theoretical statement.[40]

We can thus appreciate Sand's discomfort when she considered Shakespeare's *As You Like It* for presentation on the French stage in 1856.   It appears to have been her recognition that the public would have rejected Shakespeare's structural liberties that led her to make sometimes major changes in the plot of the English original. As she said, she felt herself obliged to reorganize Shakespeare's material, so as to make the beauties of his delightful yet untidy vision accessible to reason, "cette raison française dont nous sommes si vains et qui nous prive de tant d'originalités non moins précieuses."[41]

Like her contemporaries, George Sand was ultimately interested in the function of fantasy. Philarète Chasles and Gautier before her had expressed their distaste for the material and moral reality around them and for attempts to depict that reality in books and on the stage.   Sand, too, was repulsed by contemporary efforts to imitate what she saw as the sordidness of the world, to present to the public, as she said, "une daguerréotype de ses misères et de ses plaies."[42]   Also like her contemporaries, she recognized in certain types of literature a means of escape from the drabness of the world. She speaks of a basic human need for fiction, for illusion, in which the individual may forget, for a time, positive realities.[43] Yet, whereas Chasles especially saw fiction only as a means of escape, Sand viewed it in a more affirmative light, emphasizing that fiction, whatever its form, offered the individual another existence, gave him an opportunity to live for a while an impersonal life, detached from material preoccupations.[44]   In the kind of fiction which attracted her she found a peculiar brand of pleasure:

> Le plaisir honnête, désintéressé en ce sens qu'il doit être une communion des intelligences; le plaisir vrai avec son sens naïf et sympathique, son modeste enseignement caché sous le rire et la fantaisie. . . .L'amusement proprement dit est pour chacun de nous un joli petit idéal à chercher ou à réaliser au coin de son feu, à la place du jeu où l'on s'étiole et de la causerie où l'on se dispute quand on ne dit pas du mal de tous ses amis. Trouvons autre chose pour nos enfants, n'importe quoi, des comédies, des charades, des lectures plaisantes et douces, des marionnettes, des récits, des contes, tout ce que vous voudrez, mais quelque chose qui nous enlève à nos passions, à nos intérêts matériels, à nos rancunes, à ces tristes haines de famille qu'on appelle questions politiques, religieuses et philosophiques. . . .[45]

The value of pleasure is thus far from empty. Not only does it raise us out of our material concerns; it also teaches us. And here is where we discover the true and enduring character of George Sand. She always viewed literature—fiction as she called it—as a tool for edification. She was unequivocal in assigning this function to dramatic art: "les fictions scéniques n'existent qu'à condition d'enseigner."[46]

An educational aim is clear in the three works under consideration. This is not necessarily a specific lesson which may be drawn from the actions which Sand represents. Her aim is rather the promotion of sympathy for certain moral qualities. Underlying each work—*Les Vacances de Pandolphe* as much as *Comme il vous plaira* and *Le Diable aux champs*—is an unspoken but, nevertheless, discernible respect for uprightness and selflessness, for goodness, honesty, and loyalty—in short for Eros. The theatre of fantasy, as much as any other dramatic form— perhaps more so than many—offered George Sand a means for educating, for leading her reader or spectator out of material preoccupations toward virtue.

Notes

[1] Charles Nodier, «Du fantastique en littérature,» in *Contes fantastiques*, présentés par Michel Laclos (Paris: Pauvert, s.d.), I, 82-85; 102-104. Philarète Chasles, «Panurge, Falstaff et Sancho,» *Revue de Paris*, 2 (1839), 234-235; and «Des comédies de Charles Gozzi, Vénitien,» *RP*, 24 (1831), 227 et seq. Nodier's article first appeared also in the *RP*, in 1830.

[2] See «Promontorium Somnii,» in *Reliquat de William Shakespeare, Oeuvres complètes* (Paris: Albin Michel, 1904-1952), série H, II, 302.

[3] See, for the reference to Gautier's ideas on the *romanesque*, note 6. Examples of his ideas on the *commedia* may be found in *Le Moniteur Universel*, No. 242 (August 30, 1858), p. 1073; and No. 325 (November 21, 1859), p. 1325.

[4] Review of *Le Château de ma nièce*, by Mme Ancelot, in *La Vie du théâtre, Oeuvres complémentaires de Gérard de Nerval*, ed., Jean Richer (Paris: Minard, Lettres modernes, 1961), II, 351-356.

[5] Gilles Girard, «Types et *commedia dell'arte*,» *Etudes Françaises*, 15 (1979), 109-123.

[6] Théophile Gautier, *Mademoiselle de Maupin* (Paris: Eugène Renduel, 1835-1836), Chapter XI.

[7] Ibid., II, 103.

[8] The play appears in Sand, *Théâtre complet* (Paris: Calmann-Lévy, 1876), II, 85-197.

[9] Ibid., II, 92.

[10] Ibid.

[11] Ibid., II, 123.

[12] Ibid., II, 126.

[13] Ibid., II, 190.

[14] Ibid., IV, 111-209.

[15] Ibid., IV, 118.

[16] Ibid., IV, 155.

[17] Ibid., IV, 166-167.

[18] Ibid., IV, 168-176, 198-199.

[19] Ibid., IV, 146, 163, 178, 179, 201.

[20] Ibid., IV, 168.

[21] Ibid., IV, 184-186, 188-190.

[22] George Sand, *Le Diable aux champs*, nouvelle édition (Paris: Cal-

mann-Lévy, 1879).

[23] Ibid., p. 1.

[24] Ibid., pp. 11-12.

[25] Ibid., pp. 316-318.

[26] Maupin, II, 103.

[27] «Théâtre et anti-théâtre au dix-neuvième siècle,» *PMLA*, 79 (1964), 604-612.   See also El Nouty's book, *Théâtre et pré-cinéma: essai sur la problématiique du spectacle au XIXe siècle* (Paris: Nizet, 1978).   Frank Paul Bowman sees the emphasis on verbal exchange as common to a number of contemporaries.   In his article, "Notes Towards the Definition of the Romantic Theatre," *ECr*, 5 (1965), 121-130, Bowman says:

> Romantic authors wrote to persuade, and the theater offers propaganda possibilities greater, or at least more immediate, than those of any other genre. Also, the Romantics felt that the forces which create society are multiple and complex, and the representation of this multiple complexity could best be accomplished in the dramatic form.   Finally, Romantics often concluded that the ambiguities of life, or of any problem, could never be resolved, and authors found in the drama a form which would permit a simultaneous statement of these ambiguities. (p. 122).

Bowman's student, Valentine G. Petoukhoff, has written a doctoral dissertation exploring George Sand's use of drama for the purposes and in the ways outlined by Bowman.   See her "George Sand et le drame philosophique," Diss., University of Pennsylvania, 1975.

[28] Dorrya Fahmy, in *George Sand, auteur dramatique* (Paris: Droz, 1934), makes a major point of Sand's difficulties in bending her talents to the exigencies of contemporary theatrical production.   As for Sand's notions on dramatic art, the following citations will serve as examples: «Le théâtre des marionnettes de Nohant,» in *OA*, ed. Georges Lubin (Paris: Gallimard, 1971), II, 1245-1276; préface to *Théâtre complet, I*, 1-10; foreword to *Flaminio*, in *TC*, III, 115-117; letter to François-Joseph Régnier de la Brière, published as dedication at head of *Comme il vous plaira*, *TC*, IV, 111-112; «Le Théâtre et l'acteur,» in *OA*, II, 1235-1244; *Le Château des Désertes*, présentation de Georges Lubin, rpt. of the 1862 edition (Plan de la Tour, Var: Editions d'aujourd'hui, 1976), passim; *Le Diable aux champs*, pp. 70, 153, 224-230 et passim.

[29] Sand, *Le Diable aux champs*, pp. 223-224.

[30] Ibid., p. 303.

[31] Sand, *TC*, III, 116.

[32] Sand, *OA*, II, 1270.

[33] Sand, *TC*, I, 3.

[34] Sand, *Le Diable aux champs*, p. 317.

[35] Sand, *OA*, II, 1268.

[36] Sand, *TC*, IV, 113.

[37] Sand, *Le Diable aux champs*, p. 287.

[38] Ibid., p. 286 and Sand, *OA*, II, 1268.

[39] Sand, *Le Diable aux champs*, p. 302.

[40] Ibid., p. 304.

[41] Sand, *TC*, IV, 119.

[42] Ibid., I, 9.

[43] Ibid., I, 2.

[44] Ibid.

[45] Sand, *OA*, II, 1276.

[46] Sand, *TC*, I, 3.

"Aldo le Rimeur," George Sand's
"Spectacle dans un fauteuil"

Janis Glasgow
San Diego State University

"Aldo le Rimeur" is one of George Sand's least known early works and perhaps one that most merits being re-discovered.[1] Published in the *Revue des Deux Mondes* on September 1, 1833, it was later reprinted in the first edition of Sand's *Oeuvres complètes* (Paris: Perrotin, 1843). The manuscript, according to Georges Lubin, has disappeared.[2] Hardly anyone aside from Wladimir Karénine, in 1899,[3] Dorrya Fahmy, in 1934,[4] and Georges Lubin in the Sand *Correspondance* has mentioned "Aldo" more than in passing.

To understand George Sand's creation of "Aldo," one must be aware of aspects of the author's life in early 1833 which exerted undeniable influence on the work. "Aldo le Rimeur" followed publication of *Lélia* and an article on *Obermann,* while it preceded *Metella* and the wealth of material composed in Venice. It was written at one of the greatest periods of dis-illusionment in Sand's existence: during the first half of 1833 she had experienced disappointments in love, disbelief in herself, in the men with whom she became involved, in religion—in nearly everything. The crisis had produced *Lélia,* which in turn had scandalized a number of literary critics and even provoked a duel between Capo de Feuillide of *L'Europe littéraire* and Gustave Planche, Sand's defender and ardent admirer.[5] Because the criticism of *Lélia* was shattering to George Sand, passages of "Aldo" became a means of freeing herself from her bitterness.

While Georges Lubin suggests that the "six feuilles d'impres-sion" she submitted to François Buloz on July 20 may have been either "Aldo" or *Metella,*[6] and while, from the information we possess, it is impossible to determine the dates George Sand actually set "Aldo" to paper, my theory that *Metella* was in-spired by Balzac's *La Femme abandonnée* published the previous year,[7] would indicate that the "six feuilles" were quite possibly the first half of *Metella*, which had two parts, and not yet "Aldo." Although some of "Aldo le Rimeur" must have been written before July 20, the work was surely not completed before the following month. As we progress, it is important to note three aspects which we shall attempt to explain in greater depth.

I.   Aldo's first monologue was undoubtedly composed *after* and, above all, *because of* the first scathing criticism of *Lélia*. On August 18 *Figaro* had published a very hostile "anonymous" article by Léon Gozlan[8]; Capo de Feuillide's article had appeared on August 22 in *L'Europe littéraire*.[9]

Sand had used her hero, Aldo, as her spokesman. The "poet" she envisioned was not only the "artist" in general but a fantasized version of herself and the expression of her major preoccupations at that period.

II.   The content appears to have been strongly influenced by Sand's friendship (or more intimate relationship?) with Marie Dorval, which preceded the author's affair with Musset.

III.   The style was probably influenced by Sand's new acquaintance (June 19, 1833)[10] and new lover (July 29, 1833), Alfred de Musset.[11] Another question then arises: Was Musset's *Fantasio*, written at this period but published the following year,[12] not perhaps more influenced by "Aldo" and George Sand than her style may have been by his?

I

Taking into consideration that "Aldo" was, in part, a response to public reaction to *Lélia*, the reader must recognize how mortified George Sand was at having put so much of herself into that novel only to be judged harshly and cruelly by those who recognized that her aims were not purely the objective symbolism and metaphysical anguish which she had so loudly proclaimed. For a brilliant analysis of George Sand's then tormented state of mind, Pierre Reboul is well worth consulting both in his introduction and notes to the Garnier edition of

Lélia[13] and in his article "George Sand's Thought in 1833."[14] Quite simply, "Aldo le Rimeur" was a strong expression of George Sand's indignation over public misunderstanding of her motives as an author, and it surely provided a release for what she felt had been a series of personal failures. As her spokesman, Aldo is his most interesting when he is on stage alone delivering impassioned monologues which illustrate the ideas we have just advanced. In the first such monologue, he deplores his chosen profession and the public's avid curiosity about personal torments that he has committed to paper to earn his living. He feels humiliated by vulgar and unflattering reactions to his poetry; his attitudes of hurt, disgust and despair are obvious. Attempting to be ironic, the author uses exclamatory sentences, compares book-buyers to people purchasing monkeys, turtles, skeletons and snake-skins as curiosities. Readers are "birds of prey" ready to seize upon the poet's torture as food for their unwholesome appetites. Sand's writing is both extremely forceful and defensive:

> Travailler!. . .chanter! faire des vers! amuser le public! lui donner mon cerveau pour livre, mon coeur pour clavier, afin qu'il en joue à son aise, et qu'il le jette après l'avoir épuisé en disant: Voici un mauvais livre, voici un mauvais instrument. Ecrire! écrire!. . . penser pour les autres. . . sentir pour les autres. . .abominable prostitution de l'âme! Oh! métier, métier, gagne-pain, servilité, humiliation!—Que faire?—Ecrire? sur quoi? —Je n'ai rien dans le cerveau, tout est dans mon coeur!. . . et il faut que je te donne mon coeur à manger pour un morceau de pain, public grossier, bête féroce, amateur de tortures, buveur d'encre et de larmes!—Je n'ai dans l'âme que ma douleur, il faut que je te repaisse de ma douleur! Et tu en riras peut-être! Si mon luth mouillé et détendu par mes pleurs rend quelque son faible, tu diras que toutes mes cordes sont fausses, que je n'ai rien de vrai, que je ne sens pas mon mal. . .(. . .) Il faut que toutes les voix de l'âme se taisent devant le cri de l'estomac qui faiblit et qui brûle! Si elles s'éveillent dans le délire de mes nuits déplorables, ces souffrances plus poignantes, mais plus grandes, ces souffrances dont je ne rougirais pas si je pouvais les garder pour moi seul, il faut que je les recueille sur un album, comme des curio-

sités qui se peuvent mettre dans le commerce, et qu'un amateur peut acheter pour son cabinet. Il y a des boutiques où l'on vend des singes, des tortues, des squelettes d'homme et des peaux de serpent. L'âme d'un poète est une boutique où le public vient marchander toutes les formes du désespoir (. . .). Pauvre poète! chacun prend une pièce de ton vêtement, une fibre de ton corps, une goutte de ton sang; et quand chacun a essayé ton vêtement à sa taille, éprouvé la force de tes nerfs, analysé la qualité de ton sang, il te jette à terre avec quelques pièces de monnaie pour dédommagement de ses insultes, et il s'en va, se préférant à toi dans la sincerité de ses pensées insolentes et stupides. (. . .) Venez, venez, corbeaux avides de mon sang! venez, vautours carnassiers! voici Aldo qui se meurt de fatigue, d'ennui, de besoin et de honte. Venez fouiller dans ses entrailles et savoir ce que l'homme peut souffrir: je vais vous l'apprendre, afin que vous me donniez de quoi dîner demain. . . O misère! c'est-à-dire infamie![15]

As proof that the statements of the poet reflect feelings of his creator in reference to *Lélia*, we cite excerpts from the Fourth of the *Lettres d'un voyageur* which was written over a year later during September 1834. George Sand evidently had the criticism of the novel just as much at heart then as when she had composed Aldo's monologue:

Je suis bien fâché (sic) d'avoir écrit ce mauvais livre qu'on appelle *Lélia*; non pas que je m'en repente: ce livre est l'action la plus hardie et la plus loyale de ma vie, bien que la plus folle et la plus propre à me dégoûter de ce monde à cause des résultats. . . .[16]

. . . Ce livre, si mauvais et si bon, si vrai et si faux, si sérieux et si railleur, est bien certainement le plus profondément, le plus douloureusement, le plus âcrement senti que cervelle en démence ait jamais produit. C'est pourquoi il est contrefait, mystérieux, et de réussite impossible. Ceux qui ont cru lire un roman ont eu bien raison de le déclarer détestable. Ceux qui ont pris au réel ce que l'allégorie cachait de plus tristement chaste ont eu bien raison de se scandaliser. Ceux qui ont espéré

voir un traité de morale et de philosophie ressortir de ces
caprices ont fort bien fait de trouver la conclusion absurde
et fâcheuse.   Ceux-là seuls qui, souffrant des mêmes
angoisses, l'ont écouté comme une plainte entrecoupée,
mêlée de fièvre, de sanglots, de rires lugubres et de jure-
ments, l'ont fort bien compris, et ceux-là l'aiment sans
l'approuver.   Ils en pensent absolument ce que j'en pense;
*c'est un coeur tout saignant, mis à nu, objet d'horreur et
de pitie.*[17]

Sand partially explained her intentions for "Aldo" in
her 1843 preface.   Knowing her tendency to confess in print
while at the same time she denied she was doing so,[18] it
comes as no surprise that she declared her purpose had merely
been to paint a portrait of the poet in general.   Whenever she
wished to discourage commentaries that her work was "subjective" (as indeed it generally was when it was most fascinating),
she invariably argued a lofty aim:

Je voulais peindre le poète en général; une âme
de poète quelconque, mobile, généreuse, ardente, susceptible, inquiète, fière et jalouse.   Le second acte de ce
petit poème dialogué montre le même homme non transformé qu'on a vu lutter contre la faim et l'abandon au
premier acte.   De même qu'un nouvel amour a été le
dénoûment de cette première phase, l'amour de la science
arrache une seconde fois l'âme curieuse et *ondoyante* du
poète au dégoût de la vie, à la lassitude du coeur, au
suicide.   Je comptais, lorsque je fis paraître ce fragment
dans une Revue, compléter la série d'expériences et de
déceptions par lesquels, après avoir plusieurs fois rempli
et vidé la coupe des illusions, Aldo devait arriver à briser
sa vie ou à se réconcilier avec elle.   De nouvelles préoccupations d'esprit m'emportèrent ailleurs, et j'oubliai
Aldo, comme Aldo oubliait la reine Agandecca.[19]

Her new preoccupations were, of course, Alfred de Musset;
the past ones, we assert, were the floundering relations with
Marie Dorval, the many deceptions which had preceded or
occurred during that relationship, and the criticism of *Lélia*.
Aside from the preface, the only other record that we have
of Sand's shedding light on "Aldo" is a letter which she addres-

sed to Eugène Delacroix, most probably on September 7, 1838, when she imagined she had at last found happiness with Chopin (whom she had known just three months). Although she was then in a totally different frame of mind, her comments on "the artist" or "the poet" had in no way evolved, and she reveals that that was how she indeed viewed the three of them: Delacroix, Chopin and herself.

Le bien l'emporte donc sur le mal, sinon, dans la quantité du moins dans la qualité. Nous sommes faits comme cela, nous autres artistes bohémiens, bilieux et nerveux. Nous bondissons comme vous dites à la manière des volants et des balles élastiques. C'est dire que nous touchons la Terre un instant pour remonter plus haut dans le ciel, et parce que nous avons des plumes pour nos volants, nous nous imaginons que nous avons des ailes et que nous volons comme des oiseaux, et nous sommes plus heureux que les oiseaux, bien qu'ils volent tout de bon. Ne soyez pas donc triste, cher mélancolique, et n'oubliez pas qu'au premier jour, tout au beau milieu de votre ennui, la reine je ne sais plus qui viendra vous trouver comme Aldo le Rimeur, et vous emmènera sur sa barque. Et comme vous êtes poète, vous mettrez tout de suite toutes vos voiles au vent et vous trouverez dans le bonheur tout ce que le bonheur peut donner à l'homme. C'est la superiorité que nous avons sur les épiciers, et comme nous avons en nous-mêmes des facultés immenses pour jouir de l'idéal, nous pouvons nous moquer de leur *réel*, de leurs équipages, de leurs salons, de leurs titres et de leur *popularité*! Vous dites à cela que la poésie serait plus commode en carrosse que dans la crotte, et plus aimable dans un palais que dans une mansarde. Je n'en crois rien, à moins de supposer la société toute changée ou dirigée par les lois de l'âge d'or, nous voyons qu'il faut opter entre l'argent qui nous rend esclaves de la prose, ou la poésie qui nous rend libres de mourir de faim. Ils voient notre choix étrange, et nous rient au nez. Mais nous mourons en chantant ou en pleurant, et ils vivent en bâillant pour crever d'indigestion ou de jalousie. Restons bohémiens cher oeil noir, afin de rester artistes ou amoureux, les deux seules choses qu'il y ait au monde. L'amour avant tout, n'est-ce pas? L'amour avant tout

quand l'astre est en pleine lumière, l'art avant tout, quand
l'astre décline. Tout cela n'est-il pas bien arrangé?[20]

In Sand's *Histoire de ma vie,* while writing of her creation
of the *Lettres d'un voyageur* with a hero-narrator who was an
"old uncle" rather than a "poet," she had confided: ". . . .(J)e
voulais faire le propre roman de ma vie et n'en être pas le personnage réel, mais le personnage pensant et analysant."[21]   And
she had just explained: "Décrire mon *moi* réel eût été d'ailleurs
une occupation trop froide pour mon esprit exalté. Je créai
donc, au hasard de la plume, et me laissant aller à toute fantaisie,
un moi fantastique très-vieux, très-expérimenté et partant très
désespéré."[22]   Several paragraphs later she added: "(J)e dois
dire que sous cette fiction-là il y avait une réalité bien profonde
pour moi, le dégoût de la vie."[23]   And, shortly after, she ela-
borated:

> Je dramatisais de bonne foi ces causes, et j'en exagérais,
> non le sentiment, il était poignant dans mon coeur, mais
> l'importance absolue. Pour avoir été déçue dans quelques
> illusions, je faisais le procès à toutes mes croyances; pour
> avoir perdu le calme et la confiance de mes pensées
> d'autrefois, je me persuadais ne pouvoir plus vivre.[24]

George Sand named her poet Aldo de Malmor.[25]   Mal/
amour. What name, we ask, could have been more explicit?

II

Marie Dorval's name is brought to mind the minute George
Sand began her preface speaking of Alfred de Vigny:

> Comme cette bluette[26] a paru longtemps avant
> le roman et le drame de *Chatterton,* personne ne pensera
> que j'aie eu la prétention d'imiter ce modèle, bien qu'une
> scène d'*Aldo le Rimeur* présente quelques rapports de
> situation avec le beau et le déchirant monologue que
> M. de Vigny a mis dans la bouche de son poète.[27]

Vigny, Marie Dorval's lover, had created the rôle of Kitty Bell in

Chatterton[28] especially for the actress, and, during the few months of his mistress' close friendship with George Sand, he had had been so jealous that he had tried to separate the two women.[29]

Knowing Sand's letters and writings about Dorval, we can point out a number of passages mingled into this fantasy about a poet which surely refer to the author's reactions toward the actress, painted here as the Queen Agandecca.[30] Before we can quote those passages, however, Dorrya Fahmy's excellent plot summary is worth citing for any reader unaware of this short play:

> . . .La scène est à Ithona.

> . . .Ithona n'a point sur terre de place définie. C'est le royaume des poètes qui est partout et nulle part et c'est la seule patrie qui convienne au coeur douloureux d'Aldo le Rimeur.

> Aldo est poète et, comme Chatterton, il est pauvre. Il vit dans un galetas.

> C'est là qu'au premier acte, le nain de la reine John Bucentaure Tickle, un gnome tout bouffi de vanité ridicule et qu'on croirait sorti d'un conte de Shakespeare, vient lui demander s'il veut lui vendre une de ces pièces qu'il ferait jouer sous son nom à la cour. Le poète indigné d'un tel marché met le petit homme à la porte. Mais ce beau geste ne fait venir ni l'argent ni la gloire. Aldo voit mourir de faim la vieille Meg, sa mère bien-aimée. Sa fiancée, une montagnarde robuste et pratique, ne sait pas trouver les paroles qui pourraient adoucir son deuil.

> Et, comme Chatterton, Aldo le romantique veut mourir à son tour. Il va se jeter à l'eau. Une barque vient à passer portant la reine Agandecca. Séduite par les yeux inspirés du beau jeune homme, elle l'invite à prendre place auprès d'elle.

> Le décor du second acte, pour obéir à la loi des contrastes, représente une galerie du palais royal. Aldo

est l'amant de la reine. Il est au comble des honneurs, mais il n'en est pas plus heureux: Agandecca, tout occupée de la grandeur de son royaume, ne sait pas mieux assouvir son amour que sa première fiancée. Malgré la gloire et la richesse, son coeur souffrant est aussi pauvre qu'au premier jour.

Incapable d'être heureux de ce qui satisfait les autres hommes, il songe une seconde fois au suicide. Arrive alors le vieux mage Acrocéronius, l'astrologue du palais, qui a trouvé la sérénité dans la contemplation des astres. Il ouvre au jeune désespéré les portes du monde inconnu de la science où nulle déception n'est possible; sauvé une seconde fois Aldo promet de vivre pour mieux connaître l'univers infini.

La fable de ce petit drame est, on le voit, d'une grande simplicité, peu ou point d'incidents: la composition très stricte et . . . symétrique dans les deux actes. . . . L'Action, le mouvement proprement dramatique n'en sont pas absents. Ce mouvement, c'est la chute graduelle d'Aldo de déception en déception, jusqu'au rebondissement final qui le lance à nouveau dans la vie, vers l'amour à la fin du premier acte, vers la science au second. Mouvement tout intérieur: les évènements accidentels ne sont introduits que pour mettre meiux en relief les sentiments des personnages, l'intérêt étant concentré sur un personnage central.[31]

Returning to "Aldo" as an outlet for her relatively strong attachment for Marie Dorval, we find passages which surely allude to the actress. It is important to recognize that they simultaneously portray the landscape of the author's soul, prove her continued dismay at public reaction to her novel *Lélia*, and show a great deal of self-pity. Passages from "Aldo le Rimeur" will be best appreciated when studied (in their progressive order in Act II) along with similar quotations, here and in our notes, from Sand's letters to Marie. To begin, we are already reminded of the oft quoted sentence from Sand's *Histoire de ma vie:* "Il n'y a rien en moi de fort que le besoin d'aimer."[32] Sand's hero confides:

Eh bien! oui, je suis faible: faible de coeur, faible
de corps, faible d'esprit. Quand j'aime, je ne vis plus en
moi; je préfère ce que j'aime à moi-même. . .—Quand on
me raille ou me blâme, je suis effrayé, parce que je crains
de perdre les affections dont je ne puis me passer,[33] parce
que je sens que je suis méconnu, et que j'ai trop de candeur pour me réhabiliter en me vantant. Avec les hommes, il faudrait être insolent et menteur. Je ne puis pas.
Je connais mes faiblesses et n'en rougis pas, car je connais
aussi les faiblesses des autres et n'en suis pas révolté.[34]

In subsequent paragraphs, the poet laments his loneliness,
his lack of genuine friendship and of real love, which he feels
incapable of inspiring. He underlines both his misery and his
hurt. Showing his contempt for the public's reactions, he admits
candidly that happiness is found neither in money nor in glory.
In the sentence where he tells of finding refuge in the heart of
a woman, Sand surely referred to Dorval. Aldo confides that he
wants to die. Instead he was drawn by this woman into a
glamorous world of prestige, and if her world subsequently
deceived him, her heart had not:

Je suis seul, moi! et j'ai vécu seul jusqu'ici. Suis-je
lâche? J'ai eu besoin d'amitié, et, ne l'ayant pas trouvée,
j'ai su me passer d'elle. J'ai eu besoin d'amour, et, n'en
pouvant inspirer beaucoup, voilà que j'accepte le peu
qu'on m'accorde. Je me soumets, et l'on me raille. Je
pleure tout bas, et l'on me méprise.

C'est donc une lâcheté que de souffrir? C'est
comme si vous m'accusiez d'être lâche parce qu'il y a
du sang dans mes veines et qu'il coule à la moindre blessure. C'est une lâcheté aussi que de mourir quand on
vous tue! Mais que m'importait cela? N'avais-je pas
bien pris mon parti sur les railleries de mes compagnons?
. . . N'avais-je pas livré mes vers au public,[35] sachant
bien que deux ou trois sympathiseraient avec moi, sur
deux ou trois mille qui me traiterait de rêveur et de
fou? Après avoir souffert du métier de poète en lutte
avec la misère et l'obscurité, j'avais souffert plus encore
du métier de poète aux prises avec la célébrité et les
envieux. Et pourtant j'avais pris mon parti encore une

fois. Ne trouvant pas le bonheur dans la richesse et dans
ce qu'on appelle la gloire, je m'étais réfugié dans le coeur
d'une femme, et j'espérais. Celle-là, me disais-je, est venue
me prendre par la main au bord du fleuve où je voulais
mourir.[36]   Elle m'a enlevé sur sa barque magique, elle
m'a conduit dans un monde de prestiges qui m'a ébloui
et trompé,[37] mais où du moins elle m'a révélé quelque
chose de vrai et de beau, son propre coeur.[38]

For a similar series of thoughts, it is even more revealing to
read a letter which George Sand had written to Marie Dorval on
June 22, 1833:

N'écoute pas le mal qu'on voudra te dire de moi.
Tu me connais mieux que personne. Tu sais mes défauts,
mes égoïsmes, mes humeurs chagrines, mais tu sais aussi
que je suis capable d'affections vraies, que je me suis
dévouée bien des fois. Je ne crie pas sur les toits l'histoire de ma vie, quelques-uns le savent. Tu es de ceux-là.
Laisse dire ceux qui ne me connaissent pas. N'inquiète
pas tes oreilles de leurs propos, mais ferme leur ton coeur,
souviens-toi de m'avoir vu(e) pleurer sur tes douleurs,
moi qui suis si peu expansive et dont les yeux sont si secs,
d'ailleurs si tu ne crois pas à mon amitié, essaye-la, mets-
moi à l'épreuve et tu verras. Enfin ne te laisse pas ébranler
par les condamnations de ceux à qui je déplais. Ils ont
raison sans doute de ne pas m'aimer, je ne suis pas aimable
et quoique pour échapper au ridicule, pour établir ma
liberté dans le monde, je semble me tourmenter de ses
arrêts, après tout, vois-tu, en ce qui me concerne personnellement, je ne suis capable d'aucune aigreur contre
ceux-là qui prennent la peine de me diffamer. Que
m'importe si les deux ou trois personnes que j'aime,
demeurent indulgentes envers moi et fidèles au dévouement qu'elles m'ont promis? Tu es la seule femme que
j'aime, Marie: la seule que je contemple avec admiration,
avec étonnement. Tu as des défauts que j'aime et des
vertus que je vénère. Seule parmi toutes celles que j'ai
observées attentivement, tu n'as jamais un instant de
petitesse ou de médiocrité.[39]

Where Aldo slides off into a series of hyperbolic

phrases of vague, nebulous thought, making allusions to phantoms, dreams, lies and marvels, clouds of fire, reefs and crystal, there is a heavy sexual symbolism by which we assert George Sand was still seeking to quell unrequited physical needs. One has only to recognize that her experiences with Casimir Dudevant, Aurélien de Sèze, Jules Sandeau, Prosper Mérimée and Gustave Planche had not been satisfying. She had surely confided much of this to her free-thinking friend, Marie Dorval. Aldo confides:

> Si les vains fantômes de mon rêve se sont vîte évanouis, c'est qu'elle était une fée, et que sa baguette savait évoquer des mensonges et des merveilles; mais elle est une divinité bienfaisante, cette fée qui me promène sur son char. Elle m'a leurré de cent illusions pour m'éprouver ou pour m'éclairer. Au bout du voyage, je trouverai derrière son nuage de feu la vérité, beauté nue et sublime que j'ai cherchée, que j'ai adorée à travers tous les mensonges de la vie, et dont le rayon éclairait ma route au milieu des écueils où les autres brisent le cristal pur de leur vertu.[40] Fantômes qui nous égarez, ombres célestes que nous poursuivons toujours dans la nue, et qui nous faites courir après vous sans regarder où nous mettons les pieds, pourquoi vous déguisez-vous en femmes?[41] Appelez-vous la vérité, appelez-vous la beauté, appelez-vous la poésie; ne vous appelez pas Jane,[42] Agandecca, l'amour.[43]

The rest of Aldo's lengthy monologue continues his (and his author's) questioning and self-pity:

> Moi, que puis-je aimer après elle? rien. Où est le but de mes insatiables désirs? dans mon coeur, au ciel, nulle part peut-être! Qu'est-ce que je veux? un coeur semblable au mien, qui me réponde; ce coeur n'existe pas. On me le promet, on m'en fait voir l'ombre, on me le vante, et quand je le cherche je ne le trouve pas.[44]

At the beginning of their friendship, George Sand had written to Marie Dorval:

> Moi je sens que je vous aime d'un coeur tout rajeuni,
> tout refait à neuf par vous. Si c'est un rêve comme tout
> ce que j'ai désiré dans ma vie, ne me l'ôtez pas trop vite.
> Il me fait tant de bien![45]

As for Sand's hero-double, people mock his attempts to find love. They listen to what he has to say about love because he is a writer, but they do not believe that his writing contains real truth. The public wants him to play the rôle of a poet, but not to experience what he recounts:

> On s'amuse de ma passion comme d'une chose singulière, on la regarde comme un spectacle, et quelquefois l'on s'attendrit et l'on bat des mains; mais le plus souvent on la trouve fausse, monotone et de mauvais goût. On m'admire, on me recherche et on m'écoute, parce que je suis un poète; mais quand j'ai dit mes vers, on me défend d'éprouver ce que j'ai raconté,[46] on me raille d'espérer ce que j'ai conçu et rêvé. Taisez-vous, me dit-on, et gardez vos églogues pour les réciter devant le monde; (. . .) laissez donc le poète sur le bord du lac où vous le promenez, au fond du cabinet où vous travaillez.—Mais le poète, c'est moi! Le coeur brûlant qui se répand en vers brûlants, je ne puis l'arracher de mes entrailles. Je ne puis étouffer dans mon sein l'ange mélodieux qui chante et qui souffre. Quand vous l'écoutez chanter, vous pleurez; puis vous essuyez vos larmes, et tout est dit. Il faut que mon rôle cesse avec votre émotion: aussitôt que vous cessez d'être attentifs, il faut que je cesse d'être inspiré. Qu'est-ce donc que la poésie? Croyez-vous qu'il soit seulement l'art d'assembler les mots?[47]

Aldo blames the woman he loves for neglecting him, for changing personalities. He says spitefully that she has the right to do so because she is leading an interesting life, and he adds that he recognizes that she is stronger and wiser than he, because he is incapable of freeing himself from his passion for her. Bemoaning his suffering, Aldo realizes that he can ask for no more. Being different from other people, he knows that showing his misery only renders him more unattractive and an object of scorn:

Vous avez tous raison. Et vous surtout, femme, vous avez raison! vous êtes reine, vous êtes belle, vous êtes ambitieuse et forte. Vôtre âme est grande, votre esprit est vaste. Vous avez une belle vie; eh bien! vivez. Changez d'amusement, changez de caractère vingt fois pas jour; vous le devez, si vous le pouvez![48] je ne vous blâme pas; et, si je vous aime, c'est peut-être parce que je vous sens plus forte et plus sage que moi. Si je suis heureuse d'un de vos sourires, si une de vos larmes m'enivre de joie, c'est que vos larmes et vos sourires sont des bienfaits, c'est que vous m'accordez ce que vous pourriez me refuser. Moi, quel mérite ai-je à vous aimer? je ne puis faire autrement. De quel prix est mon amour? l'amour est ma seule faculté. A quels plaisirs, à quels enivrements ai-je la gloire de vous préférer? Rien ne m'enivre, rien ne me plaît, si ce n'est vous. La moindre de vos caresses est un sacrifice que vous me faites, puisque c'est un instant que vous dérobez à d'autres intérêts de votre vie. Moi, je ne vous sacrifie rien. Vous êtes mon autel et mon Dieu, et je suis moi-mêmes l'offrande déposée à vos pieds.[49]

Sand had written to Marie on February 18, 1833:

Que je suis malheureuse de perdre un jour de ma vie où vous pouviez être. Mais dites-moi celui où vous voulez de moi pour bavarder après minuit. Ecrivez-moi un mot et je serai toujours prête. Vous petite femme, vous avez beaucoup de choses dans votre vie. Moi, rien!

Rien que vous que j'embrasse mille fois. George.[50]

In Sand's play, when Aldo's despair is more than he can bear, he reconsiders death, but death implies renunciation of all hope for love. Were he to succeed with someone else, would it not only mean facing more unhappiness once again? Yes, his best solution is suicide; no-one will even miss him: Here one may observe how Sand has created a dialogue between two sides of Aldo's personality in an attempt to come to terms with the problems obsessing her hero and herself:

Meurs donc, lâche! il est bien temps d'en finir!

(. . .) Résigne-toi donc à mourir sans avoir été heureux!. . .

Hélas! hélas! mourir, c'est horrible. . . Si c'était seulement saigner, défaillir, tomber!. . .mais ce n'est pas cela. Si c'était porter sa tête sous une hache, souffrir la torture, descendre vivant dans le froid du tombeau! mais c'est bien pis: c'est renoncer à l'espérance, c'est renoncer à l'amour, c'est prononcer l'arrêt du néant sur tous les rêves enivrants qui nous ont leurrés, c'est renoncer à ces rares instants de volupté qui faisaient pressentir le bonheur, et qui l'étaient peut-être!

Au fait, un jour, une heure dans la vie, n'est-ce pas assez, n'est-ce pas trop! Agandecca, vous m'avez dit des mots qui valaient une année de gloire, vous m'avez causé des transports qui valaient mieux qu'un siècle de repos.[51] Ce soir, demain, vous me donnerez un baiser qui effacera toutes les tortures de ma vie, et qui fera de moi un instant le roi de la terre et du ciel!

Mais pourquoi retomber toujours dans l'abîme de douleur? pourquoi chercher ces joies si elles doivent finir et si je sais pas y renoncer? Les autres se lassent et se fatiguent de leurs jouissances; moi, la jouissance m'échappe et le désir ne meurt pas! O amour! éternel tourment!. . .soif inextinguible![52]

The poet, as we are aware, does not commit suicide, for Doctor Acrocéronius appears and inspires Aldo to find an outlet in scientific pursuits.[53] The play concludes abruptly as the author herself came to rational terms with her emotional problems, both by their literary expression and by becoming involved with a real poet, her new lover Alfred de Musset. As Aldo had reflected: "Si je quittais la reine?. . ."[54] and then afterward, while saying he couldn't leave her, he had observed: "Je ne saurai pas vivre sans aimer."[55] Hope sprang eternal, for, as the author had confided to Sainte-Beuve about Prosper Mérimée, just five days before becoming the mistress of Musset: "Si P M m'avait comprise, il m'eût peut-être aimée, et s'il m'eût aimée, il m'eût soumise, et si j'avais pu me soumettre à un homme, je serais sauvée, car ma liberté me ronge et me tue."[56]

III

What now remains for us to consider are Sand's possible offerings to Musset in the creation of "Aldo le Rimeur." The Musset works with which we have noted similarities are posterior to her drama. Wladimir Karénine, Sand's first important biographer, had observed:

> Il est difficile de préciser en quoi s'est manifestée l'action de Musset par rapport à *Aldo,* mais elle perce dans la conception générale, le coloris de toute l'oeuvre et dans la forme des monolgues et des dialogues. Ici pour la première fois, George Sand essaie du roman dialogué, qui rappelle la forme des pièces de Musset si différente de l'ordinaire (. . .) *Aldo* semble être (. . .) une petite pièce tirée du «spectacle dans un fauteuil,» (. . .) une vraie oeuvre de poésie.[57]

What Karénine didn't know was that Sand *had* already written some theatre. As Paul Dimoff's well-known thesis demonstrated in 1936, it had been Sand's gift of her play-manuscript "Une Conspiration en 1537" which had inspired Musset's masterpiece *Lorenzaccio.*[58]   It is amusing, too, that Karénine had interspersed in her 1899 commentary:

> Aldo est aussi peu propre à être joué que *On ne badine pas avec l'amour,* quoi qu'on donne cette pièce sur la scène. (. . .) Tout cela est délicat, trop poétique et perd sous le fard, à la lumière de la rampe; c'est une oeuvre trop finement écrite pour la foule qui remplit une salle de théâtre.[59]

Dorrya Fahmy noticed that "L'action se déroule comme celle des pièces de Musset, dans un monde idéal où les contours précis de la réalité, tout en restant distincts à nos regards, s'estompent doucement dans un brouillard de songes."[60] But she had added, in disagreement with Karénine, that "C'est bien un véritable drame qui n'est pas moins propre à la scène que n'importe laquelle des pièces de Musset inscrites au répertoire du théâtre classique."[61]   Her evaluation suggested another interesting parallel:

> Chaque tirade d'Aldo est un véritable poème en prose qui
> porte très nette (sic) l'empreinte de l'influence de Musset.
> Il y a une évidente parenté entre le monologue où Aldo,
> au premier acte, exprime la souffrance du poète devant
> l'indifférence ou la curiosité avide du public et certains
> passages de La Nuit de Décembre (sic).[62]

We should add to Fahmy's observation that Musset's phenomenon of "autoscopie" (the hallucination of seeing oneself outside of one's own body) in "La Nuit de décembre" is basically
what George Sand was doing consciously when she created Aldo
as a double for herself. In fact, at one point she carried the
"dédoublement" (of one side of the personality criticizing the
other) even further: she has Agandecca become Aldo's *alter-ego*
when she says:

> Son coeur est injuste, son esprit est plein de travers,
> d'inconséquences, de souffrances sans sujet et sans re-
> mède. Qui puis-je faire pour un cerveau malade? Je
> l'aime de tout mon âme et lui épargne la douleur tant que
> je puis; mais le mal est en lui, et parfois, en le voyant
> marcher, pâle et sombre, à mes côtés, je l'ai pris pour
> l'ange de la douleur.[63]

How incredibly similar to Musset's double in "La Nuit de décembre":

> Mais tout à coup j'ai vu dans la nuit sombre
>   Une forme glisser sans bruit.
> Sur mon rideau j'ai vu passer une ombre;
>   Elle vient s'asseoir sur mon lit.
> Qui donc es-tu, morne et pâle visage,
>   Sombre portrait vêtu de noir?
> Que me veux-tu, triste oiseau de passage?
> Est-ce un vain rêve? est-ce mon propre image
>   Que j'aperçois dans ce miroir?[64]

Last of all, in considering Sand and Musset's mutual literary influences, was not Sand's buffoon, Jon Bucentor Tickle
the dwarf, not an inspiration for Musset's jester Fantasio? We
know that both his play, which appeared in the *Revue des Deux
Mondes* on January 1, 1834, and her *Le Secrétaire intime*[65] were

inspired in part by Hoffmann, whom they had read together. The question of how much each used of the other's ideas will always remain an open one. Much is still to be discovered; other matters can never be known. It is an interesting perspective, however, to recognize that Sand may have played every bit as important a rôle in Musset's stylistic creation as his on hers. In "Aldo le Rimeur" it is apparent that much of Sand's material was entirely her own and not Musset's, for she had transformed her psychological preoccupations into a willfully capricious fantasy. The depths of emotions conveyed in the work eliminate her composition from being a mere stylistic exercise. The work is well sustained from one end to the other, and both begins and ends with humorous touches represented by Tickle and Acrocéronius. Tickle himself may have been suggested by Shakespeare, but the comic touches are reminiscent of those in *Valentine*, "Melchior," "Cora," and "Metella."

The idea of the reader/spectator having Aldo on stage referring to himself in the first person renders the emotion more immediate and sets the atmosphere in the present. The fact that the location is "nowhere" leads the participant directly into Sand's game of introspection. She herself is two steps removed by mirroring her own image through a poet who, in a fantasy world holds dialogues with himself, studies his own dual re-actions, and attempts to find viable solutions. She doubles (even triples) herself in attempting to achieve a balance in her own soul. From a dream of happiness which had disintegrated, from expectations which were unfulfilled, George Sand had created a touching little drama which concluded not with suicide but with a renewed attempt at hope. Her fictional solution was "science"; the real life one for the author was "a new love." "Aldo le Rimeur" had served as a catharsis to the talented, now thirty year old writer still seeking herself.

Notes

[1] The first known production of *Aldo le Rimeur* in French was di-

rected by a former member of the Comédie Française, J.-Paul Moretto, for the Fourth International Sand Conference at San Diego State University, in Smith Recital Hall, February 13, 1981. The rôle of Aldo was performed by Mr. Moretto, who, with his cast, gave a performance worthy of Paris.

[2] George Sand, *Corr.*, ed., Lubin, IV (Paris: Garnier, 1968), 137, n. 2.

[3] *George Sand: Sa Vie et ses oeuvres (1833-1838)*, II, (Paris: Plon, 1899), 138-143.

[4] *George Sand, auteur dramatique* (Paris: Presses Universitaires de France, 1934), pp. 259-261.

[5] For more information on Capo de Feuillide see Sand, *Corr.*, ed. Lubin, II (Paris: Garnier, 1966), 406-407, n. 410, n. 411, n. 414-415, n. 555.

[6] Sand, *Corr.*, II, 365, n. 2.

[7] See Janis Glasgow, *Une Esthétique de comparaison: Balzac et George Sand, La Femme abandonnée et Metella* (Paris: Nizet, 1978), pp. 7-80.

[8] Sand, *Corr.*, II, 213; 407 and 415, notes.

[9] Ibid., II, 214.

[10] Jean Pommier, *Variétés dur Alfred de Musset et son théâtre* (Paris: Nizet, 1966), p. 39.

[11] Sand, *Corr.*, II, 389 n.

[12] Alfred de Musset, *Oeuvres complètes*, texte etabli et presenté par Philippe Van Tieghem (Paris: Seuil, 1963), p. 286.

[13] (Paris: Garnier, 1960), pp. i-xv.

[14] *University of Toronto Quarterly*, XXV, No. 1 (October 1955), 82-92.

[15] George Sand, *Mélanges* (Paris: Perrotin, 1943), pp. 11-13.

[16] Sand, *OA*, II (Paris: Gallimard, 1971), 754.

[17] Ibid., II, 756. We have underlined the last words.

[18] An example of another false statement concerning the author's motivations in writing a novel was when she told Musset "*Jacques* est en train et va au galop. Ce n'est l'histoire d'aucun de nous." See my article "The Use of Doubles in George Sand's *Jacques*," *The George Sand Papers, Conference Proceedings, 1978* (New York: AMS Press, 1982), pp. 32-48.

[19] Sand, *Mélanges*, pp. 1-2.

[20] Sand, *Corr.*, IV, 483-484.

[21] George Sand, *OA* (Paris: Gallimard, 1971), II, 299.

[22] Ibid.

[23] Ibid., II, 300.

[24] Ibid., II, 300-301.

[25] Aldo's last name is mentioned only once. See Sand, *Mélanges*, p. 10.

[26] A reminder of *Fantasio* where Fantasio creates a "tulipe bleue" for Elsbeth (Act II, Scene I)?

[27] Sand, *Mélanges*, Preface, p. 1.

[28] Madame André Maurois tells us in her introduction to *Correspondance inédite (de) George Sand (et de) Marie Dorval* (Paris: Gallimard, 1953), p. 223, that the première of *Chatterton* took place on February 12, 1835.

[29] Ibid., p. 222. Madame Maurois remarks that a letter dated July 24, 1833 from George Sand to Marie has in the margin an annotation in pencil from the hand of Vigny: "J'ai défendu à Marie de répondre à cette Sapho qui l'ennuie."

[30] In the postscript of a letter to Dorval dated July 18, 1833, George Sand referred to Marie not as a "reine" but as a "princesse": "Je ne pouvais pas penser que j'effaroucherais monsieur de Vigny en lui demandant où tu résidais, Princesse! Moi qui lui ai souvent parlé de toi avec abandon et à qui il a laissé voir tant d'attachement et d'enthousiasme pour toi!" (*Corr.,* II, 371).

[31] Fahmy, *George Sand, auteur dramatique,* pp. 260-261.

[32] George Sand, *Histoire de ma vie* (Paris: Calmann-Lévy, 1893), IV, 486.

[33] Letter to Marie Dorval, June 22, 1833: "Ne m'abandonne jamais. Mon coeur ne s'ouvrirait pas à de nouvelles illusions, si tu détruisais la confiance que j'ai en toi." (Sand, *Corr.,* II, 338-339).

[34] Sand, *Mélanges,* p. 39.

[35] i.e. *Lélia.*

[36] In a letter to Sainte-Beuve dated July 24, 1833, Sand had spoken of her disasterous experience with Mérimée and confided: "Après cette ânerie je fus plus consternée que jamais et vous m'avez vue en humeur de suicide très réelle." (Sand, *Corr.,* II, 375).

[37] i.e. The World of the Theatre.

[38] Sand, *Mélanges,* p. 41. In a letter dated July 18 and 24, 1833, which Dorval had left unanswered, Sand wrote:

> J'examine en vain les autres, je ne vois rien qui te vaille.
> Je ne trouve pas une seule nature franche, vraie, forte,
> souple, bonne, généreuse, gentille, grande, bouffonne,
> excellente, complète comme la tienne. Je veux t'aimer
> toujours, soit pour pleurer, soit pour rire avec toi. . .
> (Sand, *Corr.,* II, 370).

[39] Sand, *Corr.,* II, 338-339.

[40] Already we see the embryo of *Laura, ou le voyage dans le cristal.*

[41]This question seems a strange one to be bothering a male poet! If, on the contrary it is a subjective question posed by the author herself, it easily fits our theory.

[42]Is this a reference to Jane Bazouin, Sand's convent friend for whom she had written *La Marraine*? Jane Bazouin, really Jenny-Félicité Bazouin, later the Comtesse de Fenoyl, had entertained a long correspondence with the young Aurore Dupin Dudevant, but is has disappeared. (See Lubin's indexes, Sand, *Corr.*, (Paris: Garnier, 1964), I, 999 and 1031). Could Jane Bazouin also have inspired the character Jenny in Sand's nouvelle *Melchior* (1831)? A number of questions surround that relationship (See Sand, *Corr.*, I, 186-187, 366, etc.).

[43]Sand, *Mélanges*, pp. 41-42.

[44]Ibid., p. 42.

[45]Sand, *Corr.*, II, 242.

[46]In *Lélia*?

[47]Sand, *Mélanges*, pp. 42-43.

[48]Marie Dorval's very active theatrical life left little time for George. At the time "Aldo le Rimeur" was being written, Dorval was touring the provinces and had stopped communicating to Sand at the insistance of Alfred de Vigny. The paragraph quoted also reminds us of a note Sand had addressed to Marie on February 15 (?) 1833 saying ". . . .vous aimer si profondément et passer tant de jours loin de vous, Marie, cela m'attriste et me rend le coeur sombre encore plus que de coûtume." (Sand, *Corr.*, II, 258-259). Again on May 10, 1833 she had chastized her: "Vous avez été bien mechante et bien oublieuse avec moi depuis longtemps. Mais vous êtes très occupée, je le sais, et puis,—j'ai grand besoin de croire en vous!" (Ibid., II, 302).

[49]Sand, *Mélanges*, pp. 43-44. Another quote from a letter of George Sand to Dorval, which shows similar thoughts:

> . . .je m'effraie de mériter si peu votre amitié, à vous grande et noble femme! Je crains de perdre ce que j'ai obtenu et je me demande s'il n'y a pas en ma vie quelque tâche qui vous éloigne de moi. Mais vous êtes si supérieure à toute femme, ma chère Marie, qu'en vous je trouverais tolérance et compassion si j'étais coupable. (Sand, *Corr.*, II, 258-259).

[50]Sand, *Corr.*, II, 260.

[51]Reference to a concrete experience with Dorval?

[52]Sand, *Mélanges*, p. 45.

[53]During the early painful years of her career, Sand had been obsessed

by the idea of committing suicide—always in water. However, at an earlier period, under the influence of her Berrichon friend Jules Néraud, she had been encouraged to seek refuge from her suicidal instincts in botany and entomology. They retained for her a life-long interest.

[54] Sand, *Mélanges*, p. 45.

[55] Ibid.

[56] Sand, *Corr.*, II, 375.

[57] Karénine, II, 138-139.

[58] Paul Dimoff, *La Genèse de Lorenzaccio* (Paris: Droz, 1936).

[59] Karénine, II, 138-139.

[60] Fahmy, p. 260.

[61] Ibid., p. 261.

[62] Ibid.

[63] Sand, *Mélanges*, p. 31.

[64] Musset, *Oeuvres complètes*, p. 153.

[65] Ibid., p. 287.

George Sand's Theatre: Her Personal Mythology

Alex Szogyi
Hunter College, CUNY

George Sand's plays are to date the least known of her many works. They are, nevertheless, of particular value for those who study that work. As we know, most of her plays were performed during her lifetime. She had an abiding interest in the theatre. At Nohant, she and Maurice lived with two theatres: they performed their own plays for select audiences, premiering them before Paris saw them. She and Maurice created hundreds of puppets, most of which still exist in vitrines at Nohant, magnificently preserved for posterity. The puppet theatre was a cooperative venture between Sand and her son. He made the puppets and she created the variegated costumes for them, as well as the indispensable "maquillage." The provocative posters for these can also be seen at Sand's other home in Gargilesse, displayed with great brio by Christiane Smeets-Sand.

Discovering, translating and performing these plays has been a source of great pleasure, since they reveal at each juncture the very essence of Sand's personal preoccupations at the time. George Sand's own personal mythology, a vision of herself with which she chose to live, a form of existential thematics, is perhaps best revealed through a careful reading of certain plays. Among the most germane to our subject, we have chosen a certain few. First, *Une Conspiration en 1537*, written very early, before 1833 and Musset (actually her first play and never performed), but presented magnanimously to Alfred de Musset as a romantic gift. This was the first version of Musset's monumental *Lorenzaccio*, which could never have been conceived without Sand's inspiration. It was an historical scenette, some sixty pages in length.[1]

Le Roi attend (1848) is a gem of a one-act "trouvaille." Performed at the Théâtre de la République on the ninth of April, 1848, it is based on an amusing conceit: Molière experiences a vision after his actors insist they cannot possibly get a play ready in time for the imperious King. Molière is visited by the geniuses of the past: Sophocles, Aeschylus, Shakespeare, Voltaire and Beaumarchais. They each have fascinating things to say about life and the theatre. It is the year of the revolution and the play is an interesting juxtaposition of the revolutionary spirit of two periods, that of Louis XIV and her own.

Sand had an abiding concern for the spirit of Molière and she expressed it by devoting a play entirely to his life. The play she consecrated to him in 1851 is unusual, however, in that it is somewhat of a fictitious account of Molière's life. The facts of that mysterious existence are distorted. One wonders whether this was willful, for the sake of personal poetic license, as in the work of Ariane Mnouchkine (who reduced Armande Béjart to the background because she had given the rôle of Madeleine to a close personal friend in her recent controversial film about the life of Molière), or whether Molière's difficult existence was even less well known than now. At any rate, she places Madeleine Béjart at Molière's bedside at the moment of his death. We know that his great love, Madeleine, died February 17, 1672, exactly to the day one year before Molière. There were reasons why it was absolutely essential to Sand's personal preoccupations at the moment she conceived her play.

Aldo le Rimeur is a tale of a poor struggling poet whose mother dies. It would seem to be inspired, most obviously, by the *Chatterton* of Vigny. If anything, it is superior to the well known Romantic document, defining its Romantic considerations better than any of Hugo's or Musset's works, and certainly more effectively than Vigny. It is surprising and delightful to realize that Sand wrote her play long before Vigny produced *Chatterton*. She tells us so in her preface.[2] She was, as she says so eloquently, more interested in the poet than in his misery. For Sand, Aldo is a curious mélange of Dom Juan, Manfred, Hamlet and Faust, all cast as if they were Sandian heroes.

Les Mississipiens is an original work which Sand gave the world in 1852. It was a play devoted to what would now be called feminist preoccupations and to the power of money. So many other of her plays treat the same basic interests, including *Le Mariage de Victorine* (inspired by Sédaine's *Le Philosophe sans le savoir*) and *Lucie*. *Les Mississipiens* appeared the year after Balzac's *Le Faiseur* and has as its principal character the exploiting financier. It is full of melodramatic panache and the attempt on the part of its women to maintain their integrity in the face of their unscrupulous men. It is pre-Victorian "avant la lettre" in tone and full of wonderful Sandian proclamations about money and integrity.[3]

Le Datura fastuosa was a Nohant play and is virtually unknown, adapted from a posthumous E. T. A. Hoffmann short story, a typical Hoffmannesque tale of thwarted love, especially in the relation of a young man to an older married woman who takes him in and supports him after the death of her husband.[4]

Sand wrote some twenty-five to thirty plays during her lifetime and each seems to fit perfectly with a preoccupation of her personal existence at the time of the composition of the play. Each seems in some manner to perpetuate a personal myth. Sand lived these myths to the hilt and it may very well be that each of them finally created her reputation, Proust's dictum: "notre réputation modaine est la création de la pensée des autres" would seem to be particularly cogent in the case of George Sand. Although Sandistes are forever trying to impose her work rather than her life and the redress the balance of interest, pointing it to her literary works, it is nevertheless true that she lived her life in a most dramatic fashion and that her works adumbrated her existence most effectively, distorting it for the sake of telling it better, according to a more recent dictum expressed by Cocteau (as well as Picasso): "Art is a lie which tells the truth."

Sand's play Une Conspiration en 1537 presents a sensual revolutionary who seeks peace and self definition:

LORENZO

Non, ma soeur, non. Je n'ai pas tué cet homme pour mettre sa couronne sur ma tête, je l'ai tué pour ses for-fanteries, pour les affronts que j'en ai reçues, pour venger ton honneur et le mien. Je l'ai tué parce que je le haïssais mortellement, et qu'il avait voulu m'avilir, parce que c'était la pensée unique de tous mes jours, le rêve caressé de toutes mes nuits, le besoin qui dévorait mon âme, le but de ma destinée. Je l'ai tué pour assouvir ma soif, pour guérir mes blessures profondes, pour retrouver le sommeil, le bonheur et le calme. A présent je ne désire plus rien, j'ai ma propre estime.[5]

Lorenzo's murder of Alexander is inspired by two separate pre-occupations: first, the need to break away from a subjugation to power and the sexuality it wields and, as a corollary of that experience, a desire for political freedom. Musset meant the play to be a revolutionary tract about a political assassination, creating a play which eventually meant more to our time than to his. *Lorenzaccio* has still not yet come into its own, despite many abortive recent productions in Paris and London[6] and it came into world prominence only in the celebrated TNP version of Jean Vilar, which starred Gérard Philipe. In Sand's case, we would call it the myth of George herself, she who would wish for purity in human relationships. It is true that Musset accentuated the dichotomy of virtue and vice but Sand underscored the in-cestuous love at the base of Lorenzo's preoccupations. All of Sand's loves possessed an incestuous quotient. She loved Maurice as a brother, Solange as a rival, Chopin and Musset as children. She never quite achieved the more mature love she sought throughout her life. She was always made to play the dominant rôle with virtually all of her men and even the women she adored in ambiguous relationships.

Le Roi attend gives us the revolutionary myth. The play is an open paean to liberty and the end of the monarchy. Its con-ceit is amusing and childlike, as Molière revolts against the King's domination and becomes, implicitly, George Sand, the woman of the people in 1848, revolting against their oppressor.

MOLIERE, absorbé

Laisse-moi, Laforêt, ne m'éveille pas, je rêve encore;
mais tout en rêvant, mon esprit se dégage de sa pesanteur
et je sens enfler mon courage. Je vois bien un roi, mais il
ne s'appelle plus Louis XIV; il s'appelle le peuple! le
peuple souverain! C'est un mot grand comme l'éternité!
Ce souverain-là est grand aussi, plus grand que tous les
rois, parce qu'il est bon, parce qu'il n'a pas d'intérêt à
tromper, parce qu'au lieu de courtisans il a des frères. . .
Ah! oui, je le reconnais maintenant, car j'en suis aussi,
moi de cette forte race, où le génie et le coeur vont de
compagnie. Quoi! pas un seul marquis, point de précieuses ridicules, point de gros financier, point de Tar-

tufe, point de fâcheux, point de Pourceaugnac?. . . .

Sommes-nous donc à Rome ou a Sparte? Vive-Dieu! je
le veux bien. . . . Mais non, je sens que nous sommes
mieux encore à Paris.   Citoyens, le théâtre de la République est heureux de vous ouvrir ses portes toutes grandes,
et il vous invite à y entrer souvent.   C'est le grand Cor-
neille, c'est le doux Racine, interprètes des grands tragiques de l'antiquité; c'est l'étonnant Shakespeare, c'est
le naïf Sedaine, c'est le brillant Beaumarchais, c'est le
tendre Marivaux, c'est le puissant Voltaire, ce sont tous
les anciens et tous les modernes, c'est enfin le vieux
Molière qui vous en feront les honneurs.   Nous ne vous
ferons pas ces prologues pompeux qu'on adressait aux
rois.   On ne flatte pas ceux qu'on estime.   Nous avons
de bonnes choses à vous servir, et nous savons qu'elles
vous seront agréables, étant offertes du mieux que nous
pourrons.[7]

The play *Molière* ends with a particularly touching death
scene which did not in the least render Molière's last hours.
Molière forgives the actor, Baron, for his affair with his wife.
Baron falls to his knees in tears.   They are reconciled.   But it
is too late, Molière is dying.

MOLIERE

. . . .Pardonne à un mourant! Ah! c'est elle. . . .elle qui
me tue. . . .je lui pardonne!. . . .Magdeleine, ma soeur!
mes amis. . . .brave Condé, ma bonne servante!. . . .mes
ouvriers. . . .Dignes gens. . . .je vous quitte!. . . .ne me
plaignez pas. . . .j'ai tant de fois désiré ce moment-ci
. . . .mais, mon Dieu, qu'un homme souffre avant de
pouvoir mourir!

BRECOURT

Il respire encore, emportons-le chez lui!

MOLIERE, se soulevant

Oui, je veux mourir chez moi. . . .je veux bénir ma
fille![8]

At the dénouement, Molière utters the provocative words: "Je
veux bénir ma fille!" His relationship to Madeliene is also filial
in spirit. This would indicate to us the true preoccupation of the
work: Sand's difficult relationship with her daughter, recal-
citrant Solange, and her profound desire to find a way to re-
concile with Solange before the end of her life.

Aldo le Rimeur treats the personal myth of the poet and is
undoubtedly also involved with Musset as well as the poets of her
time. The poet's mission is her concern, the writer within his or
her society, defining it for his or her time.

ALDO, seul

Travailler!. . .chanter! faire des vers! amuser le
public! lui donner mon cerveau pour livre, mon coeur
pour clavier, afin qu'il en joue à son aise, et qu'il le
jette après l'avoir épuisé en disant: Voici un mauvais
livre, voici un mauvais instrument. Ecrire! écrire!. . .
penser pour les autres. . .sentir pour les autres. . .abomin-
able prostitution de l'âme! Oh! métier, métier, gagne-
pain, servilité, humiliation!—Que faire? —Ecrire? sur
quoi?—Je n'ai rien dans le cerveau, tout est dans mon
coeur!. . .et il faut que je te donne mon coeur à manger
pour un morceau de pain, public grossier, bête féroce,
amateur de tortures, buveur d'encre et de larmes!—Je
n'ai dans l'âme que ma douleur, il faut que je te repaisse
de ma douleur. Et tu en riras peut-être![9]

Les Mississipiens exploits the myth of Casimir, who would
have gladly robbed her of her birthright. Sand's concerns with
money were very real and she had to integrate the rôle of mother
and wage-earner, "mater familias," to her creative existence. In
Les Mississipiens, we are given all the atmosphere needed for
expressing the problems of a woman desiring solvency in a world
of financial peril and male subjugation, denying the woman her
rightful status.

LE DUC, seul

Ces canailles-là se mêlent d'avoir de l'esprit. Ah ça!
pourvu que la petite n'ait pas fait quelque nouvelle
sottise avec sa belle passion. . . .Baste! elle se consolera
comme se consolent toutes les femmes à présent, avec des
parures, de beaux équipages et un grand train de vie. . . .
Autrefois les femmes valaient mieux; c'est un fait, elles
nous aimaient quelquefois pour nous-mêmes; pas souvent,
mais enfin ça se voyait: tandis qu'aujourd'hui il n'y a
pas un regard qu'il ne faille payer au poids de l'or. . . .
La Maintenon, et avec elle la dévotion, a introduit cet
usage. . . . Aussi il fait cher vivre à présent. . . . Mais
qu'y faire?. . . . Il faut bien marcher avec son siècle.[10]

Le Datura fastuosa is concerned with Maurice, the myth of
her relationship with her own son. The older woman and the
younger son, the classic state of her love life, are also part and
parcel of this play. The widow of the scientist and the young
man are Sand and all of her lovers.

MARGUERITE

Appelle-moi toujours ta mère quand nous sommes seuls.
Le mariage n'a rien changé entre nous, Dieu merci, et tu
seras toujours mon fils bien aimé. . . .[11]

Le Datura fastuousa is also perhaps her most touching play
because it treats the end of a passion at a certain state of
maturity. After the passions of youth, the character Stéphane
experiences the calm and maturity which true adulthood does
bestow.

STEPHANE

La jeunesse! Non c'était une fièvre, un obstacle, un tourment! Je me sens calme, libre, maître de moi-même, et
il me semble que c'est là le vrai bonheur auquel j'ai
toujours aspiré.[12]

Sand at Nohant had reached this very point and her play establishes the personal moment which becomes her personal

expression or myth.

Sand's life is so well known.   In the exploration of her work, in that rare exploration in which the work becomes consecrated as art as well as personal revelation, intrapersonal as well as inter-textual, it is difficult to neglect the insights provided by her life, for this life was distinct "matière première" for her theatre.   Far from being a "Théâtre dans un fauteuil" as was Musset's, it became an exteriorisation of her obsessions, a self exorcism.   Her work helped undoubtedly to metamorphose her life into a work of art.   Instead of a form of "Verfremdungseffekt," which Brecht later codified, Sand appropriated her life, hiding it intact in her theatre but communicating it.   Like the Montaigne of the *Essays,* her life is an "obbligato," a "leitmotif" which underscores her fiction and gives it its ultimate force and value.   Thus, her fascinating existence directly influenced her work and the plays which did not become known to the world as works of art may exist as among the most cogent documenst with which to comprehend how her life finally became her art.

Notes

[1] It would be ideal for some repertory company which could present the Sand as a curtain raiser for the Musset or as an alternating bill. There are very few twin works of this kind. Another set are two plays of Chekov, actually the same work conceived at different moments: *The Wood Demon* and *Uncle Vanya.*

[2] *La Revue des Deux Mondes* published *Aldo le Rimeur* September 1, 1833. *Chatterton* was known to the world in 1835.

[3] The text of the Prologue may be found in Hofstra University's *The George Sand Papers, Conference Proceedings, 1978* (New York: AMS Press, 1982), II, 93-120, which I translated, including the revealing preface.

[4] The copy of the original, in Sand's own florid handwriting, may be found at the Bibliothèque Historique de la Ville de Paris. The manuscript dates from 1856.

[5] Paul Dimoff, *La Genèse de Lorenzaccio* (Paris: Marcel Didier, 1964),

p. 144.

[6]To date, there has been no important professional production in New York. Productions elsewhere, badly reviewed, have mitigated against the elaborate production needed for the full realization of the play in New York.

[7]*Oeuvres Complètes de George Sand, Mélanges* (Paris: Perrotin, 1843), pp. 141-142.

[8]This text is available in the Bibliothèque Historique de la Ville de Paris. See p. 126.

[9]Sand, *Aldo le Rimeur,* p. 11.

[10]Edition Hetzel, p. 2. The edition dates from the mid nineteenth century.

[11]From the collection of the Bibliothèque Historique de la Ville de Paris. Acte II, Scène 1. The pages are not numbered.

[12]This passage appears on the last page of the play in Sand's handwriting.

VII

THE WOMAN QUESTION

Towards a History of Female Adolescence:
The Contribution of George Sand

Marilyn Yalom
Stanford University

When the history of female adolescence is written, it will be seen that the writing of George Sand offers a store of portraits and insights unparalleled in her time and place. Both in her auto-biographical and fictive works, Sand proved that adolescence was a subject worthy of observation and a "source of poetry."[1] Like her master Rousseau a century earlier, she both excoriated the corrupted state of adolescence among her contemporaries and immortalized the adolescent soul in its physical restlessness, spiritual awakening, and fitful attempts to integrate conflicting social, psychological and biological pressures.

In early nineteenth century France, the idea of adolescence as a period of life distinct from childhood was not yet a familiar concept. As Philippe Ariès has written in *Centuries of Childhood:* "People had no idea of what we call adolescence, and the idea was a long time taking shape. . . . The first typical adolescent of modern times was Wagner's *Siegfried.*"[2] Here, as elsewhere, the concept of adolescence was predicated on a male model. Thus Ariès could write that ". . .*Siegfried* expressed for the first time that combination of (provisional) purity, physical strength, naturism, spontaneity and *joie de vivre* which was to make the adolescent the hero of our twentieth century, the century of adolescence."[3]

But what about the adolescent heroine? Does she not also have an experiential and a literary tradition? And is hers to be encompassed and adequately represented by the generic masculine?

Another example of this one-sided optic is found in Justin O'Brien's book *The Novel of Adolescence in France,*[4] in which the author deals exclusively with male writers—Jules Renard, Maurice Barrès, Romain Rolland, Raymond Radiguet, Gide,

Cocteau, Montherlant—an impressive array to be sure. His reasons for excluding women writers like Sand, whom he hails as "the first person to recognize that there existed a problem of the adolescent and to point out that literature had ignored it," and Colette, whose name is simply listed in an appendix, are questionable: "It appears that the advent of puberty, whose physiological repercussions are so marked in girls, influences them intellectually and spiritually far less than it does boys(!). . ."[5] Had O'Brien been less fettered by received ideas on the nature of women and more open to a genuinely empathic reading of Sand and Colette, to name only the most prominent French women writers with books that fall into the category of the novel of adolescence, he might have been less certain of his criteria for exclusion.

This paper is an initial attempt to explore Sand's contribution to a history of female adolescence. In the interest of space I shall limit myself to *Histoire de ma vie,* though many of Sand's works of fiction offer rich ground for similar investigations. In addition, for the sake of comparison, I shall occasionally draw upon American and English sources contemporary with Sand so as to include certain characteristics of female adolescence which had currency not only in France but elsewhere in the Western world.[6]

In the nineteenth century France the term "enfance" covered anyone who was not an adult. The word "adolescence" had not yet come to be popularly used to designate that period in life between childhood and adulthood, though both Rousseau in his *Confessions* and Sand in *Histoire de ma vie* brought the term into literature. Similarly, in English-speaking countries the term "infancy" had a broad connotation, often designating anyone under eighteen or even twenty-one, and the word "youth" was loosely used to encompass both adolescents and young adults.

In the twentieth century, both French- and English-speaking peoples define adolescence as that period in the life cycle between childhood and adulthood, roughly from twelve to twenty. The first line of demarcation is often clear-cut, a biological fact marking the onset of puberty occurring today, on the average, around age twelve for girls and age fourteen for boys. In the nineteenth century, the average age of puberty took place approximately two years later for both girls and boys. The second line of demarcation is more obscure. When does adolescence end today? When one leaves school? When one begins to earn one's keep? When one marries? Ariès notes that in the twentieth century marriage has ceased to mark the end of adolescence and that the "married adolescent. . .(has) become one of the most prominent types of our time."[7]

In the time of George Sand, born in 1804, marriage was clearly viewed not only as the end of "enfance" but as the primary context in which female adolescence had meaning. Though Sand herself made no mention of the onset of menstruation in her autobiography—a subject considered too indelicate for literary reference—French medical literature had long been explicit in its understanding of the interface between the physical and social factors marking the female's transition from girl to woman. For example, the noted doctor Marc Colombat de l'Isère, outlining the hygienic rules concerning puberty and menstruation, wrote that the female adolescent ". . .needs closest watching. . . .Whereas before puberty she existed but for herself alone. . .she now belongs to the entire species which she is destined to perpetuate. . . . (I)t is of the highest importance to remove young girls from boarding school, when they approach the age of puberty, in order to exercise a constant watch over them."[8]

Sand's grandmother did just the opposite; she placed her ward in a convent school, but the motivation was the same: to place her in a situation of surveillance so that she would be molded to the purposes of society. As a child, Aurore carroused with children of both sexes in the countryside she adored; now she had to be sequestered, literally cloistered with other girls, and the implication is unmistakable. Unchaperoned contact with males is dangerous, overly affectionate contact with other females is also dangerous; girls are enjoined never to be alone or in couples, but always in groups of three or more. "Onanism, that execrable and fatal evil, destroys beauty and health and conducts almost always to a premature grave."[9] With puberty, sex had reared its ugly head and was to be repressed in every way for as long or as short a period as was necessary to fashion the adolescent into a marriageable product and marry her off to the best suitor.

This is how George Sand recalls her grandmother's decision to send her away from the country estate at Nohant, where she had passed most of her childhood, to a convent school in Paris:

. . .ma grand-mère me dit: «Ma fille, vous n'avez plus le
sens commun. Vous aviez de l'esprit, et vous faites tout
votre possible pour devenir ou pour paraître bête. Vous
pourriez être agréable, et vous vous faites laide à plaisir.
Votre teint est noirci, vos mains gercées, vos pieds vont
se déformer dans les sabots. Votre cerveau se déforme et
se dégingande comme votre personne. Tantôt vous
répondez à peine et vous avez l'air d'un esprit fort qui
dédaigne tout. Tantôt vous parlez à tort et à travers
comme une pie qui babille pour babiller. Vous avez été
une charmante petite fille, il ne faut pas devenir une jeune
personne absurde. Vous n'avez point de tenue, point de
grâce, point d'à-propos. Vous avez un bon coeur et une
tête pitoyable. Il faut changer tout cela. Vous avez
d'ailleurs besoin de *maîtres d'agrément,* et je ne puis
vous en procurer ici. J'ai donc résolu de vous mettre au
couvent, et nous allons à Paris à cet effet.»[10]

It appears that Aurore's grandmother decided to place her
in a boarding school because she could not cope with the tem-
pestuous outbursts and unruly conduct of a young adolescent.
Before this decision, Aurore had been allowed to associate with
the peasant children who surrounded her grandmother's estate.
She spoke their patois, joined in their rustic activities—milking
cows and goats, making cheese, dancing country dances, eating
wild apples and pears (all of which stood her in good stead later
in life when she wrote her pastoral novels). Up to the age of
twelve or thirteen she could roam the countryside according to
her fancy and read whatever she liked. Her education had been
irregular, consisting of periodic excursions to Paris with her
grandmother for a smattering of private lessons in handwriting,
dancing, music, a bit of geography and history, and back to
Nohant with the more regular lessons in Latin and French literature under her father's old tutor, Deschartres.

In the twelve months between her twelfth and thirteenth
years, Aurore Dupin grew three inches, attaining a maximum
height of five feet two inches. It is at this point that she began to
show these signs of adolescence which became the despair of her
grandmother—irritability, temper tantrums, outbursts toward her
tutor during which she refused to study. Once she threw her
books on the floor, exclaiming out loud that she wouldn't study
because she didn't want to. At table she began to speak out of

turn, laughed at the slightest pretext, was turning by her later accounts into a real "enfant terrible."

Home education by one's mother or a tutor was the prevalent pattern for those privileged girls who were educated at all. As outlined by Albertine Necker de Saussure in a widely read treatise on the education of French girls,[11] there was to be essentially no difference in the education of girls and boys up to the age of ten. But after the age of ten, according to Necker de Saussure and other authors of educational manuals, girls should be educated differently in view of the role they would later play as wives and mothers. At this point, the mother-educator, if she educates her daughter at home, or the school, if the girl is at boarding school, should educate the sexes separately. Aurore was sent off to school a little later than girls of her same class, probably because her grandmother, a widow living in the country, wanted to keep her with her, but when the signs of adolescence became too visible, Mme Dupin was forced to think in terms of her grand-daughter's future, and this entailed taming her and transforming her from an unmannered country girl into a marriageable young lady.

Thus Aurore was packed off to a convent school at age thirteen. The description of her convent years in *Histoire de ma vie* reveals the picture of an active, energetic, curious thirteen-year-old. Although she was immediately aware of the fact that the other girls had superior manners and were more restrained in their activities, she was not about to let this inhibit her. Just as she had romped through the countryside with her peasant friends and turned her grandmother's house into a meeting place for dozens of rowdy companions, so too she demonstrated the same restless energy in her first year at the convent: running into the courtyard at recess, prying into every nook and cranny, exploring underground passages and dangerous rooftops.

The three years at the convent school from age thirteen to sixteen, covering some two hundred pages in *Histoire de ma vie,* provide an excellent tableau of female adolescence among the privileged classes in early nineteenth century France. While it is true that Aurore Dupin was an unusual child, that she had superior gifts and a superior education, and that she had above all a greater ability to exercise her will than most of her contemporaries, her adolescence has many features which we think of as typical, not only for girls in nineteenth century France but for most Western female adolescents in modern times.

1) First, there is the initial restlessness and energy, which seems, from the vantage point of adults, to have no direction and to "get out of hand." This energy expresses itself physically in raucous activities characterized by unrestrained movement and a sense of adventure, often in defiance of the social norms. This burst of physical energy was recognized by Rousseau, for one, as the first hallmark of puberty.

In this respect, it is interesting to compare George Sand's description of her adolescent years with the prescriptive medical literature of the same period. In Sand's autobiographical accounts, we see numerous robust teen-agers with an insatiable drive toward movement and activity. The prescriptive medical literature, on the other hand, depicted adolescence as a time of great fragility for females, a life crisis where the budding woman was particularly vulnerable to all sorts of disease and fatal conditions.

Sand remembers herself as an unusually strong and active adolescent, making dangerous excursions underground and on the rooftops, enduring the cold of an attic room and the truly spartan conditions that were *de rigueur* in French convent schools and in English boarding schools even in this century. And despite chilblains and sores on hands and feet, she not only survives with no trace of cough or consumption but she enjoys a healthful constitution—in her case, into her seventies. Adolescence for George Sand was no passage into an adulthood of feminine fragility, but into a vigorous and forceful womanhood. Certainly this was not true of all, or even most female adolescents of her time and place. Many did indeed die of consumption and other ills, but this was probably due more to unhygienic conditions and to poor diet than to a natural vulnerability induced by menarche.

2) Second, there is a spirit of rebellion that characterizes her early adolescence, as indeed her entire adult life. When George Sand entered the convent at the age of thirteen, she immediately allied herself with a group called "les diables." She could have chosen to have joined "les sages," or "les bêtes," but it is, she tells us, in protest against the injustices of Mlle D., headmistress of the children's division. There are several aspects of this alignment with "les diables" which are particularly fascinating. First, there is the very fact that such clearly defined groups exist. What is this need of early adolescents to lock themselves into tightly bound peer groups whose

major mission seems to be the exclusion of others from it?
Psychologists like Erik Erikson would emphasize the fact that
such group affiliation is very important in the process of developing a sense of identity at a time when one is separating
oneself from parents and all the familiar supports of childhood.[12]   The group proffers an instant sense of identity. But
why should some of the girls have chosen to be "good girls"
and some have chosen to be "devils?"   And why is there so
much antisocial behavior during the adolescent years—juvenile
delinquency, as we call it today in its extreme form? Clearly,
for Aurore Dupin at least, joining "les diables" offered a clear-
cut means of rebelling against the social norms which she found
repugnant.

The leader in this enterprise was one Mary G. and she was
surely the antithesis of the fragile Victorian woman, who was the
ideal in France as well as in England.   Strength, braveness,
boldness—these were not characteristics that the convent had set
out to inculcate in their young ladies. Little wonder that strong-
willed adolescent females like George Sand and Mary G. and
others (Juliette Adam springs to mind) refused to become the
passive porcelain figures that society wished to make of them.

In common with our twentieth century memories of adolescence, Sand recalls a "secret society" with its rite of initiation,
the written notes passed secretly in class, and the spontaneous
outbursts of laughter understandable only to the initiated.
Certain characteristics seem particularly French; for example,
the French regard for form, as in Aurore's first meeting with
Mary G., of which she wrote: "C'était à elle, comme plus ancienne, de me faire les avances."[13]   Though the forms were
more explicitly hierarchical than our own and the students more
embedded in a literary tradition, there is nonetheless a very
familiar quality for all who have discovered rebellion in adolescence and enlisted private group support to condone anti-
parental or antisocial behavior.

3) Another aspect is, of course, the intense female friendships that are established in this period of life, all the more intense when one is isolated from boys. Sand at the age of fifty
remembers in detail a large number of girls whom she loved with
great tenderness, not only Mary G., in the lower division, but
Valentine de Gouy and Louise de la Rochejaquelein, later Eliza
Austen, the most intelligent girl in the school, and also the nuns
who served as mother figures. Sand wrote of her great wor-

shipful love for Madame Alicia, "la perle du couvent,"[14] and of her great attachment to the lay sister, Sister Hélène, who did the dirtiest work in the convent. For a small convent of some one hundred and twenty or one hundred and thirty persons, it offered a wide range of deep attachments to various types of persons.[15]

4) The religious awakening and conversion experienced by Aurore Dupin during her convent years provides another focal point for the study of adolescence, and one that is closely linked to the historical time in which she lived and to her particular culture, although spiritual awakening in adolescence is not uncommon in all times. Sand divides her convent life into three periods: "La première année, je fus plus que jamais l'enfant terrible. La seconde année, je passais presque subitement à une dévotion ardente et agitée. La troisième année, je me maintins dans un état de dévotion calme, ferme et enjouée."[16]

This experience of religious conversion as told by George Sand is not unlike many other experiences undergone by other adolescent girls in France, England and the United States at the same period in history. It may be somewhat ironic to realize that something so infinitely personal as the experience of grace and communion with God can have, in certain historical moments, almost a vogueish quality. In early nineteenth century France, the restoration of the Bourbon monarchy ushered in a vigorous revival of Catholic doctrine in both public and private life. Similarly, in England and America, the Christian revivalist movement promoted the reading of Gospel and the examination of conscience as fundamental nourishment for the soul seeking salvation. Conversion was a socially sanctioned event, a rite of passage from childhood to adulthood. In all three countries, it was expected to occur around the time of adolescence and was interpreted as a sign of divine grace marking a new beginning. According to the prevailing philosophy, this much encouraged religious awakening, accompanying the physical awakening of puberty, would give direction to one's resurgent physical and emotional needs. As Barbara Gelpi has written in her work on Victorian girlhood, "To young children religion may well have been drab, boring or repressive, but for many adolescents it became an emotional outlet and an escape from repression."[17] Citing the examples of Sainte Thérèse in France and Catherine Beecher in America, Gelpi concludes that "even those who were not susceptible to the fervent spirituality of their peers. . .formed their adult personalities in the dialectic between their feelings and the religious expectations for them of those about them."[18]

Like many other converts, Sand's attention was drawn to the mystical experience by reading from the "Lives of the Saints," and stimulated through the eye and the ear. At mass there was the superb picture of Jesus in the Garden of Olives, the glitter of stained glass windows, the charm of the chapel at night, the silver candlesticks, the beautiful flowers, all of which seem to blend in that moment of insight—that flash of white light which she experienced in the convent chapel.

> L'heure s'avançait, la prière était sonnée, on allait fermer l'église. J'avais tout oublié. Je ne sais ce qui se passait en moi. Je respirais une atmosphère de suavité indicible, et je la respirais par l'âme plus encore que par les sens. Tout à coup je ne sais quel ébranlement se produisit dans tout mon être, un vertige passe devant mes yeux comme une lueur blanche dont je me sens enveloppée. Je crois entendre une voix murmurer à mon oreille: *tolle, lege.* Je me retourne, croyant que c'est Marie-Alicia qui me parle. J'étais seule.

> Je ne me fis pas d'orgueilleuse illusion, je ne crus point à un miracle. Je me rendis fort bien compte de l'espèce d'hallucination où j'étais tombée. Je n'en fus ni enivrée ni effrayée. Je ne cherchai ni à l'augmenter ni à m'y soustraire. Seulement je sentis que la foi s'emparait de moi, comme si je l'avais souhaité, par le coeur. J'en fus si reconnaissante, si ravie, qu'un torrent de larmes inonda mon visage. Je sentis encore que j'aimais Dieu, que ma pensée embrassait et acceptait pleinement cet idéal de justice, de tendresse et de sainteté que je n'avais jamais révoqué en doute, mais avec lequel je ne m'étais jamais trouvée en communication directe; je sentis enfin cette communication s'établir soudainement, comme si un obstacle invincible se fût abîmé entre le foyer d'ardeur infinie et le feu assoupi dans mon âme.[19]

Sand's emotionally-charged description of the experience of grace is not unlike those described by others who have been similarly illuminated. It is, of course, difficult to know to what extent she embroidered upon her recollection and recreated an experience that was more poetic, more mystical than its historic reality. But we have no reason to doubt the significance of this religious epiphany; during the next sixty years, despite her highly unconventional existence as a novelist, adulteress, cigar-smoking woman in male clothes, political radical, she never completely lost her faith; indeed, she always wrote and spoke reverently of the religious sentiment as an inborn and bene-ficent force.

Her adolescent religious conversion had immediate social benefits. Just as identification with "les diables" permitted a reprieve from activities for which she felt herself unready, so too the experience of "conversion" provided a rite of passage into a more socially acceptable young womanhood. She wrote that she had exhausted the resources of a disorderly career and was ready for something else, and with Madame Alicia as her role model, the one and only attractive role was that of a be-liever. Once converted, Aurore set herself a course of piety and goodness that quite astonished her friends. "J'étais devenue sage, obéissante et laborieuse."[20] She entertained for some time the notion of becoming a nun, although with little en-couragement from the nuns themselves, who realized that her grandmother had other plans for her grand-daughter—namely, to establish her in a marriage suitable to her station.

This period of intense devotion was critical in Sand's adoles-cence and in her developing sense of self. It forced her to make choices that entailed identifying with socially acceptable behavior and renouncing behaviors that were considered un-acceptable for women. At sixteen when George Sand left the convent, she was, by her own retrospective accounts, a cheerful and pious young woman. She left the convent to live once more with her grandmother, while the latter set about finding her a husband.

From the point of view of Sand's time and culture, adoles-cence had run its course; a rebellious girl had been suitably tamed and transformed into "une femme." Let us pause to remark that the French word "femme" means both woman and wife. (The French have only one word where we have two). Adolescence was thus implicitly and explicably conceived of as a period of transition from the state of being a child or girl to the state of being a woman and wife. This same supposition under-lies the structure of a radically different piece of Sand's writing: *La Petite Fadette.* In that remarkable story of adolescence

among the Berrichon peasants, Sand demonstrates the difficulties of growing up female without the support of family and
institutions that socialize a girl into her "proper" role. Because
Fadette is essentially a pastoral romance, the heroine's adolescent apprenticeship ends happily with an ideal peasant marriage.
As we know, Sand's adolescence also culminated in marriage at
the age of nineteen, but her story was not to end there.[21]

Notes

[1] George Sand, *Histoire de ma vie* in *Oeuvres Autobiographiques,* ed.
Georges Lubin, 2 Vols. (Paris: Gallimard, 1970). All translations are my
own.

[2] Philippe Ariès, *Centuries of Childhood,* trans. Robert Baldick (New
York: Vintage Books, 1962), pp. 29-30.

[3] Ibid., p. 30.

[4] Justin O'Brien, *The Novel of Adolescence in France* (New York:
Columbia University Press, 1937).

[5] Ibid., pp. 12-13.

[6] Much of this work is based upon the collaborative research under-
taken by Hellerstein, Hume, Offen, Freedman, Gelpi and Yalom in *Victorian Women* (Stanford, CA: Stanford University Press, 1981).

[7] Ariès, p. 30.

[8] Hellerstein, et al., pp. 91-93.

[9] Ibid., p. 93.

[10] Sand, *OA,* I, p. 861.

[11] Albertine-Adrienne Necker de Saussure, *The Study of the Life of
Woman* (Philadelphia, 1844). Originally published in Paris in 1838.

[12] Erik Erikson, *Identity, Youth and Crisis,* (New York: W. W. Norton,
1968).

[13] Sand, *OA*, I, p. 881.

[14] Ibid., I, p. 921.

[15] For a comparative analysis of female friendship in nineteenth century America, see Caroll Smith-Rosenberg, "The Female World of Love and
Ritual: Women in the Nineteenth Century America," *Signs,* I, 1 (Autumn
1975), pp. 1-29.

[16] Sand, *OA*, I, p. 869.

[17] Barbara Gelpi, Introduction to Part I, "The Girl," in Hellerstein, et al., p. 15.

[18] Ibid.

[19] Sand, *OA*, I, pp. 953-954.

[20] Ibid., p. 965.

[21] Between the writing of this essay and its publication four years later, some literary scholars have begun to pay attention to female, as well as male, models of adolescence, for example, Patricia Meyer Spacks, *The Adolescent Idea: Myths of Youth and the Adult Imagination* (New York: Basic Books, 1981) and Richard N. Coe, *When the Grass Was Taller: Autobiography and the Experience of Childhood* (New Haven: Yale University Press, 1984).

George, Marie, Flora et les autres. . . .

Dominique Desanti
Université de Paris VII

Aujourd'hui nous sommes presqu'égales, en droit sinon dans les faits.   Pourtant même les plus féministes d'entre nous éprouvent souvent la difficulté de vivre «avec» les autres, d'admettre leur différence.

Que dire alors de l'époque 1830-1848 où les femmes conscientes, isolées, tentaient de se créer une place, chacune par ses propres forces?

George avait sans doute, de toutes, le plus de talent. Ce qui ne l'empêchait ni d'aimer à dominer, ni d'être impatiente, ni de mal supporter ces «autres» qui aspiraient, elles aussi, à devenir quelqu'un.

La plus éclatante de ses amitiés-brouilles la lia puis l'opposa à la comtesse Marie d'Agoult, née de Flavigny.

Liszt, dès le début de sa passion avait parlé à George de la fée blonde, la grande dame inaccessible, malheureuse dans un mariage sans amour et qui s'était follement éprise de lui. Dans la meilleure tradition romantique, Marie, quand sa fille Louise tomba malade, fit voeu de ne jamais revoir Liszt si l'enfant guérissait. . . . Mais la petite mourut. Et c'est enceinte du premier des trois enfants dont Liszt sera le père que la comtesse d'Agoult, rejetée de tous, avait rejoint le musicien.

A cette époque George, sans l'avoir jamais vue, écrivait à Marie des lettres sublimes, provoquant des réponses tout aussi exaltées: c'était l'amitié folle comme on parle d'amour fou. George écrit que, sûre des sentiments de Marie, elle ferait tout pour elle: «. . . .je laverai vos assiettes» (sommet du sacrifice).

Quelques semaines à peine après la fuite de Marie, Franz et sa maîtresse rejoignent George, ses enfants et leur gouvernante plus le major Pictet, un ami suisse, à Chamonix, pour de folles randonnées, des vacances de collégiens.   C'était en septembre 1835. Chacun raconte en un récit cette escapade idyllique.

L'an d'après, Liszt, Marie et Blandine (leur première-née) arrivent à Paris, descendent à l'hôtel, y font salon commun avec George. Puis Marie rejoint la chatelaine à Nohant. C'est toujours l'aimité la plus folle, sorte d'amour chaste, de la mi-mai jusqu'à l'arrivée des amis, en été. Alors dans la maison pleine, Liszt et George travaillaient la nuit quand tous étaient couchés. . . . Ont-ils, une nuit, tendrement célébré leur entente? Marie l'a-t-elle imaginé? (Bien des années plus tard elle contera à Juliette Adam comme un fait la séduction de Liszt par George. . . .le beau Franz cèdait si vite à toute tentation). N'importe: Marie emmène son musicien. George, dans des lettres qu'elle adresse à Liszt seul, convient: «Il y a de l'amertume au fond de tout cela, mon ami. . . .» La seconde fille, Cosima, réunit Liszt et Marie. . . .mais leur troisième enfant, Daniel, en janvier 1839 vient au monde entre des parents décidés à se séparer. Entretemps, Marie d'Agoult avait écrit à une fausse amie, l'exubérante Carlotta Marliani, une lettre ironique sur les amours de George et de Chopin. . . . Dans une autre lettre elle avait parlé du «déclin du talent» de George. L'amie perverse fait tout pour que George—qui n'avait pas vu les lettres—suppose le pire.

Elle se vengea sans grandeur mais d'une manière irrémédiable. Ayant besoin de resserrer son amitié avec Balzac elle fait cadeau au romancier, toujours en quête de sujets, d'un récit de sa façon. Elle conte l'histoire d'un redoutable Célimène qui, ayant séduit un maestro musicien, vient piétiner les amours et les amitiés d'une chatelaine bretonne, romancière de génie, Felicité des Touches, Camille Maupin en littérature.

Balzac en tire *Béatrix ou les amours forcées* qu'il avait un moment voulu intituler «les Galériens de l'amour.» Balzac écrit à sa chère Eve Hanska, sous le sceau du secret: «C'est à propos de Liszt et de Mme d'Agoult qu'elle (George) m'a donné le sujet des 'Galériens' ou des 'Amours forcées' que je vais faire car, dans sa position, elle ne le peut pas. . . .»

Marie d'Agoult revient à Paris, calcinée, ne portant en elle que des cendres: cinq ans d'amour fou, trois enfants dont on ne peut pas dire qui est la mère (puisqu'elle reste mariée). Une réputation détruite, une famille réticente. . . . Un seul désir: écrire. Sur le conseil de Liszt (car ils continuent à correspondre tandis qu'il a repris son errance de virtuose) Marie demande un rendez-vous à George, seule femme à pouvoir l'aider dans le monde des Lettres. Du 20 août au 26 novembre 1839 la comtesse d'Agoult se bat pour reconstruire l'amitié détruite. En novembre, George écrit à Marie: «N'essayez pas de vous faire illusion à vous-même. Vous me haïssez mortellement. ...» Fin novembre enfin elle la reçoit, 16 rue Pigalle. Chopin ne parait pas. L'entrevue est glaciale. «Un replâtrage» soupire la comtesse.

Les deux femmes se reverront. La révolution de 1848 les opposera à nouveau, tout en les unissant: toutes deux Républicaines, mais George brûlant d'un feu de paille pour le socialisme et Marie demeurant fidèle à Lamartine.

Ce divorce d'amitié est à torts certes réciproques mais c'est George pourtant qui porta les coups les plus durs et garda la plus longue rancune.

La romancière a montré une intolérance plus grave envers la pionnière du féminisme socialiste, Flora Tristan. Celle-ci, pauvre à se nourrir de pain, de lait et d'oeufs, est comme le symétrique de George. Comme elle victime d'un mariage malheureux, Flora n'avait pas de relations pour obtenir du mari une séparation tolérable et le mari a fini par tirer sur elle en pleine rue. Flora, après avoir publié *Pérégrinations d'une paria* (une autobiographie à peine romancée) a écrit *Promenades dans Londres*. C'est une remarquable étude sur cette *situation des classes laborieuses en Angleterre* qui rendra fameux le nom d'Engels mais non celui de Flora Tristan. . .qui en avait parlé trois ans avant lui. Flora mourra de fatigue et de privations en 1844 à 41 ans. George l'avait à peine aperçue chez les Saint-Simoniens. Elle en avait entendu parler—en mal—par Agricol Perdiguier, son héros du *Compagnon du Tour de France*. Elle avait pourtant souscrit à la publication de *L'Union ouvrière,* la brochure où Flora Tristan exprimait ses idées. Quand, prêchant sa foi sociale, Flora fut morte littéralement à la tâche, George avait vu sa fille. La jeune Aline lui parut un «ange.» Mais la mère était «impérieuse et colère,» «et ne lui avait jamais été sympathique, malgré sonc curage et sa conviction. Il y avait trop de vanité chez elle. ...» George voudrait marier Aline à un de ses amis. En réalité une autre féministe, Pauline Roland, qui sut être l'amie de George et celle de Flora à la fois présentera à Aline le journaliste Constant Gauguin. . . . De ce mariage naîtra Paul Gauguin et ainsi Flora Tristan deviendra sans le savoir la grand'mère d'un des plus grands peintres du dix-neuvième siècle. . . .

George Sand, l'amoureuse passionnée, inconstante, parfois maternelle, parfois cruelle fut en amitié comme en amour un être d'élan, d'humeur, d'exclusives et d'injustices. . . .

Un être plein de contradictions et de vie. Telle que nous la révèle la vérité de ses romans. Telle que nous la découvrons sous le douceâtre vernis dont on a tenté de recouvrir l'auteur de *La Petite Fadette,* la Bonne-Dame de Nohant. Une femme capable de générosité et d'injustice, comme nous le sommes toutes. Et il importe de la rétablir dans sa vérité.

Voir: Dominique Desanti: *Flora Tristan femme révoltée* (Paris: Hachette-Littérature, 1972).

Daniel ou le visage secret d'une comtesse romantique Marie d'Agoult (Paris: Stock, 1980).

Flora Tristan, vie-oeuvre mêlées (Paris: 10/18, 1973).

Les Socialistes de l'utopie (Paris: Payot, 1971).

George Sand et le *roman intime,* Tradition and Innovation in "Women's Literature"

Lucy McCallum Schwartz
University of North Dakota

George Sand the novelist is usually considered as a "romantic" or as the inventor of the genre of "rustic" novels, or as a "socialist" novelist. She is seldom seen as part of a continuing tradition of "Women's Literature." Yet, this tradition exists and George Sand, to a certain extent, was influenced by and participated in it.

Sand read novels, letters and memoirs written by women and biographies of famous women. The catalogue of her library includes almost 150 titles in this category[1] as well as poems by Marceline Desbordes-Valmore and Louise Colet. Although Sand did not always like women in general and did not always conform to our twentieth century notions of feminism, she was certainly aware of contemporary female authors and of illustrious female ancestors such as Mme de Sévigné, Mme de Lafayette, and Mme de Staël.

In *Histoire de ma vie* she mentions favorably several woman writers, especially Mme de Genlis who helped shape Sand's youthful conception of God.[2] In this autobiographical work she also refers to the memoirs of Mme Junot, comtesse d'Abrantès,[3] and the marquise de la Rochejaquelein.[4] In the *Roman d'Aurore Dudevant et d'Aurélien de Sèze* she states that she is reading the novels of Mme Riccoboni.[5]

At various stages in her life she had close female friends who were also novelists (although not so famous as she). The most important of these were Marie d'Agoult, who wrote under the name of Daniel Stern, and Hortense Allart de Méritens who was better known for her political and historical works than for her novels.[6]

What then is this tradition of novels written by and for women? I propose here to analyze only a narrow segment of this

"Women's Literature," a type called by Sainte-Beuve the *roman intime*.[7]   In contrast to other critics who define the *roman intime* as the product of the 1830's, Sainte-Beuve sees it as a continuation of the tradition of female memoirs and letters from the XVIIth and XVIIIth centuries.   In his famous article of 1832 "Du roman intime ou Mademoiselle de Liron"[8] he defines the *roman intime* as a love story, a "simple and discreet destiny" which is essentially composed of emotions.   He insists that what gives the genre its charm are "realistic" details of everyday life, what he calls "observed and felt reality."   The story is usually presented as a series of letters, a journal (found after the death of one of the lovers), or an account written by an observer or the confidant of one of the lovers.

Sainte-Beuve mixes autobiography and fiction indiscriminately in his article.   He compares *Lettres de Lausanne*, a novel in letter and journal form written by Mme de Charrière in 1787, with the real letters of Mlle Aissé and Mlle de Lespinasse as well as with the *Lettres portugaises*, which was not recognized as fiction at that time nor yet attributed to Guillerages.   The novel mentioned in the title of the article, *Mademoiselle Justine de Liron*, actually fits into none of his categories.   It is a novel written in the third person which is neither in letter nor journal form and does not have a frame story of a confidant or witness.   In addition, *Mademoiselle Justine de Liron* (which is placed by Sainte-Beuve in the collection *Portraits de Femmes*) was written by a man, E. J. Delécluze, unlike all the other novels, letters and memoirs which Sainte-Beuve mentions.

Other novels called *intime* by Sainte-Beuve include the novels of Mme de Souza (especially *Adèle de Sénanges*, 1793), *Valérie* (1804) by Mme de Krüdener, and *Ourika* (1824) and *Edouard* (1825) by Mme de Duras.

All of these novels are love stories with a small number of characters.   Many include love triangles.   Most end with the death of one of the lovers.   In almost all cases, society has placed an obstacle between the lovers—either the financially arranged marriage of the heroine or an inequality of age, race or social class.   Usually these novels end tragically as society triumphs over love.

Scenes in these novels are short and composed mainly of conversation with little psychological commentary or analysis by the narrator.   They take place in salons, gardens and at the dinner table or, more rarely, in boudoirs.   The plot is made up of minute everyday happenings which would be insignificant if they were not symbols in a love intrigue.

This genre includes certain stock characters such as the melancholy hero, the sensitive heroine, the venerable old man and the insensitive rival. Typical themes include the moral corruption and prejudices of established society and the beauty and purity of nature. Thus the lovers generally move away from the city (usually Paris, sometimes London or Rome) to find love and happiness in a rural setting, but are forced by circumstances back to the urban world where their happiness is destroyed and they often die. In general, established society tries to destroy love, this love is revealed to the protagonists by suffering (usually caused by jealousy or separation), and the suffering lovers are comforted by memories of past happiness recalled by significant objects or "tokens" which recall an important scene between the lovers. One final theme in most of the *roman intime* is what we have chosen to call the "charity principle" or the "altruistic ethic"—that happiness comes from helping others. Many of these themes show the widespread influence of Jean-Jacques Rousseau, specifically of *La Nouvelle Héloïse* (1761).

Although these novels often portray the unhappy lot of women in society and traditionally criticize the financially arranged marriage or *mariage de convenance*, society usually wins in the end. The *roman intime* could perhaps not too unfairly be compared to the *Ladies Home Journal* in American life. It is usually written by upper class women for other women to entertain, while preaching traditional virtue, respect of the *status quo* and the dangers of passion.

Several of George Sand's early novels contain elements of the *roman intime. Indiana* (1832), *Valentine* (1833), and *Mauprat* (1837) share many of its characteristics.

Their characters include the Chevalier Hubert de Mauprat, a venerable old man, and the insensitive rivals, M. de Lansac and M. de La Marche. However, the rivals in *Indiana* are much more complex than their stereotypes in the *roman intime.* Raymon de Ramière is insensitive to Indiana's feelings but he is presented to the reader by a narrator who shows us his egotism, his clever manipulations of everyone, including his mother, and his strategies for seducing Indiana, while the rivals in the *roman intime* are only seen briefly and from the persective of the jealous hero. Sand's portrayal of Raymon's intricate strategy, which fails despite Indiana's gullible naïveté, reminds us more of the delicate irony of Stendhal in *Le Rouge et le noir* than of the stereotyped villains in the *roman intime*. Ralph Brown is accused of being egotistical and insensitive throughout *Indiana*, but his paternal care for Indiana and his instant response to her every need prove these accusations false even before his final confession of love for her.

The heroines, Indiana, Valentine, and Edmée are much more complex than the sensitive, capricious young girls—Adèle de Sénanges, Valérie, and Natalie de Nevers—in the *roman intime*. Like them, Indiana and Valentine are forced into financially arranged marriages with older or insensitive men, and this was also the situation of Edmée in the first draft of *Mauprat*.[9] Adèle de Sénanges and Valérie, like Edmée and many other female characters of George Sand, find themselves in the ambiguous role of mother/sister of/to the man they love. Yet, Indiana's proud independence in the midst of her submission and Edmée's repression of her love for Bernard until he reaches her level of civilization give these heroines a depth which their sisters lack. Valentine's losing battle to retain her chastity despite her passionate love for Bénédict is much more sensuous and painful than similar battles waged by Caliste and Natalie, who die rather than lose their "virtue."

The heroes of Sand's novels are also more complex than Edouard, Lord Sydenham and Gustave in *Edouard, Adèle* and *Valérie*. Ralph Brown, Indiana's cousin, combines the functions of father, brother, and lover. Bénédict, like Edouard, is a bourgeois who loves a noblewoman, but, unlike him, he has faults which the narrator is happy to call to the reader's attention and to explain by the way he has been reared. Bernard de Mauprat is not perfect either. The obstacles he had to overcome to obtain the woman he loves are not so much the social barriers which Edouard faced, but the savagery in his own psychological make-up which he has to subdue.

Thus while some of Sand's novels begin with situations similar to those of the *roman intime*, her characters are more complex and her novels contain more psychological analysis than those of her predecessors. Sainte-Beuve complimented the *romans intimes* on their unity and harmony. Sand's novels are more diffuse and contain more characters and subplots.

Several incidents in the plot of Sand's novels seem to recall the *roman intime*. However, the function of the narrative element is usually different in Sand's novels. For example, like

Edouard (in the novel of the same name), Bernard de Mauprat goes to America to fight in the War for Independence because he is unsuccessful in love. Edouard goes to America to save the honor of Natalie, and with the expressed purpose of getting killed. Finally, he succeeds in finding the death he is seeking. In contrast, the trip to America is just one more obstacle for Bernard to overcome, a separation to endure and a chance to mature and become worthy of Edmée. Like Edouard, Bernard finds what he is looking for in America, but he is looking for life rather than death.

The "charity principle"—that happiness comes from helping others—is illustrated when Adèle helps some poor peasants and reveals her virtue to Lord Sydenham who falls in love with her. There are similar incidents in *Valérie* and *Edouard.* In *Mauprat* this idea is vaguely represented by Patience, the hermit who leaves his retreat in order to help Edmée determine who actually needs her help. (Bernard is absent at the time.) Again Sand is more in touch with the complex problems of society than her predecessors and shows that caring for the needy involves more than bringing them a basket of food.

The most interesting scene in a *roman intime* which finds echoes in Sand's novels is a scene in *Valérie*[10] where Gustave misses Valérie, who is off on a trip with her husband, and finds Bianca, the daughter of a poor composer who looks like Valérie, dresses her in a white dress and blue shawl, and has her sing a song which Valérie has often sung to him. He lowers the lights and believes she is actually Valérie. He calls her Valérie and seizes her in his arms, but her brother-in-law enters and destroys the illusion. This scene could have served as a model for the two double scenes in *Indiana* and for the double scene in *Lélia.* In *Indiana,* Noun, Indiana's creole maid, dresses in her mistress' clothing in order to try to recapture the love of Raymon de Ramière without suspecting that he is actually in love with her mistress. With the aid of wine and mirrors, Raymon convinces himself that he is making love with Indiana rather than with Noun. Later, after Noun has committed suicide because Raymon does not love her, Indiana unsuspectingly dresses like Noun on that fatal night and presents Raymon with a piece of Noun's hair. In *Lélia*, Sténio makes love in the dark with Lélia's sister, Pulchérie the courtisan, believing that he is making love with the frigid Lélia.

The primary difference between Mme de Krüdener's scene

and George Sand's scenes is that of point of view. Gustave writes in the first person to his friend Ernest about an illusion which he arranged in order to fool himself. The reader is never taken in by this illusion, because he sees Gustave arrange it. In Sand's novels the illusion is accidental and arranged by someone other than the person experiencing the illusion. Thus the reader can share the perplexity of the male character, who symbolically possesses the pure white heroine while actually violating only her double, a woman of questionable virtue. In this way the man's illusion is complete, but the heroine's virtue remains intact. Mme de Krüdener shows us the hero as his own dupe, while Sand draws him up into a complex situation beyond his control, where he believes he triumphs only to discover that he has lost everything, even his own self-respect.

The message transmitted by George Sand's early fiction is also different from the message of the *romans intimes*. Mesdames de Souza, de Charrière, de Krüdener, and de Duras show us the woman as victim of man or society, but this woman does not challenge the right of man or society to condemn her. At best, their women lament their lot in life, but they never question the value system of the prevailing society. Sand's women are generally not passive victims but agents who act to control or improve their lives. This is the reason that Sand's novels were seen as subversive, while the *romans intimes* were calmly accepted by the aristocratic society in which they were written.

George Sand owes much to her foremothers. Other studies have pointed out her debt to Mme de Lafayette, and, to a lesser extent, to Mme de Staël.[11] With the *roman intime* she shares situations, characters, themes and perhaps even scenes. Yet all these elements are transformed into a distinctively new work of art. Sand's novels are more realistic, more analytical and more psychological than those of her predecessors. Sainte-Beuve, who claims to have invented the term *roman intime*, is correct in refusing to apply it to the novels of George Sand.[12]

Notes

[1] *Catalogue de la Bibliothèque de Mme George Sand et de M. Maurice Sand* (Paris: A. Ferroud, 1890).

[2] George Sand, *Oeuvres autobiographiques* (Paris: Gallimard, 1971), I, 627-629.

[3] Ibid., I, 668.

[4] Ibid., I, 901.

[5] (Paris: Editions Montaigne, 1928), pp. 46-47.

[6] For more information on these authors see: J. Vier, *La Comtesse d'Agoult et son temps avec des documents inédits* (Paris: Armand Colin, 1963), 6 Vols.; André Billy, *Hortense et ses amants* (Paris: Flammarion, 1961); and Léon Séché, *Hortense Allart de Méritens* (Paris: Mercure de France, 1905).

[7] Charles-Augustin Sainte-Beuve claims to have invented the genre: *Oeuvres* (Paris: Gallimard, 1960), II, 1007. The term *roman intime* is used to refer to a similar group of novels by the twentieth century critics David Owens Evans in *Le Roman sous la Monarchie de Juillet* (Paris: P.U.F., 1936), pp. 131-160 and Jean Bruneau in *Les Débuts littéraires de Gustave Flaubert: 1831-1845* (Paris: Armand Colin, 1962), pp. 112-115. They see the *roman intime* as an outgrowth of the social and humanitarian romanticism of the 1830's and claim that the term began with a novel by Marcel Raymon called *Les Intimes* published in 1831. Evans classes all novels from 1830 to 1848 about marriage and the family (including those of George Sand) as *romans intimes* while Bruneau states that the salient characteristic of this type of literature is its attempt to represent accurately the day to day details of contemporary life.

[8] Sainte-Beuve, *Oeuvres*, II, 1007-1024.

[9] Claude Sicard, "Préface," to George Sand, *Mauprat* (Paris: Garnier-Flammarion, 1969), p. 13.

[10] See Letter 37 in Madame de Krüdener, *Valérie* (Paris: Charpentier, 1840), pp. 154-158.

[11] Mario Maurin, "Un modèle d'*Indiana*?" *French Review*, L, 2 (December 1976), pp. 317-320. Marie-Jacques Hoog announced research on Sand, Lafayette, Riccoboni, Genlis and de Staël in the *Friends of George Sand Newsletter*, I, 3 (Fall/Winter 1978). So far as I can ascertain, this study has not yet been published.

[12] Charles-Augustin Sainte-Beuve, *Portraits contemporains* (Paris: Calmann-Lévy, 1891), I, 498-499.

Toward a Definition of Women's Voice in Sand's Novels:
The Siren and the Witch

Annabelle Rea
Occidental College, Los Angeles

La voix de Lucie, extraordinairement forte et douce en même temps, me frappait de secousses électriques chaque fois qu'elle s'élevait au-dessus du diapason de la causerie intime. Cette voix a, je t'assure, une puissance fascinatrice, et je crois même qu'elle est, en ce qui me concerne du moins, la plus grande séduction extérieure de Lucie. Elle est parfois vibrante comme l'airain et remplit le milieu ou elle résonne comme une sorte de commandement majestueux. Son rire est si franc, si large, si chantant, qu'il n'y a pas d'orage qu'il ne doive couvrir ou disperser. Une interpellation directe de cette voix à son diapason élevé est comme un appel aux armes dans le tournoi de la conversation. Et puis, dès qu'elle a engagé un échange quelconque de paroles, elle s'emplit d'une suavité qui semble verser des torrents de tendresse et d'abandon, quelque insignifiant que soit le fond de l'entretien.

Ceci ne veut pas dire que Lucie parle avec frivolité sur quoi que ce soit. Au contraire, elle est sérieuse sous un grand air de gaité juvénile, mais je veux te faire comprendre qu'avant de l'apprécier dans son intelligence on est déjà subjugué par son accent.[1]

From reading the *Histoire de ma vie* and the many biographies, we know of the role played by the voice in George Sand's life. Sand's grandmother's passion for music, her singing and playing for the child, the child's great attraction to her mother's voice, the deep impression made by the oral traditions of Berry—all were to influence the future author. From the start, Sand was a teller of tales. The child spun out her inventions—as she says in the *Histoire de ma vie*, "je composais à haute voix d'interminables contes que ma mère appelait mes romans"[2] —just as the woman was later, as she puts it, to "divert" her readers with her stories, but at the same time to convince them and to teach them. Her conception of the artist through the symbol of the bird[3] underscores for us the great importance of oral expression to George Sand.[4]

Sand has been termed "the voice of women at a time when women were silent."[5]   Through her works, whether it be *Indiana*'s impassioned call for reform in marriage or *Lettres à Marcie*'s direct commentary on the state of women, Sand was second in readership in France only to Victor Hugo. In Russia her influence made her a touchstone[6] (to use the title of a work inspired by her)—a touchstone of much female thought. In a time when women's legal right to freedom of choice in marriage, choice in marital domicile, and title to property had been negated by Napoleon, George Sand opted for private reform through her writings. When the socialist journal of the 1840's *La Voix des Femmes* supported the proposal of her name for political office, Sand rejected the role of the public voice in her belief that private reform must precede public reform because much could be accomplished within the strictures of nineteenth century French society.[7]   Georges Lubin has revealed to us Sand's refusal to read her works aloud and her general timidity about speaking in public.[8]   Sand's personal voice was to be that of a teller of tales in written form.

In this analysis of women's voice I intend to show Sand's combat against popular images of the woman:[9] woman has, for example, been treated as the shrew or the fishwife; the Bible tells us of the beauty of women's silence ("c'est un don de Dieu qu'une silencieuse")[10] as do proverbs and dictons ("Sois belle et tais-toi.")   To show Sand as a militant in the struggle against "the major forms of women's oppression" that Elaine Marks and Isabelle de Courtivron in *New French Feminisms* term silence and absence,[11] let us examine two figures, that of the Siren and that of the Witch, both of which society has used to represent woman as the "mysterious other," a threat, and a trap, as Simone de Beauvoir pointed out in the section on myth in *The Second Sex*.   Particularly significant examples of these figures are Consuelo and La Petite Fadette.

Consuelo is one of several singers in Sand's works whose

angelic voices attract men. The qualities of Rose, the singer, in *Rose et Blanche* and the importance of voice in the portrait of Lucie from *Mademoiselle La Quintinie,* given as the epigraph to this article, prove that the theme began early and continued throughout Sand's career. The volumes of *Consuelo* and the *Comtesse de Rudolstadt*[12] representing the mature writer stand out as an obvious choice for any discussion of women's voice.

Gifted with a naturally beautiful voice, Consuelo trains herself with determination and makes many sacrifices to attain her goal of purity and clarity in vocal production. In addition, her natural intelligence, combined with her strong will, her energy, and her deep sensitivity make of her "une musicienne et un maître."[13] A true artist, according to Sand's definition, she learns better from a lecture or a sermon than from books. Although without formal education, she equals in knowledge Frederic's sister, the comtesse Amélie, who has studied for a lifetime. Her musical gift is paralleled by a gift for languages; she possesses the rules of versification in several. Her patient hard work and sacrifice make of her not only a performer but, while she is in prison, a composer as well. The image of the skylark shows her as the artist of Sand's definition: "l'homme-oiseau, c'est l'artiste."[14]

Her beautiful voice attracts a number of men. In the early pages of the novel, upon hearing her sing, Count Zustiniani thinks of Consuelo first as a siren. However, unlike the legendary siren who purposefully drew hapless males to her, Consuelo flees passion out of her need to remain in control. She takes pride in her will, her independence, and her physical force. For example, she tells Joseph Haydn, who offers to help her when she is tired, that she is quite capable of carrying him; she builds up her physcial strength through exercise while in prison in order to resist Mayer's attentions. Her self-knowledge and her strength of character make her realize that she must choose her life. When she cannot do so, she takes flight, like the true Bohemian she is, often dressed in men's clothing for protection, which makes certain parts of the novel very much an example of the picaresque.

The count's second thought upon hearing Consuelo's voice, after he has termed her a siren, is to compare her to an archangel. Throughout the novel Sand carries out this religious terminology. Consuelo is first presented as a pupil of Maestro Porpora in sacred music, singing in the cathedral. Her teacher, the father figure, speaks of the sacred origin of her voice and of her divine calling. Consuelo herself speaks of her vocation or, as Albert will term it, her "sacerdoce" in the "profession sublime."[15] From her singing he received revelations of a superior order of ideas and sentiments.

After terming Consuelo's voice first the voice of a siren and then that of an archangel, the Count sees the young girl and is horrified to think that the magnificent voice could emanate from such an unattractive and ungainly person: "ce sale enfant? cette noire et maigre sauterelle? Impossible, maestro!"[16] Albert, the Comte de Rudolstadt, has seen Consuelo for many days without showing any interest in her, but when he hears her singing, he is transported. At Consuelo's first notes, he cries out in her native Spanish, "O Consuleo, Consuelo! te voilà donc enfin trouvée!"[17] Her singing cures him of all anguish and inspires in him extraordinary flights of thought and feeling.

Along with her commitment to her vocation and her will to liberty and independence, Consuelo has a need to serve and communicate. As she says, she has a heart "qui ne bat que pour les autres, qui ne vit que d'affection et de dévouement."[18] Albert, who sheds tears, faints and whose witch-like intuition allows him insights, visions, and dreams, is also pious, charitable, virtuous and capable of mothering the ailing Consuelo. Despite these "feminine" qualities, Albert has the strength to carry Consuelo when she faints, and later to save her from the advances of the brutish Baron François de Trenck. Just as Consuelo's father-substitute, Porpora, called her divine, Albert's mother considers her son a divinity. When he plays the violin he evidences "le souffle divin."[19] Society merely terms him "mad."

Thus, the superior woman, who must be free to choose her companion, finds a man worthy of her only in the shape of one termed "mad" by society. Albert's willingness to let Consuelo go to fulfill her career, his readiness to follow her musical travels for ten years after their marriage, and his decision to want her only if she should choose him freely, enable her finally to decide, as Albert has done much earlier, that they are two halves of a whole. Only then can they join to realize the legend of the androgyne. As Sand states, marriage can only succeed under these conditions; otherwise, it is but "une prostitution jurée."[20]

After much struggle between her devotion to music and her need to reach out to others, Consuelo has found the way to continue her musical career and also to possess Albert's love—to console him, as her name predicts—and to participate in his mission of Freemasonry. Through Albert's many discussions with her, she comes to share his social ideals and to wish to collaborate in his tasks. Although stating that most women are seriously handicapped by their education, or their lack of it, Sand has imagined Masons who believe in and practice, when possible, equality among men and women, contrary to historical fact.[21]   The Masons assign to Consuelo the task of breaking down class barriers, after she has received special training.

The novel ends, however, with Consuelo's loss of voice. Separated from Albert, who has been arrested in Prague as an imposter, Consuelo is forced to sing at the court in Vienna. Because she has no choice in the matter, and because of her fear for her husband, Consuelo temporarily loses her voice. Later, she suffers a permanent loss of voice,[22] perhaps because the world is not yet ready for the message of equality, liberty and fraternity brought by the couple.

Throughout her career, Consuelo, typical of Sand's strong female characters, has had to deal with jealousies around her, whether it be from La Corilla or the Empress Maria Theresa. Long-term solidarity rarely characterizes Sand's women. The public voice has gone, but Consuelo and Albert continue to live as itinerant artists, giving music lessons when they need money. We know also that Consuelo has composed the music for at least one piece, a ballad sung by her son, "La Bonne Déesse de la Pauvreté." Despite the jealousies, despite the loss of her voice and the incomprehension of society, the strong and talented Consuelo has known the great joy of success in her career. She has appreciated the knowledge that she can exert her own will to react rather than having to accept situations imposed upon her, and she has savored the deep satisfaction of a life based on choice.

Unlike Consuelo, Fadette receives little immediate recognition for her voice. Introduced as "un enfant très causeur,"[23] she is appreciated by other village children for her lively tales and her inventiveness in the creation of games. However, because of her grandmother's reputation as a mean-spirited "witch," her mother's disappearance, and her own unattractiveness, Fadette is ostracized by the rest of the community. Her sharp tongue serves as a weapon to punish those who shun her; the aggressive content of her speech masks the natural beauty of her voice.

Consuelo's description as a soaring skylark and a precious pearl from the depths of the sea contrast with Fadette's portrait as a creature of the earth. An artist-bird in her own right, Fadette is termed a robin as well as a butterfly and a cricket. Like Consuelo, the "noire et maigre sauterelle," Fadette lacks social grace which causes her to be snubbed; we note that neither woman has a mother as a role model. Fadette lives the country life of a physically strong young man, and, unlike well-brought-up young girls, swears like a knowledgeable boy, and loves games and laughter. She does, however, fulfill the very feminine role of mothering her sickly young brother. But her greastest pleasure is intellectual. She loves to exercise her mind, explore new ideas, satisfy her curiosity, observe, compare, and test out her theories.

By the very name she has chosen, Sand suggests magical tendencies for Fadette,[24] and, in her introductory presentation, Sand notes that, according to Fadette's neighbors, she is "un peu sorcière."[25] Her knowledge of plants and animals surpasses the skills she has inherited from her grandmother because of her desire to increase her understanding of them. She is the "fée qui guérit" of Michelet's La Sorcière,[26] the traditional woman healer described by Ehrenreich and English in Witches, Mid-wives and Nurses,[27] and the skilled veterinarian of Charles Lancelin's La Sorcellerie des campagnes.[28] In her treatment of the ailing Sylvain Barbeau, Fadette practices psychological counseling even more than medical therapy. She is the rival of the establishment medical doctor and the veterinarian; her success is based not on theory but rather on observation, common sense, attention to details, sensitivity to feelings, intuition and empathy. As Sand reminds us several times, Fadette's skill has no relationship whatsoever with anything diabolical. Nevertheless, she creates suspicion among her neighbors because she is different, and her success brings out their jealousy.

As in the case of Consuelo with Albert, a man responds to Fadette's voice. Landry Barbeau, in an evening encounter where he cannot see her unattractive exterior, experiences great pleasure upon hearing the sweet and soft, yet clear, voice. Her new ideas, so well expressed, cause him to think more than ever before. Later, when she pleads his case to the coquette Madelon, he notes her superior ability to persuade: "elle a plus fait pour moi, dans la causette d'un quart d'heure, que je n'aurais su faire en une année."[29]

Fadette opens Landry's mind in several areas. He is stunned by her thoughts on religion, so truly felt by her and in such total contrast to the lip-service he has been taught to give to his spiritual activity. She improves his performance in his profession with her veterinary skills; through her herbal techniques, Landry cures animals the veterinarian had given up on. Landry's love and respect, as well as his comments on her lack of social graces, help Fadette to conform to the standards set for female appearance, but it is Fadette who plays the active role in their relationship. It is she who first expresses her love for Landry, to a third party, while the young man is appropriately within hearing range. It is she who transforms Landry internally in his intelligence and sensitivity, to mold a husband worthy of her superiority. Once he has served his purpose by becoming her husband, thus enabling her to surmount obstacles created by the Napoleonic Code and gain acceptance in the community, Landry has little further importance in the novel.

Once married, Fadette creates a modest new social order in a small community.[30] She educates underprivileged children, tends to their physical and spiritual well-being, and trains her own children to do the same. She has not participated in reform on a grand scale only to lose her voice at failure, as Consuelo did. Instead, she has worked out a modest reorganization in rural France, thus representing, perhaps, Sand's own lessons from her experience of 1848.

To carry out this reform, Fadette has had to become a respectable married woman. In order to marry Landry, she has had to convince his family of her worth; Landry's word alone cannot convince them. Reports of her success as a healer, in another town, carry their weight as does her future father-in-law's knowledge of her wealth. In the *Friends of George Sand Newsletter,* Michael Danahy has termed Fadette's turning over of her monies to Monsieur Barbeau a "sell-out" to a society she has once "despised and rejected."[31] As Sand describes her, Fadette has too good a heart to despise anyone; rather, her sharp-tongued remarks were her only means of striking back at those who rejected her. Because she is totally self-taught, she, indeed, may not understand the monetary system with the many ancient coins she possesses and she could, legitimately, need advice. Fadette has clearly realized how others make use of manipulation, particularly in the case of Landry's twin brother, Sylvain; it

is therefore possible that her calculations extend to the control
of Landry's father to gain her ends: social respectability, and a
base for reform of village society. She has perhaps relinquished
some economic power, but she is secure in the understanding
that her superior knowledge brings her far greater power. She
becomes "la meilleure tête et le meilleur conseil de la famille,"[32]
a solid accomplishment in a patriarchal society.

In these works, Sand has given us two exemplary women's
lives. She characterized both Consuelo and Fadette by the charm
of their voices and their "way with words." Both women are
strong, active and creative. Symbolically lacking positive mother
images to follow, both break new ground through pride in their
work, ambition to improve, and independence in carrying forth
their projects despite opposition from others.[33] Both choose a
male companion who loves them for their intellect and their soûl
as revealed through the voice, and not as a sex object or a visual
image.[34] One finds a man "ready made" for her, although she
must take much time to be certain of her love, and the other
transforms her man into someone worthy of her. Both help their
companion attain new intellectual and emotional heights. These
women do not abandon the domain of the feminine although
each possesses certain clearly identified "masculine" qualities,
but both bring their companion into the realm of the feminine
to form, as a couple, the androgyne.

Sand, the teller of tales, through these two lives, has ex-
ploded two myths of the female, that of the siren and that of the
witch. She has shown woman not as the mysterious "other," the
"threat" or the "trap," but as a courageous person of great intelligence, sensitivity and common sense. Simone de Beauvoir
sees in the call of the siren the mother's lullaby, as well as the
sexual sign; Consuelo consoles, but she flees the passion her
voice attracts out of her need to be a "subject" rather than an
"object." Her purity negates the myth of the temptress. Fadette
possesses no magical powers, no privilege of communication with
the devil; she possesses only intelligence and the discipline of
observation and hard work. She attackes village superstition in
the form of beliefs about twins; she rivals establishment medical
and veterinary men, provides the care and concern so often
lacking in them,[35] and becomes something akin to a modern
family counsellor. Already in the nineteenth century she points
to the wide-spread twentieth century evaluation of the "wicca"
as the wise woman. Sand has rewritten from the female point of

view two long-standing stereotypes of women.

These two women represent Sand's many female characters whose voices reach us from afar. In the nineteenth century we find others calling for women to speak out. Saint Simon, for example, wrote of the "langue nouvelle" he expected from proletarian women. Later, Arthur Rimbaud echoed Sand's efforts in his well-known call for women poets: "Quand sera brisé l'infini servage de la femme, quand elle vivra pour elle et par elle, l'homme,—jusqu'ici abominable, lui ayant donné son renvoi, elle sera poète elle aussi!"[36] Somewhat earlier in the same letter, Rimbaud has enjoined the poet: "Trouver une langue." In our century, writers continue to explore the question of women's voices. Colette's women, for example, express themselves through body language as an important supplement to their inadequate and often painful words, as Yannick Resch has pointed out so lucidly in *Corps féminin, corps textuel.*[37] Marguerite Duras' women very frequently need both a man and alcohol to allow them to unleash the process of stammering self-expression. Sand can indeed be called "the voice of women at a time when women were silent," but we should refine the statement to note the uniqueness of this voice expressing self-knowledge, strength and independence, and its uniqueness not only for Sand's own time but for long after her death.

Sand's mission as an educator and a civilizer through her use of the written word, has given us, it is true, the ultimate failure of Consuelo, the woman of the sky and sea, a failure symbolized by her loss of voice. Time was not ripe for Consuelo's mission to break down the barriers between social classes. After the Revolution of 1848, however, Sand shows us the earth-woman, Fadette, who first educates herself, then her partner and her own children, as well as the underprivileged of the region. Small-scale, private and individual reform within current social strictures succeeds where the over-ambitious project did not. As Marcelle de Blanchemont says in *Le Meunier d'Angibault*:

> Ainsi, les devoirs que nous impose la famille sont en contradiction avec ceux que nous impose l'humanité mais nous pouvons encore quelque chose pour la famille, tandis que pour l'humanité, à moins d'être très riches, nous ne pouvons rien encore.[38]

Sand directs her voice and that of her women characters toward the individual reader. Through the voices of these two women Sand realized her desire to educate her readers—and note that she refers to them in *Consuelo* as "lectrices" rather than "lecteurs."[39] Perhaps also, concerned about her own vocal timidity, she saw ahead to a generation of women unafraid to express themselves in public. Hélène Cixous has discussed women's terror of public speaking in *Le Rire de la Méduse*.[40] In *La Jeune née* she takes her thoughts on women's expression further: "La féminité dans l'écriture je la sens passer d'abord par un privilège de la *voix: écriture et voix* se tressent, se trament. . . ."[41] Cixous goes on to proclaim her desire for female writing about the body, writing in the body's rhythms, to free the reservoirs of the unconscious through the voice, its cries and its silences. Although Cixous' full message differs from Sand's, the two agree on the basic premise of the association of writing and voice and the need for women to speak out to give them what Nicole Brossard has so aptly termed "une voix d'accès."[42]

Notes

[1] George Sand, *Mademoiselle la Quintinie* (Paris: Michel Lévy, 1866), p. 11.

[2] George Sand, *OA*, (Paris: Gallimard, 1970), I, 542.

[3] Ibid., I, 17-18.

[4] Thérèse Marix-Spire in *Les Romantiques et la musique, le cas George Sand, 1804-1838* (Paris: Nouvelles Editions Latines, 1954) gives the only mention I have found of the importance of voice in Sand's works.

[5] André Maurois, *Lélia ou La Vie de George Sand* (Paris: Hachette, 1952), p. 8. In quotes with no source given.

[6] A short novel by S. V. (Sofia) Englehart (1862).

[7] Joseph Barry, *Infamous Woman: The Life of George Sand* (Garden City, NY: Doubleday, 1976), pp. 289-290.

[8] Article in *Europe* (March 1978), "George Sand aux prises avec l'action ou les trois quinze," p. 15; also talk given at Occidental College, May 1980, by Georges Lubin, "George Sand, la politique et les droits de la femme."

[9] I have spoken elsewhere of Sand's characteristic rewriting of myths, legends and tales from a female point of view in my discussion of her use of the Pygmalion motif in *François le Champi* and of Beauty and the Beast in *Mauprat. Studies in the Literary Imagination* (Atlanta: Georgia State University, Fall, 1979), pp. 37-47.

[10] Nicole Bedrines, Régine Lilensten, Claude Rose Touati, *Idées reçues sur la femme* (Paris: Editions d'Hier et Demain, 1978), p. 34.

[11] (Amherst: University of Massachusetts Press, 1980), p. 19.

[12] Published in 1842, 1843, 1844.

[13] George Sand, *Consuelo,* 3 Vols. (Paris: Calmann-Lévy, 1929), I, 80.

[14] Sand, *OA*, I, 18.

[15] Sand, *Consuelo*, II, 108.

[16] Ibid., I, 20.

[17] Ibid., I, 285.

[18] Ibid., III, 138.

[19] Ibid., II, 26.

[20] Sand, *Consuelo, La Comtesse de Rudolstadt* (Paris: Garnier, 1959), p. 492.

[21] In "*La Comtesse de Rudolstadt* ou la prise de conscience politique" (*Europe*: mars 1978, p. 38) Béatrice Didier has explained that Freemasonry was highly phallocratic, and that only a few mixed lodges existed in the eighteenth century and none in Sand's own time. Léon Cellier and Léon Guichard, the editors of *La Comtesse de Rudolstadt* (Classique Garnier), note that mixed lodges returned twenty years after Sand's death. (See introduction, pp. i-lxxvii.)

[22] In the Epilogue, Sand wrote, "Consuelo avait irrévocablement perdu la voix" but the "Lettre de Philon" twice mentions her voice: "Son regard est angélique et le son de sa voix vous remue le coeur comme une mélodie céleste." And, later, "sa voix pleine et harmonieuse. . . ." It is curious that the "irrevocably lost voice" should be described as "pleine et harmonieuse."

[23] George Sand, *La Petite Fadette* (New York: Henry Holt & Co., 1865), p. 46.

[24] The etymology of "fade," "fadet," "fadette" is the same as that of "fée," which comes from the Vulgar Latin "fata." On page 46 of *La Petite Fadette* Sand notes that the term refers to "un lutin fort gentil mais un peu malicieux" as well as to the "fée."

[25] Sand, *La Petite Fadette*, p. 46.

[26] Originally published in 1862 (Paris: Didier, 1952), p. 202.

[27] Op. cit., (Old Westbury, NY: The Feminist Press, 1973).

[28] (Paris: Henri Durville fils, n.d.).

[29] Sand, *La Petite Fadette*, pp. 119-120.

[30] Mariette Nowak's recent (1980) *Adam's Rib* (New York: St. Martin's

Press), with its examples from the animal kingdom, from other cultures and other times, suggests many fascinating new forms of social organization. It is interesting to look at Sand's innovations in the light of Nowak's research.

[31]Vol. III, No. 1, p. 39.

[32]Sand, *La Petite Fadette*, p. 203.

[33]See Patricia Spacks in a chapter of *The Female Imagination* (New York: Avon Books, 1972, 1975) entitled "Finger Posts," where she discusses women of this type whose sense of identity does not depend on others.

[34]Neither Consuelo nor Fadette suffers from the malady of Colette's Vagabond who feels Maxime's attraction but must flee from him so as not to be condemned to view the world reflected in his eyes.

[35]Jean Baker Miller, "Psychoanalysis, Patriarchy and Power: One Viewpoint on Women's Goals and Needs." *Chrysalis*, No. 2 (1977), pp. 19-25.

[36]Arthur Rimbaud, *Oeuvres complètes* (Paris: Gallimard, 1963). See Letter to Paul Demeny, May 15, 1871, p. 272.

[37]Op. cit., (Paris: Klincksieck, 1973).

[38](Paris: Calmann-Lévy, 1928), p. 141.

[39]Sand, *Consuelo*, I, 297; III, 257.

[40]*L'Arc* (1975) translated in *Signs*, I, 4 (1976), pp. 875-893.

[41](Paris: L'Union Générale d'Editions 10/18, 1975), p. 170.

[42]"L'Ecrivain," in *La Nef des sorcières* (Montréal: Quinze, 1976), p. 72.

Elle e(s)t Lui: L'Endroit et l'Envers de l'Autre Romantique

Anne Callahan
Loyola University of Chicago

"Et je me trouve d'un demi-intervalle
plus rapproché de vous que de Palmer."[1]
George Sand, *Elle et Lui*

George Sand's *Elle et Lui* is a novel which transcends both the simple duality of its title and the immediate biographical reference to the author's romantic interlude with the French poet, Alfred de Musset. The title itself is, in fact, ironic: Elle et Lui, Elle est Lui, Héloïse;[2] and the "demi-intervalle" of the epigraph I have chosen for this essay is a clue to the modalities of sexual difference which structure the entire text.[3] The "elle" and "lui" of Sand's novel are pronominal references to the conflicting ideals of perfect fusion with the Other and distinctive individual identity, fundamental not only to Romantic love but to the major philosophies of ideal erotic love in modern western literature. Nowhere, however, has this dialectic created more ambiguity, more suffering and more misunderstanding than in the Romantic Era.

From the first myth of mutual ideal erotic love between a man and a woman, *Fin'Amors,* of which *Tristan et Yseut* of the Anglo-Norman poets Béroul and Thomas is perhaps the most celebrated example, to Romantic love which is in its literary decadence at the time when Sand wrote *Elle et Lui,* there is a recurring theme: ideal erotic love demands the total identification of lovers in an imaginary fusion of their entire beings. This fusion, symbolized by an exchange of hearts, is so complete that it challenges the concept of distinctive sexual identity. In the great love stories of western literature both the sexual joy and the sexual anguish of fictional lovers are the result of a belief on the part of their creators that the abolition of sexual polarization is—ideally—possible since each sex is capable of conceiving, in the imagination, a vision of the other as its double. This ideal echoes the myth of the androgyne and brings with it Platonic connotations which, when applied to heterosexual love, will always create sexual ambiguity. There is no simple way of resolving the fundamental sexual ambiguities of a culture in which the ideal of fusion with the Other comes into conflict with the co-existing desire to maintain distinctive masculinity and feminity.[4]

One of the major goals of the Romantic Movement is the fusion of one human being with another in a perfect and eternal union which we now call Romantic love. This goal is, obviously, consistent with the recurring theme which Donald Furber and I have isolated in *Erotic Love in Literature from Medieval Legend to Romantic Illusion.* At the same time, the Romantic Hero emerged as a unique, superior being. Thus, two conflicting philosophies of the Self characterize the romantic Era: the desire to fuse with the Other and the desire to distinguish the Self. These goals are further complicated when Communion with the Infinite, a fundamental goal of the Romantic quest in art, philosophy and theology, finds its expression as the fusion of the male and the female within one person, especially within the most revered Romantic hero, the Artist.

Both Thérèse and Laurent, the heroine and hero of *Elle et Lui* are artists. Their relationship is one in which conventional categories like Self and Other cease to function in symmetrical, polar opposition. Through their love Sand identifies and dismantles many fragments of the bizarre network of sexual confusion which is produced by the implosion of the three paradigmatic Romantic ideals of fusion, individuality, and communion with the Infinite. This network does have a center, however, held together in a precarious balance between sexual attraction and spiritual affinity, love and friendship, heterosexuality and homosexuality and, ultimately, man and woman. To dissolve these polarities into a single force in the erotic imagination would destroy the potential for infinite pleasure.[5] On the other hand, attempts at maintaining the balance can result in sexual isolation and confusion. *Elle et Lui* is the story of the road from Romantic ideals and expectations to this state. George Sand's contribution to our understanding of the sexual problems engendered by Romantic theory is especially important because she had a very special problem in achieving the goal of fusion of the male and the female within the artist. Because of her sex, she already represented the difference, the otherness that this goal promised.

In the first letter of what turns out *not* to be an epistolary novel—an ironic evocation of *La Nouvelle Héloïse*—Laurent writes to his "friend," Mademoiselle Jacques, to inform her that a certain English milord has asked him to paint his portrait. He, Laurent, has suggested that this gentleman contact Mademoiselle Jacques since she is far superior to him in painting realistic likenesses; the adjective "realistic" carries the not so subtle suggestion that Laurent's sensitivity makes him a more impressionistic artist than the more practical Thérèse. Several of the problems that this fictional couple will encounter during the course of their relationship are already thematized in this first letter: Thérèse Jacques' name combines the masculine and feminine. Laurent refers to her as "un homme supérieur qui s'est déguisé en femme;"[6] she is associated with "the portrait" which Paul de Man has clearly shown, when central to a text, points to the fact that love is constitutively associated with the notion of the Self. The portrait de Man uses as an example is a character in Rousseau's *Narcisse* who falls in love with his own portrait barely disguised as a woman.[7] Among the numerous examples of similar use of the portrait for love of Self as Other I would mention particularly the "equally beautiful lovers," the Princesse de Clèves and the Duc de Nemours, whose two portraits come immediately to mind as prototypical.

Thérèse Jacques is, then, first, a woman, that is she represents difference from Laurent, a biological man; second, an artist, as is he, representing sameness; and third, an ambiguous combination of male and female in contraposition to his peculiar combination of the two sexes. Her art is masculine; his feminine. The dialectic begins to unfold.

The first problem of Romantic love confronted in *Elle et Lui* is, it seems, the role of the biological woman and female artist in an era dominated by a philosophy of love and art in which effeminacy, the very word used by Jean-Jacques Rousseau to describe his own nature in his *Confessions*, differentiates the artist from all other men.[8]

Femininity in the male artist was the unmistakable mark of the poet for the Romantic generation. A woman, by analogy, might become masculine—"un homme déguisé"—but that posture risks inspiring an attack on her femininity, or more specifically, on her sexuality, in the manner of Laurent's subtle attack on Thérèse's art. This misappropriation of a sexual term to describe an artistic nature affected not only female artists but other women as well. By the Victorian Age feminine behavior such as that described in a popular work like *The Angel in the House* came to be modeled on the characteristics originally appropriated to the female side of the male poet.[9] The poet was taken to fits of neurotic sensitivity and hysteria. These were external manifestations of his sensitivity and genius. Freud later interprets similar behavior in women as signs of sexual frustration and/or frigidity.[10] The artist's genius could not be summoned up on command: the poet was doomed to wait for inspiration in a passive, receptive state for which Coleridge chose the symbol of an aeolian harp.[11] This instrument eventually represented an idealized image of femininity and ultimately of woman herself. Baudelaire later expresses this passivity and receptivity as suggestive of the female role in the sex act in the *Confitéor d'un artiste.*[12]

Laurent, in the true style of the effeminate Romantic poet, is unproductive, lurking about, languidly waiting for the right moment to give birth to his "chef d'oeuvre" while Thérèse paints very good portraits in an energetic fashion. She is less the artist than he, though, since he is much more feminine in his approach to art.

In the first letter of the novel, Laurent writes to Thérèse in the role of a friend. But anyone who has read Jean-Jacques Rousseau as enthusiastically as had George Sand knows that the friendship between a man and a woman in a Romantic novel always involves "quelque chose de plus."[13] Both Rousseau's phrase and Sand's "demi-intervalle de différence" suggest that supplement essential to sustaining Romantic desire; union with the Other can only suggest Infinity if it is in a continual state of metamorphasis. Rousseau achieves this effect by a constant process of substitution in both the *Confessions* and *La Nouvelle Héloïse.* Neither distinctive masculinity or femininity, nor clearly in defined love or friendship stablizes in Rousseau's erotic imagination.

In like manner, the relationship between "Elle" and "Lui" vacillates between brother/sister, mother/son, artist/artist, ideal friends/passionate lovers; the appearance of Dick Palmer establishes the asymmetry: Laurent first calls him an English milord, echoing the neutralizing foreigner, Milord Edouard, in *La Nouvelle Héloïse,* but he turns out to be an American, providing an even greater sense of alterity than Bomston. He becomes the third party who will allow for the chain of sub-stitution to be formed. Palmer loves Thérèse, but he wants it to be Laurent who paints his portrait. His first conversation with Laurent is similar to that between Dorian Gray and Basil Hall-ward.[14]

Thérèse and Laurent travel to Italy once they have become lovers, hoping at the same time to maintain their perfect friend-ship. Palmer joins them there. He is essential to this process by his marginality and heterogeneity. He is a friend to both and yet feels "quelque chose de plus" for Thérèse and, as Sand strongly hints, for Laurent as well.

After a mutually destructive month as lovers, Thérèse and Laurent decide to end their affair but remain friends. The scene that follows evokes the friendship between Wolmar, Julie and Saint-Preux of *La Nouvelle Héloïse* and Maman, Jean-Jacques and Claude Anet of the *Confessions:*

> Cette semaine fût peut-être la meilleure de la vie de Laurent. Généreux, cordial, confiant, sincère, il était entré dans un état de l'âme où il ne s'était jamais senti durant les premiers huit jours de son union avec Thérèse. La tendresse l'avait vaincu, pénétré, on peut dire envahi. Il ne quittait pas ses deux amis, se promenant avec eux en voiture. . . .se faisant une joie d'enfant d'aller diner dans la campagne en donnant le bras à Thérèse alternativement avec Palmer.[15]

Laurent and Palmer change roles; Laurent, who was friend, and became lover, has resumed the role of friend. Palmer, the perfect friend has assumed the role of lover and fiancé. Laurent is a friend to both. These relationships will never stabilize; desire is thereby sustained. But we have entered into an inevitable cycle of sado-masochistic exchanges which characterize Romantic love when tested in the real world of distinctive sexual difference. The ménage-à-trois keeps all three friends in a con-stant state of jealousy, frustration, sadness, despair and cruel excitement. The union of the three is, however, ostensibly supposed to eliminate the need to distinguish between love and friendship, lover and friend, man and woman.[16] The ménage-à-trois is one of the bizarre formulas that the ideal of androgynous fusion produces in the erotic imagination.

The desire to eliminate the need to distinguish between male and female which derives from Neo-platonic notions of

androgyny eliminates in its wake a clear distinction between
heterosexuality and homosexuality. We have been teased early
on in the novel by this ambiguity. One night before Laurent
and Thérèse become lovers, he is lurking outside her enclosed
garden when she receives a late night visitor—a woman. The
rendez-vous is described in a most ambiguous and mysterious
way:

> Elle s'enferma avec cette personne mystérieuse, et Ca-
> therine leur servit un petit diner tout à fait succulent.
> Thérèse soignait et servait sa compagne, qui la regardait
> avec tant d'extase et d'ivresse, qu'elle ne pouvait pas
> manger.[17]

We are more than ready to believe that this woman who has
just been described by Laurent as "un homme déguisé" is a
lesbian. Laurent cannot distinguish whether the second voice
coming from the secluded garden is that of a man or a woman.
He hears Thérèse tell her companion in a voice filled with passion: "Je n'ai plus qu'un amour sur la terre—c'est vous."[18] As
it turns out the woman with whom Thérèse is dining sump-
tuously in a state of exalted passion is her mother! But the seeds
of sexual ambiguity have been sown. The androgynous artist—
either male or female—will inevitably be cast in an ambiguous
sexual role, attracting and being attracted to both men and women. Balzac waits eight hundred pages before he unites his
beloved poet, Lucien de Rubempré, with Vautrin, the quint-
essential homosexual.[19] In what was to be practically his last
statement on erotic love in the second novel in his Rubempré
cycle, *Splendeurs et misères des courtésanes,* he projects a time
when Vautrin will lie next to Lucien and his mistress, Esther, in
a tomb designed by Vautrin in the style of the tomb of Tristan
and Yseut. The ménage-à-trois will continue after death.

The artist is in quest of an aesthetic as well as sexual ideal;
and so faces even more obstacles than the ordinary mortal.
Balzac's *Chef d'oeuvre inconnu* is perhaps the most striking
example of the shattered image of the Other as perceived by the
artist. The artist in Balzac's "nouvelle" desires to create in his
imagination and then project onto a canvas a chimeric figure who
embodies all the dualities and polarities which the imagination
can fuse. His painting is, consequently, grotesque in the eyes of
all but its creator. The search for the chimera is that level of

desire which is the "huis clos" of the artistic imagination; it is this form of desire which particularly haunts George Sand in *Elle et Lui.* Her most beautiful and poignant prose is spent on the expression of this frustrating and yet compelling pursuit of those infinite regions where "Elle" and "Lui" meet as an eternal indissoluble soul: it is there that all great passions inevitably dissolve into Art:

> Elle s'était longtemps imaginé qu'elle vivrait ainsi, et que l'art serait son unique passion. Elle s'était trompée, et elle ne pouvait plus se faire d'illusions sur l'avenir. Il lui fallait aimer. . . .[20]

The beloved that the artist seeks is an elusive chimera; a creature combining mutually exclusive qualities such as Balzac's panther in *Une Passion dans le désert* which resembles both a ferocious animal and a loving mistress and who appears against a pure, stark azure sky symbolizing the Infinite—the Infinite can neither be described nor confronted by the artist except in the form of a chimera; otherwise looking into that too clear sky would be to see "Dieu sans les hommes."[21]

Both "Elle" and "Lui" are chimeras—the Other perceived in the individual imagination. The chimera combines the Self and the Other in an imaginary fusion, which is about as close as we will ever come to the real sense of the myth of the androgyne as it expresses sexual love. The true artist understands this strange Beauty which combines light and dark, animal and human, old age and youth, joy and sorrow, Self and Other, male and female. And the artist is murdered by this knowledge as are Baudelaire's poets in "Hymne à la Beauté." Laurent possesses this ambiguous nature:

> Tel était Laurent, en qui certes deux hommes bien distincts se combattaient. L'on eût dit que deux âmes, s'étant disputé le soin d'animer son corps, se livraient une lutte acharnée pour se chasser l'une l'autre. . . . Et quand il s'analysait lui-même, il semblait parfois lire dans un livre de magie et donner avec une effrayante et magnifique lucidité la clef de ces mystérieuses conjurations dont il était la proie. . . . Oui, disait-il à Thérèse. . . .deux esprits se sont emparés de moi. . . .les deux anges qui sont en moi arrivent à enfanter un démon.[22]

For her part, Thérèse is a sybil, a sphinx, a chimeric monster.[23] who, realizing that Laurent recognizes this quality in her, tells him that she would gladly be a man for him, if she only knew how.[24] Thérèse's status is incongruous: she is "une fille sans parents, une mère sans enfant, une femme sans mari."[25] —a chain of absence. She recognizes in herself a painful contradiction: "Elle avait de continuelles aspirations à la vie domestique."[26] She bitterly regrets having talent and fame. But, muses her creator, "on ne choisit pas son destin."[27] When they travel to Italy, Laurent fantasizes about having as a companion a woman who is both "une maîtresse tendre comme une mère en même temps qu'elle est un ami sérieux et intelligent."[28] He finds out very shortly that living with this creature, who is the incarnation of Rousseau's dream of "quelque chose de plus," is too painful for his sensitive nature. She is far too strong for him; he would be happier if he could separate the mother from the friend. He asks himself: "Avais-je besoin d'un idéal comme Thérèse?"[29]

Palmer wants to marry Thérèse, but he cannot satisfy her need for that "amour sublime,"[30] which only the chimeric poet Laurent can inspire in her Romantic heart.

Sand describes the love between "Elle" and "Lui" as "un poème à deux."[31] They are united by "une chaine fatale"[32]— as were the first Romantic lovers, Tristan and Yseut—and their love will be frustrated by an obstacle far more insurmountable than adultery. Their obstacle is Art. "Elle" and "Lui" form one chimeric being in Sand's imagination: the artist who combines Thérèse's discipline and Laurent's intuition:

> Par la force des choses, Thérèse, elle-même se trouvait
> jetée, sans l'avoir désiré ni prévu, dans ce cercle fatal de
> l'enfer humain. Elle était devenue la compagne, la moitié
> intellectuelle d'un de ces fous sublimes, d'un de ces
> extravagants.[33]

Symbolically, Thérèse et Laurent are two sides of the same person, the ideal artist; they live somewhere between "les limites du réel et de l'imaginaire."[34] Here, the complexities of the myth of the androgyne are illustrated with bitter-sweet lucidity by George Sand. Just as Julie and Saint-Preux are the shattered image of their creator, so Thérèse and Laurent are fragments of the shattered image of a far saner George Sand.

The sexual isolation foreseen for Thérèse and Laurent at the end of the novel is completely antithetical to the ideal fusion conceived of by the early Romantics such as Fichte, Novalis, Coleridge or Chateaubriand, who dreamed of union with the Infinite through an eternal fusion with the beloved. Once the Romantic goal of heterogeneity is achieved, the need for the Other disappears. Thérèse comforts Laurent in the last moments of the novel with these words:

> Sois tranquille, Dieu te pardonnera de n'avoir pu aimer. Il t'avait condamné à cette insatiable aspiration que pour ta jeunesse ne fût absorbée par une femme. Les femmes de l'avenir, celles qui contempleront ton oeuvre de siècle en siècle, voilà tes soeurs et tes amants.[35]

She saw the tragic flaw in Romantic love; had Laurent died in Italy, Thérèse would have had the ultimate Romantic fantasy. He could have lived on in her as the other side of herself; his genius would have complemented her discipline and craftsmanship. But life, alas, does not provide death as a resolution of desire; and any other Romantic solution must be "une passion dans le désert."

Notes

[1] George Sand, *Elle et Lui* (Paris: Calmann-Lévy, 1858), p. 64.

[2] Reference to Jean-Jacques Rousseau's *La Nouvelle Héloïse* which is consistently evoked in *Elle et Lui.*

[3] Cf. Jacques Derrida's essay, "La différance," in *Théorie d'Ensemble* (Paris: Seuil, 1968).

[4] For the formulation of this thesis on erotic love in western literature and a complete bibliography, see Donald Furber and Anne Callahan, *Erotic Love in Literature from Medieval Legend to Romantic Illusion* (Troy, NY: Whitston, 1981).

[5] For the most complete formulation of the relationship between pleasure and desire for the Infinite in Romantic love, see René Nelli,

L'Amour et les mythes du coeur (Paris: Hachette, 1975).

[6]Sand, p. 6.

[7]Cf. Paul de Man, *Allegories of Reading* (London: Oxford University Press, 1980).

[8]For a thorough discussion of this phenomenon see especially M.H. Abrams, *Natural Supernaturalism* (New York: Norton, 1973) and Harold Bloom, *Romanticism and Consciousness* (New York: Norton, 1970). For a more complete bibliography, see Furber and Callahan.

[9]Cf. Coventry Patmore, *The Angel in the House* (London: George Bell & Son, 1885).

[10]See especially *Dora: An Analysis of a Case of Hysteria* (New York: Collier Books, 1963).

[11]The aeolian harp as a symbol of poetic passivity and feminity can be found in a poem by the same name in any edition of the works of Samuel Taylor Coleridge.

[12]Charles Baudelaire, *Oeuvres complètes* (Paris: Gallimard, La Pléiade, 1961).

[13]Cf. Jean-Jacques Rousseau, any edition of *Les Confessions, La Nouvelle Héloïse.*

[14]Oscar Wilde, *The Picture of Dorian Gray* in *Complete Works* (London: Collins, 1967).

[15]Sand, p. 251.

[16]Furber and Callahan, Part III, Chapter 2, "The Shattered Mirror of Narcissus."

[17]Sand, p. 14.

[18]Ibid., p. 22.

[19]Honoré de Balzac, *Les Illusions perdues* in *La Comédie humaine,* 10 Vols. (Paris: Gallimard, La Pléiade, 1950-1956).

[20]Sand, p. 272.

[21]Honoré de Balzac, *Une Passion dans le désert* in *La Comédie humaine.*

[22]Sand, pp. 274-276.

[23]Ibid., p. 56.

[24]Ibid., p. 50.

[25]Ibid., p. 76.

[26]Ibid., p. 77.

[27]Ibid.

[28]Ibid., p. 125.

[29]Ibid., p. 126.

[30]Ibid., p. 201.

[31]Ibid., p. 231.

[32]Ibid., p. 274.

[33] Ibid., p. 283.
[34] Ibid., p. 292.
[35] Ibid., p. 310.

La Femme Prêtresse dans les romans de George Sand

Mireille Bossis
Université de Nantes

Les héroïnes sandiennes forment un bataillon serré: des brunes, des blondes, des jeunes filles, des épouses, des veuves, des nobles, des filles du peuple. . . .La diversité des situations et des décors apparaît vertigineuse à celui qui voudrait ébaucher un portrait robot de la femme dans les romans de George Sand. Pourtant la pratique nous a appris à dépister les réactions et à enregistrer les clichés, voir les fantasmes de tous ces personnages féminins. Ce travail, qui se fait souvent à notre insu, nous permet d'unifier cette multitude autour de quelques réactions typiques. C'est ce que nous voudrions mettre à jour dans ces pages.

Disons tout d'abord que *Jeanne,* roman de 1842, a été le révélateur de cette figure de femme prêtresse. Cette image n'était pas vraiment nouvelle; nous en avions déjà rencontré tous les traits, mais éparpillés: *Jeanne* rassemblait les fragments et en faisait un tout très cohérent qui éclairait après coup bien des obscurités et des contradictions des héroïnes précédentes. Pour la clarté de cet exposé, nous dessinerons en premier lieu le portrait de la prêtresse dans *Jeanne,* nous insisterons sur la signi-fication profonde de cette image de caractère archétypale, puis nous montrerons comment elle est apparue, peu à peu, à travers les romans antérieurs.

Dans sa préface de 1852, George Sand justifie son per-sonnage en expliquant qu'elle a voulu peindre:

> . . . .une fille des champs, rêveuse, sévère et simple, la candeur infinie de l'âme, par conséquent un sentiment profond dans une méditation vague où les idées ne se formulent point. . . .la femme primitive, la vierge de l'âge d'or.[1]

George Sand a senti ce désir qui était en elle et qu'elle a transmis

à ses pages, de retrouver la femme mythique, la femme essentielle,[2] la femme impossible.

Comment la présente-t-elle dans son roman? Une chaste
enfant endormie sur une pierre, aux champs; c'est elle qui symbolise les forces souterraines qui parcourent tout le roman. En
face d'elle, le héros positif, Marsillat, qui expose un point de vue
rationnaliste et combat les superstitions populaires. Le mystère
des Pierres Jomâtres, qui s'étend sur tout le roman, par un
artifice de construction, est désamorcé avant d'être mis en
scène, par la connaissance qui en est donnée au lecteur. Comme
l'annonce Marsillat:

> . . . .elle croira que le diable s'en est mêlé. . . . ou tout au
> moins les fées qui hantent comme chacun sait les Pierres
> Jomâtres au coup de midi ou au coup de minuit. . . .[3]

Les deux hommes qui accompagnent Marsillat dans la promenade aux Pierres Jomâtres et Marsillat lui-même, tous trois,
pour se moquer de ces superstitions font chacun un voeu qu'ils
concrétisent chacun par une offrande symbolique à l'enfant:

> Puisque nous faisons le rôle des fées. . . .et que nous voici
> nombre consacré dans tous les contes merveilleux, je suis
> d'avis que nous fassions chacun un souhait à cet en-
> fant.[4]

Les voeux émis trahissent la vérité profonde de la personnalité de chacun des trois hommes et ont tous traits à la
sexualité. Or que se passe-t-il? L'enfant bien qu'endormie, a
reçu le message; au réveil elle y répond brutalement par un non
définitif: elle fait voeu de pauvreté et surtout de chasteté.
Jeanne au cours du roman refusera successivement: «le gaillard
vigoureux pour amant» que lui souhaite Marsillat et qui n'est
autre que Marsillat lui-même: «le protecteur riche et généreux»
en la personne de Guillaume de Boussac; de même que «l'honnête mari qui l'aime et qui l'assiste dans ses peines»[5] que se
propose d'être Arthur Harley. La fin du premier chapitre sou-
ligne l'étrange pouvoir de simulacre, puisque chacun des trois
hommes sera puni par où il a péché à la fin du roman:

> Tous trois s'éloignèrent des Pierres Jomâtres croyant
> avoir porté bonheur à l'enfant chacun à sa manière et ne

> se doutant guère que leurs aumônes allaient devenir dans
> sa petite main l'instrument du destin.[6]

Quelle est donc la force qui agit ici à l'insu des plus rationnels?
Quel hasard va réunir les quatre héros, quatre ans après et mettre
en scène ces voeux lancés par jeu?

George Sand n'explique pas ce mystère, elle fait en sorte
qu'il soit perçu par le lecteur comme une vengeance des fées dont
les trois hommes ont pris la place par dérision. C'est la revanche
de l'irrationnel, du pouvoir surnaturel pressenti de tous temps en
la femme et qui est en Jeanne, mais que les trois hommes ne
voient pas, eux qui la prennent pour une paysanne fruste, qui
passe même pour très bornée parmi ses semblables:

> (qui ne) sait pas lire et. . . .il est à craindre qu'elle ne
> puisse jamis l'apprendre car elle manque d'aptitude pour
> toutes nos vaines connaissances, elle comprend mieux les
> choses du ciel que celle de la terre.[7]

Jeanne s'élève progressivement au dessus de sa condition de
paysanne inculte pour celle d'idole vénérée. Elle meurt dans le
propre lit de Marie de Boussac qui lui voue une amitié passionnée
et admirative.[8]   Quant aux hommes du roman, ils ont tous fait
des folies pour elle et elle a refusé leurs hommages. Comme le dit
le curé Alain: «Rien ne put ébranler la raison saintement
fanatique de Jeanne.»[9]

Quel est donc ce pouvoir qui réside en Jeanne? Son seul
atout visible est sa grande beauté qui fascine les hommes, mais
est-ce là tout? On peut en douter. Une étude systématique du
personnage nous permettra d'élucider cette héroïne étrange.

Ce qui frappe tout d'abord dans le présentation de Jeanne,
c'est son statut d'objet que l'on regarde, mais que les regards
n'effleurent même pas. Jeanne est vue, regardée, mais ne regarde
jamais elle-même; elle est presque affligée de cécité, toute
psychique bien sûr! Elle est absorbée par une émotion, un état
ou une tâche; elle est absente aux autres et ce retrait en soi
dévoile une profondeur vertigineuse qui attire comme le vide et
fascine son entourage. Les exemples de ce parti pris de présentation sont nombreux. Dès le début du roman, Jeanne est
montrée endormie sur une pierre; les trois hommes peuvent
détailler son physique et commenter ses traits à loisir. Quelques
années plus tard, Jeanne apparaît figée et enfoncée dans son

chagrin, sa mère vient de mourir et Guillaume la regarde intensément. Autre séquence, Jeanne est déguisée, gênée par cette personnalité qui lui a été imposée par jeu, honteuse sous les regards des trois hommes, une fois de plus. A nouveau elle sera trouvée endormie et reconnue par les trois hommes comme l'enfant des Pierres Jomâtres. Lorsqu'elle est absorbée dans son travail—soit qu'elle prépare le lit d'Arthur, soit qu'elle participe à la fenaison, elle est encore regardée par l'un ou l'autre de ces messieurs. Dans tous ces épisodes, ses yeux sont fermés par le sommeil, blanchis par le chagrin, rougis par les larmes ou le feu. George Sand insiste sur l'absence de regard chez Jeanne. De plus Jeanne semble ne pas pouvoir soutenir un regard; sans cesse elle échappe en se retranchant derrière ses paupières: «Jeanne leva les yeux sur l'étranger et les baissa aussitôt.»[10] Ou «Non monsieur, répondit Jeanne en abaissant ses longs cils sur ses joues.»[11] D'elle-même Jeanne ne regarde pas, pas même l'homme qui lui offre de l'épouser, car «elle n'avait pas songé à regarder la figure de l'Anglais.»[12]

A la fin du roman la mort viendra clore à jamais les yeux de Jeanne. La fascination qu'exerce cette absence inspirée éclate dans le passage où Jeanne prépare le lit d'Arthur. Les deux hommes restent là immobiles, muets, cloués sur place:

> Elle touchait sans les froisser les garnitures de mousseline légère qu'elle faisait flotter autour des coussins, elle avait un peu de lenteur dans tous ses mouvements. . . .il y avait dans sa physionomie une sorte de majesté angélique qui faisait disparaître la vulgarité de ses attributions. A la voir nouer lentement les cordons de ses oreillers, d'un air sérieux et pensif, on eût dit d'une grande prêtresse occupée à quelque mystérieuse fonction dans les sacrifices. . . .il sembla à Guillaume qu'elle entrelaçait le noeud gordien tant les secondes lui parurent longues. . . .[13]

Cette tâche ménagère est perçue comme un rituel fascinant, angoissant même. L'image archétypale de la mort se profile derrière cette préparation au sommeil, prélude au sommeil éternel. La prêtresse apparaît ici clairement. Jeanne est absorbée dans son travail et ne voit pas les deux hommes, ne les entend pas arriver, ne sent pas leurs regards peser sur chacun de ses mouvements. A travers elle, la divinité enchaîne les deux hommes en leur faisant goûter aux certitudes ambigües de l'éternité. Cet épisode est certes privilégié; Jeanne transcende manifestement ses attributions de servante ou devient la servante de quel culte?

Tout au long du roman nous remarquons que l'image corporelle et banale de Jeanne est toujours doublée d'une référence noble et puissante: celle de la statue antique, prêtresse ou divinité. Les exemples sont nombreux et systématiques dès la première rencontre de l'enfant: «. . . .ses traits étaient admirables, son front humide, un peu bas comme celui des statues antiques»[14] ou «. . . .une attitude qui rappela au jeune homme la Madeleine de Canova. . . .tout contribuait à lui donner l'apparence d'une statue,»[15] ou «. . . .taillée comme une statue antique,»[16] ou «Il n'y avait que son pied qui fut mal déguisé, c'était celui d'une statue grecque. . . .»[17] La mort lui donnera son allure définitive de «statue d'albâtre. . . .immobile et roide.»[18]

Au delà d'une plasticité esthétique, l'image de la statue appelle des significations plus profondes. Les divinités nommées participent de la magie incantatoire. Velleda, Isis, Junon, Hébé, Iris, Galatée: ces noms révèlent le pouvoir que George Sand veut donner à Jeanne. De plus elle ne manque jamais de souligner la force physique de son héroïne, soit qu'elle porte «le cadavre roide qui semblait d'une grandeur effrayante de sa mère,»[19] «belle et terrible comme une druidesse»[20] soit qu'elle soigne Guillaume malade comme un petit enfant, soit qu'elle travaille au foin: «cette belle jeune fille si douce et si forte aussi! forte comme un homme.»[21] Tout naturellement elle utilise cette force pour se dégager des bras des hommes qui veulent la séduire.

Comme la statue ou la divinité, Jeanne est sourde et presque muette. Sa surdité est psychique comme précédemment sa cécité; elle n'écoute pas donc ne comprend pas le langage des hommes; elle n'est pas de la même race qu'eux, dit son entourage. George Sand insiste sur ces particularités qui préservent Jeanne de la flétrissure que les autres pourraient lui apporter: «Est-ce que tu ne comprends pas cela? Jeanne garda le silence; elle ne comprenait pas.»[22] En la décrivant, Sand dit: «Et ne trouvant pas de sens au langage des hommes. . . .»[23] De plus elle a rarement l'initiative de la parole; elle tait obstinément un secret qui sera dévoilé à son insu et par un autre qu'elle et qui la conduira à la mort.

A quel culte Jeanne obéit-elle? Est-ce le culte primitif de la Grande Mère? dans le roman, Jeanne est liée à sa mère par un amour filial démesuré. Elle n'a qu'un seul but dans sa vie: satisfaire sa mère de son vivant comme après sa mort. Tout ce qui n'est pas sa mère la laisse dans la plus parfaite indifférence. La preuve en est fournie à deux reprises: elle n'écoute Guillaume que parce qu'il a été le nourrisson de sa mère. Cette fonction de nourrice est tout à fait symbolique de celle de Grande Mère nourricière. Quant à Arthur, elle ne consent à l'écouter que lorsqu'il lui parle de sa mère qu'il dit avoir connue: «Peut-être que je l'ai connue votre mère, dit-il devinant que c'était le seul moyen d'inspirer de la confiance à Jeanne. Ce petit mensonge fit sur elle un effet magique.»[24] Son ambition, ses aspirations, ses satisfactions se résument à ce seul mot «mère.» Elle se sait bonne: «. . . .je ne puis avoir un mauvais coeur puisque ma pauvre mère en avait un si bon.»[25] Elle croit aux puissances surnaturelles, aux fades, malgré l'enseignement du curè Alain pour la seule raison que «D'ailleurs ma mère y croyait et je crois ce qu'elle m'a dit.»[26] Sa mère morte apparaît encore plus grande: «C'est qu'elle est juste cette femme-là, mon parrain! il n'y en a pas une autre comme elle.»[27]

Tout le roman repose sur le pouvoir quasi numineux de la mère sur la fille, symbolisé par le voeu fait par Jeanne à l'instigation de sa mère, voeu que Jeanne réalisera envers et contre tous et au prix de sa vie: «C'est un voeu que ma chère défunte mère m'a commandé de faire lorsque je n'avais encore que quinze ans et que vous m'avez permis de renouveler ensuite.»[28] Ailleurs Jeanne dit:

> Ce n'est pas au grand prêtre. . . .que j'ai fait mes pro-
> messes, c'est à ma chère défunte mère. . . .elle me disait
> tous les jours que c'était pour ma vie et qu'il serait plus
> heureux pour moi de mourir que de me trahir.[29]

Jeanne rappelle clairement la nature du voeu: «de ne pas (se) marier et de ne jamais tant seulement embrasser un homme par amour.»[30]

Ce voeu fonctionne comme une consécration; souvenons-nous des Vestales de l'antiquité et autres prêtresses diverses qui faisaient voeu de chasteté et de célibat. Il est en même temps perçu comme un interdit dicté par la mère tout puissante. Nous remarquons en effet, que pour la première fois dans les romans de George Sand, il n'y a pas de figures paternelles. Le père de Jeanne est mort, morts ceux de Marsillat, de Claudie, de

Guillaume et de Marie, d'Arthur et personne n'assume ce rôle
dans le roman, pas même le curé Alain puisqu'il est amoureux de
Jeanne. Le champ est laissé libre aux pouvoirs des mères diverses, bonnes ou mauvaises: étrange parallèle que forment les
couples contraires: Tula/la Grand'Gothe et Madame de Boussac/
Madame de Charmois. Si nous comparons avec *Consuelo* (écrit
juste avant *Jeanne*), nous retrouvons la mère terrible qui fait
faire un voeu à sa fille, mais c'est la figure paternelle, le Porpora,
qui reprend l'interdit sur la vie du coeur et les attaches sentimentales au profit d'un savoir: le chant. Dans *Jeanne* l'interdit
n'a aucune justification si ce n'est pour maintenir une pureté
rituelle permettant de «trouver le trésor et de donzer le veau
d'or.»[31]

Derrière les caractéristiques de ce personnage de roman nous
voyons poindre à chaque instant le mythe de la femme primitive
«cette vierge de l'âge d'or» comme l'a si bien dit George Sand. Si
l'on en croit les théories générales de C. G. Jung, Jeanne serait
pure élaboration de l'inconscient et mise en scène du principe
féminin, cette force aveugle, bonne et cruelle, créatrice et des-
tructrice, éternelle et figée, telle qu'elle a toujours été ressentie
par l'homme de tous les temps. L'étude des mythologies nous
le prouve amplement.[32] Si l'on prête attention, c'est bien ainsi
que Jeanne existe vraiment; même si l'aspect maléfique est
gommé au profit des bienfaits et qualités apparentes de Jeanne.

Jeanne est perçue comme un intermédiaire entre les forces
surnaturelles, les fades et la population non initiée. Bonne, elle
a reçu de sa mère l'art de guérir; elle sait juguler les démons qui
tourmentent Guillaume, et, pourtant, c'est elle-même qui sème
le trouble dans l'esprit et les sens du jeune homme; c'est sa
présence qui exaspère son mal et le fait délirer. Bonne, elle
effectue un rituel magique pour protéger Guillaume (le brin de
serpolet déposé dans une fente de rocher pour se concilier les
fades); mauvaise, elle n'empêchera pas Guillaume d'être frappé
à la tête par la pierre de la lavandière infernale. Créatrice et
féconde, elle fait miroiter toutes les qualitès de l'âme, tous les
bienfaits; cruelle, elle n'en accordera aucun. Elle ne donnera
pas la moindre satisfaction à aucun des quatre hommes qui sont
amoureux d'elle. Elle abandonnera Marie au chagrin de la séparation. Tous seront punis en proportion de leurs exigences.
Marsillat, le plus téméraire, en restera boiteux, donc très diminué;
Guillaume «rêveur et amant de la solitude;» Marie et Arthur, les
moins coupables, seront aussi les moins châtiés: ils exécutent les

dernières volontés de la morte.

La relation de Jeanne avec les forces surnaturelles est symbolisée par son rapport étroit avec les éléments: contact avec le feu qu'elle traverse pour sauver le cadavre de sa mère des flammes, et, en cela, observer un rituel chtonien: la mère doit retourner au berceau originel de la terre mère et non pas être incinérée comme le recommande le rituel solaire.[33]   La cohérence du mythe est parfaitement respectée jusque dans les détails.   Contact avec l'eau: elle connaît les viviers, indique à son parrain le danger que constitue un puits dans une grotte; après sa chute on la retrouvera au bord d'une source.   En tant que servante elle maîtrise l'élément liquide: George Sand insiste assez lourdement sur les laitages que Jeanne prépare du lait de ses bêtes et sur le linge de la maisonnée qu'elle lave, doublant ainsi la lavandière mystérieuse et maléfique.   Signalons aussi à titre d'exemple d'autres scènes révélatrices comme celle où Jeanne prépare le lit d'Arthur et celle où elle rentre le linge à la nuit.

Mais l'élément de prédilection de Jeanne est, sans conteste, la pierre, le rocher; Jeanne lui est toujours associée d'une manière ou d'une autre: endormie sur les Pierres Jomâtres, veillant sa mère sur la pierre d'Ep-nell, en tête à tête avec Guillaume dans une grotte, endormie à nouveau sur un rocher, assise sur un rocher au bord d'une source.   Quand elle n'est pas en contact avec la pierre, elle est pierre elle-même puisque statue.   Cette association permanente marque la supériorité de Jeanne: c'est ce qu'affirme Mircéa Eliade:

> Le rocher lui (le primitif) révèle quelque chose qui transcende la précarité de sa condition humaine, un mode d'être absolu. . . . Dans sa grandeur et sa dureté, dans sa forme et dans sa couleur, l'homme rencontre une réalité et une force qui appartiennent à un monde autre que le monde profane dont il fait partie. . . .[34]

Son contact permanent avec les animaux est privilégié également; son troupeau est toujours le plus beau, ses bêtes en bonne santé, car elle est en harmonie avec elles; le seul attachement réel et personnel de Jeanne semble être son petit chien qu'elle a laissé à Toul et que Sir Arthur rachète et lui offre. Jeanne, muette avec les hommes, parle à ses animaux; la différence de comportement est soulignée.   Enfin, notons le symbolisme du cheval par rapport à Jeanne. Gilbert Durand parle de cheval infernal:[35] les voyages à cheval de Jeanne la conduise progressivement à la mort: d'abord le trajet vers Boussac, première épreuve, puis le parcours sur le cheval de Marsillat vers son repère de Montbrat, deuxième épreuve, enfin le voyage de retour vers Boussac avec Guillaume, l'épreuve finale.

Avec *Jeanne* c'est le «régime nocturne de l'image»[36] qui s'installe, elle est fille de la nuit; *nuit au figuré* d'abord, puisque nous avons constaté qu'elle était presque aveugle, mais aussi *nuit réelle*. Tous les moments forts du roman baignent dans l'obscurité qui n'est pas totale mais toujours éclairée par la lune; de même que les ténèbres intérieures de Jeanne sont toujours illuminées par la vision de sa mère. Cette superposition de la lune et de la mère rejoint les grands mythes lunaires et chtoniens. Rappelons l'obscurité de la grotte qui abrite Jeanne et Guillaume pendant l'orage. George Sand se plaît à souligner les jeux d'ombre; puis la veillée mortuaire en plein air sur la pierre d'Epnell, bel épisode où seule Jeanne est à l'aise. Léon, le curé, Guillaume, Cadet luttent contre une peur diffuse devant le cadavre de la mère «qui semblait s'agiter sur sa pierre.»[37]

La nuit est inquiétante, elle dissimule presque toujours ce personnage étrange qu'est Raguet, émissaire de la socrière Grand' Gothe dont il a reçu un pouvoir maléfique: c'est lui qui conduit Jeanne à sa perte; par deux fois il émerge de la nuit, d'abord ombre furtive sous la lune, puis menace plus précise, il annonce la maladie de la Grand'Gothe. Jeanne quitte tout pour aller soigner la soeur de sa mère. Dans un nouvel épisode nocturne Jeanne s'anime à la faveur de l'ombre, fait paradoxal, elle regarde et s'émeut, elle chante pour «saluer le lever de la lune, cette Hécate gauloise que les druidesses redoutaient d'offenser, vengeresse terrible des impudiques et des parjures.»[38] C'est le prélude à la dernière épreuve, ce nouveau tête-à-tête avec un homme, le plus entreprenant puisqu'il s'agit de Marsillat. Jeanne ne sera pas parjure, Hécate la protège et fait qu'elle ne se tue pas en se jetant par la fenêtre pour sauvegarder son honneur; elle semble transfigurée par l'incident: «Jeanne avait perdu la mémoire de toutes ces afflictions, elle paraissait méditer et cependant l'action de sa pensée n'était plus qu'un rêve doux et paisible.»[39]

Un court sursis lui est accordé pour parachever son triomphe: l'entretien avec le curé Alain, dernier tête-à-tête masculin. Jeanne est inébranlable; victorieuse elle peut rejoindre les forces des ténèbres et faire retour à la Grande Mère, vierge comme elle. En effet, tout l'intrigue de roman repose sur la question de savoir si Jeanne saura se garder des hommes. Ce culte de la virginité, cette obstination à fuir les hommes est surprenant chez cette paysanne, élevée au contact des animaux, pour qui l'accouplement aurait dû être un acte banal. Il faut y voir la mise en scène du mythe de la déesse vierge qui célèbre la liberté de la femme par rapport à l'homme et à la biologie. La froide Galatée s'identifie à la Grande Mère lunaire, séduisant à son insu et refusant de se laisser séduire. Ce mythe de la vierge apparaît comme un défi sauvage lancé à l'homme de se passer de lui, de l'ignorer mieux, et surtout de le dominer sur son propre terrain: la force.

Tous les traits que nous avons dégagés composent un portrait de femme étonnant par sa dureté; car ne nous y trompons pas, George Sand l'a habilement maquillée de couleurs douces pour ne pas effaroucher son public, voire elle-même. Pour Jeanne les autres n'existent pas en tant qu'objet de désir; toutes ses facultés émotives ont été accaparées, une fois pour toutes, par sa mère qui lui a inculqué des règles de conduite; règles que Jeanne applique scrupuleusement comme un rituel protecteur sans chercher à raisonner ou à comprendre. Par exemple: elle ne veut pas revenir sur ses convictions quant aux Anglais qui ont fait brûler la grande pastoure malgré ce que lui explique Marie de Boussac. Il s'agit bien de croyance aveugle et sourde. La mise en scène délibérée de George Sand ne montre que les bons côtés de ces règles de conduite qui ressortent d'une obéissance passive, formelle et infantile; mais ce que fait Jeanne n'a rien à voir avec l'amour du prochain ou l'abnégation, même si George Sand, ici et là, veut nous faire croire le contraire. Tant mieux si sa conduite fait du bien à autrui; c'est là un aspect second, l'essentiel étant de préserver sa propre pureté.

Son comportement est mortifère, entièrement tourné vers le passé et le surnaturel, donc grandement régressif. Elle n'est effleurée par aucun des dilemmes qui sont le lot cruel de l'humanité. «Etre adulte revient à avoir des sentiments ambivalents» disait M. Balint.[40] Pour Jeanne, il n'y a pas de choix à faire (pas même d'un époux), pas d'alternative; tout est simple et rectiligne. Nous continuerons notre entreprise iconoclaste en ébauchant une interprétation psychanalytique. Jeanne serait toujours en symbiose avec sa mère, une mère hallucinée puisque morte. Elle en est restée au stade du narcissisme primaire indifférencié, c'est-à-dire qu'elle se maintient dans un état d'harmonie, non dissocié par l'épreuve de réalité qui n'a pas eu lieu. Les autres et l'environnement qu'ils créent n'existent pas. Elle a la pureté et l'innocence du petit enfant, mais en privant ces mots de leur connotation morale. Il s'agit d'incapacité à sortir d'une relation duelle infantile et d'une dénégation de toute vie instinctuelle adulte. Jeanne, nous l'avons vu, est dans l'impossibilité d'instaurer une relation d'objet: étrange idéal, destiné à fasciner les gens torturés par le doute et l'ambivalence, à commencer par George Sand elle même. Jeanne fonctionne comme un leurre temporairement reposant, mais elle est l'aboutissement d'un fantasme essentiel de George Sand. Peut-on pour autant parler d'évolution régulière vers cette figure achevée qu'est Jeanne?

C'est difficile; en effet toutes les héroïnes ont un potentiel commun qui, suivant les décors et l'intrigue, est agi de façon plus ou moins explicite en fonction, probablement, du climat psychique de l'auteur pendant la rédaction de ses romans. Nous allons voir maintenant comment ces héroïnes mettent en scène les traits de comportement relevés dans *Jeanne*.

La femme prêtresse doit préserver sa pureté rituelle. Pour se faire, elle ne doit pas soutenir le regard d'un homme, qui l'éveille à une différence, à une finalité sexuelle dégradante et offensante pour la pudeur. *Gabriel* est très symbolique de la créativité toute magique du regard. Le couple de cousins Gabriel(le) et Astolphe, devient un couple d'amants dès qu'Astolphe perçoit Gabrielle, par la vision, comme femme. Les paroles de l'héroïne marquent très nettement cette mutation mal acceptée: «Vois-tu Astolphe, tu m'as fait redevenir femme, mais je n'ai pas tout à fait renoncé à être homme. . . . Il me semble que je suis quelque chose de plus qu'une femme.»[41]

Pour conserver leur pureté sous le regard des hommes, les héroïnes sont souvent contemplées à leur insu. George Sand trouve toujours un stratagème pour épargner leur pudeur: ou elles sont endormies ou évanouies, malades ou regardées par l'intermédiaire d'un miroir (la rivière dans *Valentine*) ou absorbées totalement dans une tâche. Il n'est pas un seul roman qui ne donne plusieurs exemples de ces situations. Une phrase de Bénédict à Valentine formule parfaitement cette pensée: «Ah! Valentine, vous devriez dormir toujours, mais la femme la plus pure redevient hypocrite en s'éveillant.»[42]

En dernière extrémité, la femme baisse les yeux, honteuse;

c'est une dérobade humiliante, presque toujours suivie d'une revanche éclatante: la femme prêtresse refuse d'être dominée et possédée par le regard de l'homme; elle retourne l'arme contre lui et l'en écrase. Ces regards de femme, inflexibles malgré leur fragilité apparente, font plier l'homme le plus courageux; affilés comme des lames, ils ponctuent tous les romans de George Sand. Que l'on se souvienne du duel oratoire, mais combien visuel aussi entre Indiana et son mari avant leur départ pour l'île Bourbon. Même la douce Valentine peut foudroyer du regard: «Valentine se releva indignée et regardant son mari de toute la hauteur de sa fierté de femme outragée. . . .»[43] Citons encore la première rencontre de Simon et de Fiamma: «Ce regard. . . .fit tressaillir Feline comme un appel ou comme un défi.»[44]

Entre un homme et une femme le regard ne s'échange pas d'égal à égal, tout au plus «se devine-t-il dans l'ombre»[45] qui évite ainsi l'affrontement. Symbolique de cette protection et de ce retrait en soi, l'image de la statue revient fréquemment, même si elle reste parfois implicite. Elle installe une cuirasse[46] qui arrête les regards et les sensations. L'utilisation qu'en fait George Sand est double: elle satisfait son sens de la beauté qu'elle aimait à observer, détailler, caresser; c'était son métier d'artiste et de prêtresse du beau. Mais en tant que femme, elle ne supportait pas d'être réifiée par le regard qu'elle ressentait toujours comme une violence. La statue devient un double alibi: puisqu'elle ne sent rien, on peut satisfaire son désir, elle devient statue pour ne rien sentir du désir des autres. Indiana est une ébauche de la première statue sculptée par George Sand, immobile et pâle sous le manteau de la cheminée. Lélia va plus avant dans l'élaboration de cette image d'abord suggérée par ses qualités de roideur, d'insensibilité et de dureté, elle est peu à peu nommée et pré-sentée comme un idéal:

> La majesté. . . .qui entourait Lélia comme une auréole, l'isolait presque toujours au milieu du monde. . . .elle le traversait avec une défiance haineuse et s'y montrait sous un aspect rigide pour éloigner d'elle autant que possible le contact de la société. . . . Elle venait y chercher un spectacle.[47]

Notons la contradiction qu'implique «Elle venait y chercher un spectacle.» Tout le texte laisse entendre, au contraire, qu'elle vient pour se donner en spectacle comme une statue. Lélia est, du reste, presque toujours associée au marbre, au granit, à la pierre: elle s'en plaint: «Pourquoi m'avez-vous fait naître femme si vous vouliez un peu plus tard me changer en pierre?»[48]

Chaque roman repris en détail fournirait une multitude d'exemples de la formation de cette idée de la femme statue; en particulier, tout contact charnel avec un homme rend instantanément glacées et rigides ces femmes. La blancheur et la froideur du marbre sont devenues des clichés chez George Sand. Le sommeil et la syncope, conçus comme écran au regard profanateur, engendrent également l'immobilité de la statue. Le stade ultime de cette réaction, avant son achèvement dans *Jeanne,* est Consuelo, l'artiste qui se produit sur une scène de théâtre, point de mire insensible, qui ne se laisse saisir par aucun regard de son public.

En tant que prêtresse, les héroïnes de George Sand ont presque toujours un entourage religieux. Elles apparaissent comme des femmes différentes des autres, consacrées à leur dieu, leur idéal, libres de toute autre attache, puissantes de leur liberté, véritables médiatrices entre l'homme et la divinité. Déjà Indiana est prêtresse: que l'on se souvienne du portrait en pied de Sir Ralph dans sa chambre de la gaze dont elle le recouvre en son absence: rite étrange qui suscite la jalousie de Raymon. Présenté là, il est le seul indice d'un amour totalement inconscient à ce moment-là, mais qui se dévoilera par la suite. D'autre part, Indiana, comme bien d'autres héroines, se hausse au niveau de la divinité qu'elle sert, en réclamant un amour absolu: «Il faut m'aimer sans partage, sans retour, sans réserve, il faut être prêt à me sacrifier tout, fortune, réputation, devoir, affaires, principes, famille, tout monsieur.»[49] Raymon répond à la sollicitation: «Je te rends un culte plus pur et plus saint que jamais jeune fille n'en rendit à sa madone!»[50]

Dans *Valentine,* la scène qui précède la chute se passe dans un oratoire où l'héroïne est venue prier; Bénédict la contemple à son insu accroché aux barreaux d'une balustrade. La scène est tout à fait symbolique du recueillement avant le sacrifice de la vestale. George Sand utilise une expression qui correspond bien à la gravité de la situation: «. . . .c'était un moment fatal qui devait arriver tôt ou tard.»[51] Une prêtresse qui renie sa vocation ne peut qu'être châtiée de cette profanation que constitue son union avec un homme: «Sa faute reçut le plus rude châtiment qui pût être infligé. . . . Valentine dépérit de chagrin.»[52]

Lélia offre des exemples plus complexes encore, trop pour être analysés dans le cadre de cette étude. Soulignons la mission de Pulchérie, prêtresse de l'amour au pavillon d'Aphrodise et Lélia qui «par un sentiment solennel et terrible. . . .jure de consacrer sa vie à la prière et à la méditation.»[53] La deuxième version de *Lélia* officialise ce rôle en la faisant abbesse.

Edmée de Mauprat est un exemple sans doute plus inattendu, mais n'est-elle pas la médiatrice vers qui Bernard s'élèvera peu à peu?

> La fée qui m'a transformé n'est plus là pour jouir de son ouvrage. . . . (P)our moi je puis dire que mon éducation fut faite par elle; pendant le cours de ma vie je m'abandonnais entièrement à sa raison et à sa droiture.[54]

Nous le voyons: la prêtresse se confond très facilement avec la divinité à qui elle sert un culte.

Dans tous les romans on trouve ce contact privilégié des femmes avec la nature et la nuit. La seule consolation d'Indiana à l'île Bourbon sont ses promenades dans la varangue; le suicide, que Ralph et elle-même projettent, est une plongée dans les eaux de Bernica, un retour au berceau, tombe de la terre-mère. Et comme pour les récompenser de cette preuve de confiance suprême, la terre-mère abritera leur bonheur à l'écart du monde. Souvenons-nous des rendez-vous nocturnes de Valentine et de Bénédict, dans les champs; de son pavillon de verdure où elle rassemble sa petite famille. Quant à Lélia, il lui faut les torrents, les rochers, la montagne, les glaciers, les étendues arides qu'elle recherchera avec véhémence car elle sait que la femme ressent la nature au plus profond d'elle-même. Mais: «(n)i les fleurs, ni les torrents n'appelaient (ses) regards, nul objet sur la terre n'éveillait (ses) sensations.»[55] Si la nature ne l'émeut pas plus que les plaisirs de l'amour, c'est une des preuves de sa malédiction, marque ambivalente de sa grandeur et de son impuissance.

Dans *André*, la douce Geneviève symbolise à merveille la femme fleur qui va se faner dans sa pleine jeunesse, parce qu'un homme l'a cueillie égoïstement pour son plaisir.

Rares sont les romans qui ne comportent pas de rendez-vous nocturnes dans la nature. La femme se fond dans la nuit, elle se sent protégée, enveloppée, à l'abri des regards: la lune veille sur elle. Malgré leur apparence souvent frêle, la plupart des héroïnes sandiennes sont des femmes douées d'une force physique extraordinaire comme Jeanne. Les étreintes de Lélia sont terribles, elles écrasent le malheureux Sténio: «Elle l'entoura de ses bras et le pressa contre elle avec une force surhumaine.»[56] La Quintilia du *Secrétaire intime* est aussi «(u)ne femme d'une vigueur peu comme.»[57] Fiamma dans *Simon* révèle toute sa force dans le combat furieux qu'elle mène contre le milan. Indiana, Valentine, Edmée de Mauprat, Sylvia montent à cheval avec témérité et maîtrisent des montures fougueuses. Même la fragile Geneviève, dans *André*, surprend Joseph Marteau par son courage à supporter le galop de cheval et le passage périlleux de la rivière en crue, la nuit. Que penser de la force de Naam, la femme esclave de l'*Uscoque?* Elle porte son seigneur et maître défaillant, court les flots déchaînés, tue sans broncher les vaillants soldats de Venise lorsqu'ils sont devenus gênants, n'hésite pas à menacer son maître lui-même: «Celui de nous deux qui traversera ceci (le feu) avec le plus de calme. . . .aura le droit de menacer l'autre et de l'effrayer.»[58]

Si la force physique n'est pas toujours explicitée, la supériorité de l'héroïne est toujours marquée; sa force morale écrase l'homme. Les exemples sont nombreux depuis Indiana, qui tient tête longuement à Raymon, et Laure de Nangy, qui a asservi son mari, jusqu'à Consuelo, qui domine et aisément hommes et femmes du roman, en passant par la fière Sylvia de *Jacques*. C'est bien d'un combat qu'il s'agit entre l'homme et la femme. Rappelons une des luttes les plus significatives: celle de Quintilia et de Saint-Julien:

> Elle le saisit à la gorge et la lui serra d'une main si virile qu'il tomba pâle et suffoqué à ses pieds. Alors elle s'élança sur lui et lui mit un genou sur la poitrine et avant qu'il eût eu le temps de se reconnaître, elle fit briller au-dessus de son visage la lame du poignard qui ne la quittait jamais. . . . (E)lle lui posa la pointe du poignard sur les artères du cou. . . . Saint-Julien essaya encore de se dégager; il sentit l'acier entrer légèrement dans sa chair et quelques gouttes chaudes de son sang humecter sa poitrine.[59]

George Sand s'attarde avec un plaisir évident à la description de cet affrontement; une jubilation secrète émane de la défaite de l'homme blessé dans sa chair. On peut se demander si cette scène n'est pas ressentie par George Sand comme le viol d'un homme par une femme; elle répond parfaitement à certains passages de Lélia parlant de son expérience sexuelle. Quintilia est ici: «l'homme brutal et vorace comme une bête fauve. . . .»[60] Le couteau fait office de pénis: «la femme évanouie et demi-morte,» c'est Saint-Julien sur le sein duquel Quintilia «savourait son farouche plaisir.»[61] Ce serait le retournement évident d'une situation traumatique, désir de revanche qui jalonne toute l'oeuvre de George Sand de manière plus ou moins fulgurante mais toujours constante. La femme est sur ses gardes, ses sens sont comme anesthésiés. La sensualité est ressentie comme une faiblesse chez la femme, une faille dans la cuirasse qu'elle oppose à l'homme. C'est pourquoi toutes ses héroïnes défaillent ou se figent au moindre contact charnel. Même la syncope est une victoire, car elle est conçue comme une protection de dernière extrémité. Il y a une évidente peur de l'homme qui peut s'exercer dans deux sens contraires: elle peut provoquer dégoût sexuel et frigidité, mais elle peut être aussi la preuve d'un goût excessif pour une sensualité débordante. Dans ce cas George Sand et ses héroïnes auraient peur d'elles-mêmes, de leur fai-blesse; elles mobiliseraient toute leur énergie pour repousser les occasions de sombrer dans un processus qu'elles ne pourraient plus contrôler, et qui les laisserait dominées et asservies.

A notre avis c'est dans cette voie qu'il faut chercher l'explication de bien des comportements sandiens. La con-fession que Lélia fait à sa soeur Pulchérie semble confirmer notre point de vue:

> J'étais à la fois effrayée et joyeuse de ce qui se passait
> en moi et je m'abandonnais à ce trouble extatique sans
> savoir quel en serait le réveil. . . . J'avais tout à craindre:
> les hommes, les choses et moi surtout.[62]

> Je voulais me considérer comme morte. . . .afin de m'y
> glacer entièrement et de retourner au monde dans un
> état d'invulnérabilité complète.[63]

Cette peur de la blessure, n'est-elle pas la preuve de la grande sensibilité de ses sens, sens si puissants, semble-t-il que George Sand à travers Lélia, s'interroge désespérément: «Pourquoi les sens peuvent-ils imposer silence à la pensée, étouffer l'instinct du coeur, le discernement de l'esprit?»[64]

De par leur force physique et morale, il n'est pas un roman
de George Sand où la destinée de l'homme ne soit entre les mains
de femmes: Indiana ne se laisse pas asservir par son mari, résiste
à Raymon et semble céder à Ralph dans la mesure où celui-ci a
fait la preuve de son adoration inconditionnelle. Valentine a un
pouvoir de vie et de mort sur Bénédict. Simon est prêt à tout
sacrifier pour Fiamma; Quintilia règne sur le coeur et la vie de
Max, son mari si symboliquement caché, et sur Saint-Julien.
Fernande conduit son mari Jacques à la mort par abnégation;
Edmée de Mauprat exerce une pression de chaque instant sur
Bernard son cousin/fiancé, et ne l'épousera que lorsqu'elle l'aura
transformé à son gré. Giovanna, par delà la mort, parviendra à
terrasser, avec l'aide de Naam, le héros Orio Soranzo dans
L'Uscoque. Gabriel(le) choisira le suicide plutôt que de se
soumettre à Astolphe. Nous pourrions multiplier les exemples
presque à l'infini.

Ce comportement débouche obligatoirement sur le mythe
de la vierge fière et indépendante, de l'amazone (le terme est
employé à propos de Fiamma dans *Simon*). Déjà dans (*Lélia*
George Sand pense à la vierge de l'âge d'or quand elle dit:

> Dans la jeunesse du monde, alors que l'homme n'avait pas
> faussé sa nature et méconnu son propre coeur, l'amour
> d'un sexe pour l'autre tel que nous le concevons aujourd-
> 'hui n'existait pas. Le plaisir seul était un lien, la passion
> morale avec ses obstacles, ses souffrances, son intensité
> est un mal que ces générations ont ignoré.[65]

Si la grande mère primitive faisait de son fils son amant, on
pourrait dire que l'héroïne sandienne, de son amant fait souvent
son fils. C'est un moyen de neutraliser l'homme que d'en faire
un enfant et Lélia apparaît comme un modèle du genre. C'est
à elle que Sand fait dire à Sténio: «Je t'aimais tant tout à
l'heure. . . .peureux et naïf. . . .tu étais si humble alors. . . .ne
peux-tu rester ainsi craintif et palpitant? Je me plais à vous
caresser, à vous regarder comme si vous étiez mon enfant. . . .»[66]

Ce passage illustre parfaitement l'alternative qui se présente à Lélia: dès que Sténio agit en homme, elle le repousse
violemment, mais aussitôt que Sténio pleure comme un enfant,
faible alors, elle l'accable de caresses. Quel nouveau supplice
est-ce là? A un degré moindre, Edmée de Mauprat agit avec le
même désir de briser, de dompter le fauve qu'est Bernard. In-

diana, Quintilia, Sylvia, la comtesse de Blanchemont, Mademoiselle de Villepreux n'acceptent que des passions maîtrisées, épurées de tout instinct trop vif.

Enfin tout lecteur de George Sand ne manque pas d'être frappé par les couples de femmes qui traversent ses romans, couples de soeurs souvent, et couples de forces antagonistes: Indiana et Noun, l'une refusant obstinément de céder à Raymon, l'autre mendiant des caresses du même Raymon et enceinte de lui. Valentine et Louise, la pure jeune fille et la mère célibataire; Lélia et Pulchérie; Fernande et Sylvia, l'une dolente et enfantine, l'autre énergique; Giovanna et Naam; Alice et Agathe dans *Isidora,* et nous laisserons au lecteur le soin de compléter cette liste. Le type achevé de ces couples est celui de Tula la bonne magicienne et la Grand'Gothe la maléfique, les deux soeurs de *Jeanne.* Tous ces couples illustrent donc le double aspect fondamental de la femme complète, bonne et terrible; bienfaisante, elle est la mère qui choie son enfant; cruelle, elle repoussa l'homme qui voudrait la soumettre à ses désirs. Le mythe représente cette attitude par la mise à mort du fils-amant, c'est-à-dire de l'enfant devenu homme. Cet aspect est seulement ébauché dans *Jeanne* avec le personnage de Guillaume, refusé en tant qu'homme, mais soigné comme un enfant sans aucune réserve quand il est malade.

La soumission sexuelle à l'homme est ressentie comme la violation d'un tabou qui porte malheur à celui qui l'a transgressé. Le dénouement de presque tous les romans obéit à cette règle. Dans *Indiana,* Noun, désespérée, se suicide, tandis que Raymon, le conquérant, est puni par où il avait péché; il est asservi par une femme froide et méprisante. Indiana est finalement récompensée d'être parvenue, malgré les tentations, à conserver sa pureté initiale. Dans *Valentine,* Bénédict est cruellement assassiné au moment où tout semblait s'arranger, puisque Valentine se trouvait veuve, donc libre de l'épouser. Au contraire, elle se laisse mourir de chagrin; quant à Louise, sa vie est une longue expiation de sa faiblesse d'un moment. De même Geneviève ne pourra jouir d'être marquise de Morand parce qu'elle n'a pas su rester pure pour l'obtenir; elle mourra donc, ainsi que son enfant. On peut affirmer que le dénouement est heureux toutes les fois que l'héroïne arrive pure au mariage et est souvent tragique lorsqu'elle a cédé aux désirs de l'homme en dehors des règles sociales du mariage. Les exceptions apparentes à ce schéma (telles *Jacques* et *Horace*), demanderaient

une étude plus approfondie pour voir où se situe la transgression
et comment elle est punie.

Cette image de la femme prêtresse n'est pas une création de
George Sand même si elle donne un éclairage nouveau à son
oeuvre. Elle semble avoir hanté les imaginations romantiques de
manière plus ou moins diffuse. Dès 1819 de Marchangy, dans
son *Histoire Poétique de la Gaule*, brosse un portrait de femme
qui lui ressemble étrangement. Ses noms sont tour à tour: la
France, la femme gauloise, Jeanne d'Arc, mais c'est toujours
la même femme; il semblerait que George Sand s'en soit inspirée.
Pour lui les femmes sont des êtres surnaturels et les jeunes filles
ont quelque chose de divin; pour lui aussi Jeanne, la grande
Jeanne d'Arc, unissait force, souplesse et grâce: «. . . .ses traits
à la fois expressifs et réguliers offraient aux statuaires les traits
de la chaste Diane.»[67]

Exactement contemporaine de George Sand, Flora Tristan,
malgré l'inimitié des deux femmes, parle comme une héroïne
sandienne. Sa femme-messie est une soeur jumelle de la femme
prêtresse de George Sand.

Enfin, plus tardivement, en 1866, Madame Ancelot dans
Coup d'oeil sur la Destinée des Femmes en France, reprend la
même idée de la femme puissante et intermédiaire entre l'homme
et la divinité:

> . . . .le culte religieux. . . .(Q)ui avait-il pour interprètes?
> (L)es femmes. Des prêtresses étaient chargées de porter
> aux dieux les voeux des hommes et de reporter aux mor-
> tels les ordres de la divinité. . . . (T)outes les cérémonies
> du culte étaient leur apanage et l'on regardait comme des
> oracles leurs paroles inspirées. . . . (C)é'tait le gage de leur
> mission divine, l'emblème de leur domination. . . . Elles
> règnaient, mais elles étaient écoutées comme des oracles et
> adorées comme des êtres surnaturels.[68]

Ces exemples trouvés au hasard de lectures pourraient être
multipliés par une étude systématique des oeuvres romantiques
pour amorcer une gynécomythie romantique et poursuivre ainsi
le travail commencé par Pierre Fauchery pour le XVIIIe siècle.[69]

Notes

[1] George Sand, *Jeanne* (Paris: Michel Lévy, 1867), p. 2.

[2] Voir Pierre Solié, *La Femme essentielle* (Paris: Seghers, 1980).

[3] Sand, *Jeanne*, p. 15.

[4] Ibid.

[5] Ibid.

[6] Ibid., p. 16.

[7] Ibid., p. 197.

[8] Ibid., p. 340.

[9] Ibid., p. 344.

[10] Ibid., p. 43.

[11] Ibid., p. 202.

[12] Ibid.

[13] Ibid., p. 199.

[14] Ibid., p. 13.

[15] Ibid., p. 42.

[16] Ibid., p. 62.

[17] Ibid., p. 152.

[18] Ibid., p. 351.

[19] Ibid., p. 98.

[20] Ibid., p. 99.

[21] Ibid., p. 249.

[22] Ibid., p. 68.

[23] Ibid., p. 191.

[24] Ibid., p. 202.

[25] Ibid., p. 70.

[26] Ibid., p. 73.

[27] Ibid., p. iii.

[28] Ibid., p. 346.

[29] Ibid., p. 349.

[30] Ibid., p. 350.

[31] Ibid., p. 347.

[32] Voir Wolfgang Lederer, *La Peur des femmes* (Paris: Payot, 1970); Esther Harding, *Women's Mysteries* (New York: Longmans, Green & Co., 19??); et Jean Cazeneuve, *Le Rite et la condition humaine* (Paris: P.U.F., 1959).

[33] Gilbert Durand, *Les Structures anthropologiques de l'imaginaire* (Paris: Bordas, 1979).

[34] Mircéa Eliade, *Traité d'Histoire des religions* (Paris: Payot, 1968).

[35] Durand, p. 78 et suivantes.

[36] Ibid., p. 219 et suivantes.

[37] Sand, *Jeanne*, p. 105.

[38] Ibid., p. 281.

[39] Ibid., p. 331.

[40] Michel Balint, *Les Voies de la régression* (Paris: Payot, 1972), p. 58.

[41] George Sand, *Gabriel* (Paris: F. Bonnaire, 1840), p. 201.

[42] George Sand, *Valentine* (Paris: Hetzel/Michel Lévy, 1856), p. 209.

[43] Ibid., p. 275.

[44] George Sand, *Simon* (Paris: Hetzel Lecou, 1855), p. 235.

[45] George Sand, *Lélia* (Paris: Garnier, 1960), p. 47.

[46] Durand, pp. 189-190.

[47] Sand, *Lélia*, p. 47.

[48] Ibid., p. 99.

[49] George Sand, *Indiana* (Paris: Garnier, 1962), p. 136.

[50] Ibid., p. 170.

[51] Sand, *Valentine*, p. 291.

[52] Ibid.

[53] Sand, *Lélia*, p. 197.

[54] George Sand, *Mauprat* (Paris: Garnier Flammarion, 1969), pp. 33 et 313.

[55] Sand, *Lélia*, p. 9.

[56] Ibid., p. 89.

[57] George Sand, *Le Secrétaire intime* (Paris: Michel Lévy, 1863), p. 164.

[58] George Sand, *L'Uscoque* (Paris: F. Bonnaire, 1838), p. 208.

[59] Sand, *Le Secrétaire intime*, p. 163.

[60] Sand, *Lélia*, p. 175.

[61] Ibid.

[62] Ibid., p. 178.

[63] Ibid.

[64] Ibid., 237.

[65] Ibid., p. 56.

[66] Ibid., pp. 91-92.

[67] Pierre de Marchangy, *La Gaule poétique* (Paris: C.F. Patris, 1819), I, 54.

[68] Mme. Ancelot, *Un Salon de Paris: 1824-1864* (Paris: E. Dentu, 1866), p. 260.

[69] Voir Pierre Fauchery, *La Destinée féminine dans le roman du XVIIIe siècle* (Paris: Armand Colin, 1972).

VIII

MYTH

George Sand et Gustave Moreau: Le Mythe d'Orphée ou l'Expression impossible

Hélène Laperrousaz
University of San Diego

Il n'est plus à dire que le thème qu'illustre George Sand dans *Les Sept cordes de la lyre*, de l'intervention d'un être céleste pour sauver la créature humaine, va dans le sens de la ligne romantique et lui survit d'ailleurs dans le mouvement symboliste. Un courant mystique circule non seulement en France mais aussi bien en Angleterre, en Allemagne, en Russie et en Scandinavie. Nombreux sont les artistes, les poètes qui s'intéressent aux principes de Swedenborg, de Saint-Martin, des Roses-Croix, des Théosophes etc... L'ésotérisme apparait comme un refuge, pour certains, dans une société où prospère le matérialisme. Gérardy, en 1894, dit même que «mysticisme et symbolisme sont les mots essentiels.»[1] Novalis proclame la nécessité de l'union de la poésie, de la philosophie et de la religion. Edouard Shuré, en 1889, dans *Les Grands Initiés*, présente Orphée, comme un des bienfaiteurs spirituels de l'humanité — Orphée, fils de la lyre qui se déguise dans *Les Sept cordes de la lyre* sous les traits d'Hélène, ne trompe pas le jeune Lecomte de Lisle, un des rares admirateurs de l'ouvrage. Est-ce parce qu'il a été tellement frappé qu'il reprend lui-même le thème dans un de ses *Poèmes antiques* intitulé «Khiron» où il représente Orphée aux côtés du Centaure? Chiron, vieillard, incarnation de la Sagesse, prépare Orphée à lui succéder et lui fait prendre conscience de sa fonction de chantre prophétique de l'humanité. Si le Centaure semble être le personnage central, c'est pourtant Orphée qui est au premier plan. C'est un rapport à peu près du même genre que Sand établit entre Albertus et Hélène. Il est intéressant de noter que le philosophe se définit lui-même comme un «animal déplaisant et disgracieux,»[2] la distance au Centaure peut être vite franchie! Lecomte de Lisle a écrit ses poèmes entre 1852 et 1874, Gustave Moreau a peint son aquarelle vers 1880, rien n'empêche de supposer qu'il ait lu le poème et s'en inspire et qu'il ait eu connaissance aussi de l'oeuvre de George Sand. L'image de la lyre hante sa peinture et sa dernière oeuvre inachevée s'intitule «Les Lyres mortes.» L'image, on le sait, a été utilisée aussi par bien d'autres comme Lamartine, Nodier, Shelley, Ballanche, Quinet. George Sand fait dire à son poète, personnage épisodique: «La lyre est plus l'emblème de la poésie que de la musique.»[3]   Elle rejoint, par cette affirmation, la fonction originaire de l'instrument qui consistait à donner un support rythmé aux vers que le poète grec modulait. Aujourd'hui, Jacques Geninasca, dans sa critique des *Chimères* de Nerval,[4] écrit que la lyre symbolise l'acte poétique qui associe expression et contenu. Elle est donc un symbole au sens plein et étroitement lié à celui d'Orphée.

Le nom d'Orphée est chargé d'une connotation mortuaire et ce symbole récurrent en peinture comme en poésie, de la mort du poète au service de l'Expression, de quel message est-il porteur? Peut-il nous aider à découvrir quelque secret de la création artistique? En même temps qu'il crée, l'artiste ne raconterait-il pas l'histoire de sa création dans les symboles qu'il utilise, qu'il en soit conscient ou pas?

Dans cette voie il convient que nous soyons clairs sur les termes et précisions que nous entendons par symbole non point une image qu'en toute lucidité l'esprit charge d'un sens relativement précis, mais plutôt ce que Marcel Raymond appelle le «symbole authentique (né) d'une adhésion directe de l'esprit à une forme de pensée *naturellement figurée*; n'étant jamais une *traduction* il ne peut jamais être traduit.»[5]   Il ajoute, «fait essentiel, souvent méconnu...les symboles du rêve et de la rêverie non gouvernée sont polyvalents c'est-à-dire représentent un état complexe et d'ailleurs en voie de métamorphose.»[6]   Le critique littéraire décèle ainsi l'aspect polyvalent de la notion de symbole par opposition au concept plus limité d'allégorie. Cette polyvalence est celle dont parle Freud à propos du symbole onirique, et cette remarque nous amène un pas plus loin dans notre démarche de découverte du processus de création. Pour suivre plus facilement regardons ce qui se passe dans le jeu du rêve.

Il se produit, au niveau du rêve, toute une activité de condensation qui révèle l'écart entre la laconicité du rêve lui-même et la volubilité des pensées du rêve. En volume, dit Freud, l'écriture du rêve occupe une page, mais celle des pensées du rêve en remplit douze.[7] Nous ne retiendrons, pour cette étude, parmi les éléments constitutifs du rêve, que le phénomène de convergence vers un élément unique de condensation, car il s'y manifeste un aspect important, le besoin de satisfaction médiatisé par le désir. Ainsi nous est révélé le jeu qui provoque la création du fantasme, qui est le rapport le plus étroit avec le désir. Une définition générale nous en est donnée par Laplanche et Pontalis dans leur *Vocabulaire de la psychanalyse*: «scénarios imaginaires où le sujet est présent et qui figurent, de façon plus ou moins déformée par les processus défensifs, l'accomplissement d'un désir et, en dernier ressort, d'un désir inconscient.»[8]

Jean-François Lyotard reprend le terme dans son ouvrage *Dérive à partir de Marx et Freud* et étudie la fonction du fantasme dans la création artistique, fantasme dont la formation lui apparaît être l'accomplissement régressif du désir. Quel est le mécanisme? En termes freudiens le désir porte toujours en lui-même son interdit; il est, dit Lyotard, une mise en scène provenant de l'interdiction du désir. Il croit que la relation «véritable» art-fantasme n'est pas directe, l'artiste ne produit pas, au dehors, des systèmes de figures internes, mais c'est quelqu'un qui essaie de se battre pour délivrer dans le fantasme, *dans* la matrice de figures dont il est le lieu et l'héritier, ce qui est proprement processus primaire et qui n'est pas répétition, «écriture.»[9]

Ces remarques donnent un premier éclairage sur l'acte initial de l'oeuvre d'art et, en somme, sur tout le processus de sa mise en forme. En tant que figure fantasmatique, lorsque l'oeuvre d'art se donne à voir ou à lire, ce qui est la même chose, il n'est pas étonnant qu'elle suscite des réactions dans le public, et cela peut expliquer pourquoi George Sand rencontra une incompréhension quasi générale à la parution de sa tentative d'exprimer autre chose, autrement, étant donnée, pour les lecteurs, l'étrangeté du sujet et de l'écriture. Nous utiliserons l'aquarelle de Gustave Moreau pour faciliter l'approche du phénomène, car elle nous paraît appartenir à la même veine d'inspiration que le drame de Sand, au même besoin de dire, au même message à faire passer mais, dans le tableau, le sens se donne d'emblée dans le simultané de l'image et non progressivement dans le linéaire d'une écriture; sa saisie est plus immédiate. Précisons cependant que notre but n'est pas de faire l'analyse de l'aquarelle mais d'en choisir les éléments qui nous paraissent communs aux deux oeuvres afin de mieux éclairer les intentions

Le Poéte mort et le Centaure
Courtesy of Gustave Moreau
Museum in Paris

de Sand. Une étude plus complète sera l'objet d'un autre travail
sur Gustave Moreau.

Le spectateur prend acte tout d'abord qu'à travers le tableau, dans une atmosphère à la fois sacrée et mystérieuse, les
apparences picturales qui lui sont livrées lui laissent entendre un
secret, un message ésotérique. Il s'aperçoit ensuite que sa reconnaissance et sa saisie du message se font essentiellement au
niveau non verbal du «ressentir» plutôt qu'à celui de la con-
ceptualisation, car, lui, spectateur, ne peut exprimer cette Parole
dans son propre langage. Il reconnaît se trouver très exactement
devant ce que Freud appelle, nous l'avons vu, un niveau de condensation métaphorique du rêve, et il apparaît très clairement
dans son champ de conscience que, sur les figures et le paysage,
converge tout un ensemble de sens divers entremêlés qu'il faut
essayer de démêler.

L'oeil averti, à l'écoute de l'image superficielle, retrouve
donc, dans la présence simultanée et contigüe d'un Centaure et
d'un poète un couple aussi illustré, on peut dire d'une façon un
peu large, en prose, par George Sand, puisque Albertus son
philosophe se définit comme un animal et, en poésie, par
Lecomte de Lisle. Cette pluralité du champ de l'expression du
thème ne fait qu'en rendre plus riche la signification. Lyotard
ne présente-t-il pas les dessins comme des «frères des textes en
pression d'angoisse,»[10] Pourquoi pression? La source en est
dans ce qu'il appelle «la figure profonde,» ainsi libellée; «In-
déchiffrable, retirée dans sa nuit, elle guette le crayon, le pousse
à reformer le même trait, elle se fait l'auteur de l'auteur, et ce
qu'elle trace est l'emblème immuable de son absence.[11]

A l'oeil donc, sur la scène de la contemplation, livre ou
tableau, est donnée à voir une trace ou figure fantasmatique,
témoin de tout un jeu de substitutions survenant dans le monde
même du créateur. Dans la couche sous-jacente de l'expression
vibre la figure-forme au niveau onirique, substitut elle-même de
la figure matricielle profonde dans laquelle le désir est pris à un
niveau encore plus occulté.

Dans leur sensibilité les artistes savent, intuitivement,
qu'ils suivent ce cheminement. Sand fait dire à Hanz, un de ses
personnages, que d'une part: «c'est un des plus beaux privilèges
de la poèsie de voir et d'entendre dans les ténèbres et dans le
silence»[12] et qu'aussi Hélène lui semble «appartenir à un autre
ordre de puissance,» c'est pourquoi elle «est absorbée dans une
poésie élevée, si mystérieuse, qu'elle semble être en commerce

avec Dieu même, et n'avoir aucun besoin de sanction dans les arrêts de la raison humaine.»[13] L'écrivain inscrit donc comme une coupure entre les deux univers: le poétique et le mental, dans un besoin de définition. Cette parole de George Sand sur sa ou la poésie, elle l'intègre à son oeuvre, car elle est au même niveau que l'image et, en langage freudien, on peut dire qu'il s'agit d'une élaboration secondaire au niveau superficiel. De la même façon le discours de Gustave Moreau sur la peinture dans son expression expositive, justificative et explicative fait aussi partie du discours du rêve, rejoignant l'effort de Sand. C'est pourquoi nous pouvons nous permettre de l'intercaler dans l'analyse du niveau plastique, car il s'y coule sans heurt, apportant ses informations complémentaires. Moreau note dans ses *Carnets:*

> Personne ne croit moins que moi à l'oeuvre de l'homme en tant qu'importance absolue et définitive, puisque pour moi rien n'est que rêve sur cette terre, mais en vivant avec l'oeuvre de génie des morts, oeuvre triée et choisie, je vis avec ce qui a le plus ressemblé sur la terre au divin, á l'immortel.[14]

Il révèle par la même occasion pourquoi ses sujets sont d'inspiration noble, son art visant à n'exprimer que des idées élevées empreintes de spiritualité, ce que tente aussi George Sand dans *Les Sept cordes de la lyre.* L'importance de l'image n'est plus dans ce qu'elle *représente* mais dans la pensée qu'elle *signifie.*[15] Cette pensée, bien entendu, nous l'avons précisé, ne se situe pas au plan du concept mais au niveau onirique; il y a intériorisation de l'acte pictural, il est alors possible, peut-être, d'appliquer au langage pictural ce que Roland Barthes dit du langage poétique dans *Le Degré zéro de l'écriture,* car les deux se rejoignent. Ce langage qui met:

> . . .radicalement la nature en question, par le seul effet de sa structure, sans recourir au contenu du discours et sans s'arrêter au relais d'une idéologie, il n'y a plus d'écriture, il n'y a que des styles, à travers lesquels l'homme se retourne complètement et affronte le monde objectif sans passer par aucune des figures de l'Histoire ou de la sociabilité.[16]

Ce pourrait être là à nouveau une justification des difficultés auxquelles s'est heurtée George Sand, écrivant pour un public assez peu préparé à confronter un texte en rupture avec la tradition et où le désoriente la représentation d'une société aux structures déconstruites et ouvertes, afin de permettre l'intrusion et la libre circulation d'une «organisation» de valeurs d'un autre ordre.   Aujourd'hui, cependant, cette authenticité dans l'expression résonne en écho dans l'univers du lecteur-spectateur, comme le reconnaît le critique moderne, car le mot, comme la figure, a, par soi, fonction de nous «convoquer, de nous convier à certaine relation fondamentale avec l'être, il faut bien qu'en lui (ou en elle) ce soit l'être qui nous interpelle,» remarque Mikel Dufrenne.[17]

Cet «être,» est-ce celui que cache ou que révèle ce désir de communion avec le surnaturel qui hante Sand et Moreau? Que laissent filtrer le drame et le tableau? Dans les deux, l'image représentée offre un niveau figuratif en complète rupture avec la réalité de l'univers concret quotidien. La scène est même un défi à toute réalité sensible aussi bien en ce qui concerne l'action humaine, si elle peut être appelée ainsi, qu'envers la nature. Tout le représenté est mythique ou «chimérique.» Déjà les titres des oeuvres les font basculer dans un univers autre: *Les Sept cordes de la lyre,* «le poète mort porté par un Centaure, titre derrière lequel l'auteur le plus souvent se dissimule, comme le remarque Louis Marin, et dont il faut capter le secret.»[18]

A la première préhension, par le regard, de la figure de l'aquarelle, où le voir se concentre sur l'effet fascinant produit par l'image, une impression générale se dégage. Il apparaît que la qualité singulière du représenté détruit le rapport usuel espace-temps intérieurs à l'image, phénomène à la fois d'intemporalité et de dislocation. Le spectateur ne parvient pas à se situer ni dans une période historique ni dans un lieu géographique; il se trouve tout simplement immergé dans le temps et l'espace du symbole. Il en est de même de l'univers des *Sept cordes de la lyre* où le lecteur voit un drame se dérouler dans une ville sans nom, d'une Allemagne très stylisée, drame extra-ordinaire d'ailleurs, où Méphistophélès se promène à sa guise, surgissant et disparaissant à son gré, manipulant les personnages et les évènements, où une lyre magique accomplit son destin prophétique sans que son existence ne soit mise en question, elle va de soi, et où des esprits célestes et infernaux n'hésitent pas à intervenir et à faire entendre leurs voix. Pourquoi?

Au niveau de l'aquarelle, nous faisons face à un espace inventé qui se substitue à l'espace imité de la perspective par une conjonction habile de la ligne et de la couleur. Dans les différentes qualités de cet espace et dans ses plans successifs, aucun détail n'apparaît rappelant la présence humaine, aucune recherche de pittoresque ne distraît l'attention toute centrée sur cette impression de vie, au sens vrai du terme, pré-historique, d'un univers encore vierge, monde de silence et de beauté. Aucun cadre évidemment ne vient limiter ce paysage peint qui, placé dans l'univers sensible, y produit un double phénomène: d'une part, bien que dépourvu de profondeur, au sens plastique d'absence de point de fuite, il fait un trou, installe une rupture, une discontinuité, il ne s'intègre pas, en dépit du manque de limites, à son environnement concret et, d'autre part, il se produit plutôt un renversement: c'est lui qui absorbe le monde réel qui disparaît, laissant la place à l'univers onirique pour que s'y accomplisse le rêve, dans une atmosphère mythique, lieu unique d'une action mythique. Eva Kushner rappelle qu'un des rôles du poète est de révéler aux hommes le langage des choses, la musique intérieure de la nature oubliée depuis longtemps.[19] La cohérence du poète sur ce fond transparaît. Le regard affronte donc plutôt un dé-paysage pour un dépaysement absolu, fait un saut dans l'univers cosmique de qualité autre, au sein duquel cependant vibre la pulsion de mort qui vient éclater à la surface du premier plan de la figure. L'analogie avec l'oeuvre de Sand se montre dans son évidence.

La déréalité créée par George Sand est de même ordre et opère le même effet, sert le même but, un trou géographique, historique, social, pour l'insertion de la fantasmagorie a-spaciale, a-temporelle, dans laquelle la réalité quotidienne s'évanouit, ouvrant la scène à la logique du rêve et à un autre ordre de réalité.

Quelle relation les artistes établissent-ils entre leur décor et les personnages qu'ils y inscrivent? Considérons le groupe des deux figures allégoriques qui surgissent au centre de la représentation de Moreau. Au niveau d'une lecture au premier degré, répétons que le Centaure c'est Chiron, le maître d'Achille, le philosophe. Sa mâle animalité est neutralisée par la pose méditative de sa belle tête inclinée vers la gauche, se détachant sur l'espace nu du thorax du poète. La blancheur de la barbe ajoute une connotation de sagesse au visage sérieux. La couleur de sa peau bronzée et la densité de sa chair font un contraste avec

la finesse de peau du poète et la couleur claire de sa chair spiri-
tualisée. Un minimum de contact est permis entre les deux
qualités de chair, le manteau du poète le protège, seule la main
du Centaure semble soutenir en l'air, suspendu, le corps sans
poids du poète.

Cet interdit de contact, né de l'écart de nature entre les
deux protagonistes, se retrouve entre Albertus et Hélène. La
sagesse du philosophe est aussi imprimée dans ses traits, son
âge se marque «par un front un peu dévasté par les veilles et
l'étude mais qui n'a pourtant pas une seule ride.»[20] Albertus
cependant constate: «j'ai passé l'âge de plaire et celui d'aimer. . .
la beauté de l'âge mûr est un fruit d'automne qu'on laisse gâter
sur la branche, parce que les fruits de l'été ont apaisé la soif.»[21]
En conséquence, il ne se permet de contempler Hélène que de
loin: «Je ne profane pas ton chaste sommeil par des regards de
convoitise! Ta forme est belle, à ce que disent les autres, mais
je n'en sais rien.»[22] Comme Chiron il s'interdit la vision du
monde sacré et se détourne. Tous deux, l'écrivain et le peintre,
insistent sur l'existence d'une différence que rien ne semble
pouvoir combler et le donnent à entendre et voir.

Ainsi, pour Moreau, l'idéal n'est pas seulement plastique
mais l'être avec ses passions, le méditatif et l'âme silencieuse
dans ses mystères, «l'âme, ce trait d'union entre l'homme et
Dieu, c'est vraiment très beau, très saint que cette virginité
retrouvée.»[23] On comprend pourquoi il a placé la tête du
Centaure sur l'axe médian de sa représentation; elle est le lieu
du spectacle d'une méditation tourmentée qui rejoint, sans
doute, celle d'Albertus sur ce qu'il appelle amèrement la «sublime philosophie.»[24] Albertus fait le point après tant d'années
de discipline et de sacrifices, et il ne découvre en lui que détresse,
solitude, angoisse; sa sagesse ne lui est d'aucune aide, il se sent
un agonisant, «le plus incertain, le plus dévoré, le plus misérable
des hommes.»[25] S'adressant à la philosophie il se récrie: «Si tu
n'es pas dans la voie qui doit servir de route aux autres âmes, tu
es maudite.»[26] Face à l'expression artistique, musicale ou
poétique, il exprime constamment ses limitations, il ne peut
lâcher le monde des concepts qui a été sa vie, et il s'en rend
compte en le déplorant. Il reconnaît qu'il entend la musique
céleste, mais il l'écoute mentalement et regrette que son «cerveau n'en puisse conserver la moindre trace.»[27] Il avoue, lorsque Hélène parle la langue de l'infini, qu'il la comprend à
peine. L'image qu'il a de lui-même est celle d'un barbare à

l'esprit égaré dans le dédale du raisonnement, et il se pose la question: «poète et musicien, investi de cette magie sans laquelle le monde est froid et sombre, je saurai me faire aimer...»[28] Il se demande s'il avait, lui aussi, des facultés pour la poésie pourquoi les a-t-il considérées dangereuses et, comme telles refoulées? Dans la conscience et le regret d'une plénitude manquée il s'exclame: «Et moi aussi, j'eusse pu être un homme...,»[29] complétude qu'il voit exister dans la seule présence d'Hélène, mais qui lui reste étrangère, en dépit de ses efforts pour l'atteindre. Sand insiste sur ce fossé. La lyre, fait-elle dire à un des protagonistes, «chante l'amour, la sagesse ne sait que l'expliquer.»[30] Par la bouche de Hanz, elle renchérit, proposant la poésie comme une intuition première et définit la «métaphysique, *l'idée de Dieu,* et la poésie, *le sentiment de Dieu.*»[31]

Telle peut être donc la méditation du Chiron de Moreau, prenant acte de sa différence avec Orphée qu'il soutient sans le regarder. Et cependant le nom d'Orphée n'est-il pas associé au motif de la quête manquée? Cette connotation d'échec ne montre-t-elle pas que le mythe est dynamisé par le désir inconscient de la mort? Dans la vision-écoute du lecteur, des associations d'images s'organisent prenant comme point de départ cette représentation médiatisée, dans ses différentes facettes, du poète mort: Orphée et l'Enfer, Orphée et la mort, Orphée et Euridice, la mort d'Orphée. Le mythe d'Orphée contient bien un message spécifique dont la qualité de présence désignerait l'existence d'une relation de la parole poétique et de la mort. Ne serait-ce point aussi là le sujet de la méditation du drame de Sand et du tableau de Moreau, dont les méditations d'Albertus et du Centaure se font les reflets au niveau figuratif?

Dans un contexte plus large, l'expression du réel absolu se heurte pour tous, Romantiques allemands et français, à la perspective de l'échec et de la mort nécessaires. La mort a une fonction primordiale; elle est connaissance, par union, de Dieu, du cosmos. La mort est aussi une résurrection qui permet aux forces supérieures qui sommeillent dans l'être humain d'être restituées. Elle apparaît également comme une réconciliation; elle seule rend digne de l'Etre suprême. Enfin, elle seule permet la continuation du chant et son développement à travers la chaîne de souffrances et d'échecs des poètes. Le poète n'est jamais autant poète que dans la mort: c'est ce que Vigny, dans *Chatterton,* tente de faire comprendre à ses contemporains.

O Mort, ange de délivrance, que ta paix est douce. J'avais bien raison de t'adorer, mais je n'avais pas la force de te conquérir.—Je sais que tes pas seront lents et sûrs. Regarde-moi ange sévère, leur ôter à tous la trace de mes pas sur la terre. (Il jette au feu tous ses papiers). Allez, nobles pensées écrites pour tous ces ingrats dédaigneux, purifiez-vous dans la flamme et remontez au ciel avec moi.[32]

Il révèle cette conscience claire que le poète a de lui-même et son drame dans ses rapports de *mage* avec le monde, ce que Mallarmé, dans sa lettre à Verlaine, appelle «le seul devoir du poète (. . .) l'explication orphique de la terre;»[33] et c'est pour cela que Mallarmé voulait tenter la rédaction impossible d'un livre qui soit un livre.[34]

Guy Michaud lit chez Baudelaire, en même temps qu'une mystique de la mort, une obsession de la mort. Le thème de la mort est au coeur même de la poésie baudelairienne, et il est à la fois «l'aboutissement et la clé» des deux grands autres thèmes: «Spleen et Idéal.» Le conflit entre les deux pôles opposés qui écartèlent le poète ne pourra se résoudre qu'au-delà, lorsqu'il sera à même de dévisager l'Inconnu. Baudelaire le formule lui-même très explicitement:

C'est la Mort qui console, hélas! et qui fait vivre;
C'est le but de la vie, et c'est le seul espoir
· ·
C'est un Ange qui tient dans ses doigts magnétiques
Le sommeil et le don des rêves extatiques (. . .)[35]

Nous voulons (. . .)
Plonger au fond du gouffre, Enfer ou Ciel,
    qu'importe?
Au fond de l'Inconnu pour trouver du *nouveau!*[36]

On dénote chez tous la fascination mortelle de la matrice profonde où git le désir qu'ils essayent de capter dans la magie de leur langage mais, sphinx cruel, le désir, s'il a besoin d'images, dit J. F. Lyotard, c'est «pour pouvoir les tuer.»[37] On comprend le cri de Mallarmé: «Je chanterai en désespéré.» Parce qu'il «veut voir la vérité,» il sera «déconstruit,» «déchiré;» tel est le prix de la séduction exigé de la figure non dévisageable; c'est pourquoi la poésie de l'absence de Mallarmé est aussi poésie de la mort. Si tous ces poètes sont hantés par la mort, c'est que leur quête est médiatisée par la recherche de la jouissance qui serait donnée dans la totalité de l'expression de la Parole, accomplissement absolu du désir, «zéro de la mort.»[38] Baudelaire donne une très belle image de ce qu'est pour les artistes la rançon de la mort; ils

> N'ont qu'un espoir, étrange et sombre Capitole!
> C'est que la Mort, planant comme un soleil nouveau,
> Fera s'épanouir les fleurs de leur cerveau.[39]

Dans son drame, George Sand fait dire à Hélène: «La soif de l'infini me dévore» et elle supplie Dieu: «Reprends mon âme tout de suite. . . .je ne veux pas perdre le sentiment de l'infini.»[40]

Cependant, ajoute Lyotard dans sa critique de Charles Mauron, Orphée est bien revenu des Enfers, mais il n'a pas ramené Euridice.[41]   Il a marché «vers le jour et la réalité,» dynamisé par deux pulsions de sens opposé mais, parce qu'il n'a pas pu ou n'a pas voulu maîtriser son désir de voir, il s'est retourné vers l'enfer et il s'est supprimé, interdit, l'objet de son désir; le destin s'est accompli, «la régression n'est pas réversible.»[42]   Tout le problème de la parole poétique est posé, cette parole qui est une constante tentative d'approche mais toujours coupée de la réalité et du savoir. Lorsqu'on demande à Hélène à quoi elle pensait en jouant de la lyre, elle répond: «Je le sais mais je ne pourrais pas vous l'expliquer.»[43]   Elle expose tout le drame de l'expression.

La parole poétique choisit, pour échapper à sa propre destruction, de faire mourir ce pourquoi elle est parole. C'est là le message que Gustave Moreau veut communiquer aux spectateurs de son aquarelle.   Les intentions de Sand n'étaient pas différentes.   Nous pouvons très clairement le lire dans la mise en scène de leurs fantasmes, formes-miroirs pour la satisfaction déplacée du désir, terrain de jeu des opérations de la séduction où le désir ne s'accomplit pas.   Le fantasme est «lié très étroitement à la recherche de la jouissance qui est la recherche d'une différence entre l'énergétique porté au maximum de tension et une décharge complète, la limite de cette différence étant la mort.»[44]   Il est de l'ordre de la réalité figurale et ne peut être présenté comme *la* réalité.   Moreau et Sand proposent en conséquence un niveau iconique, qui est une déréalisation absolue dans laquelle se laisse voir le jeu du plaisir.

Relisons l'aquarelle que nous allons prendre, pour la fin de cette étude, comme témoin essentiel des deux tentatives. Nous pouvons suivre ce jeu du plaisir dans la dynamique d'un double courant activée par le désir qui se donne à voir dans l'image, l'un ascensionnel qui est une montée de la terre et de l'animalité à l'esprit, à la fois le mouvement du Centaure qui est «bête» mais dont le phallisme est neutralisé par une attitude méditative, résultat d'un mouvement de l'esprit; c'est aussi l'élan parallèle ascendant du poète, fleur poétique androgyne, son manteau-tige partant du sol, écorce ouverte d'où surgit la fleur. Cette poussée vers le haut, pulsion du désir, est encore soulignée au niveau plastique par la présence verticale d'autres fleurs, au point de départ, par le mouvement du Centaure qui porte Orphée serré contre lui-même. Dans ce surgissement, le poète dépasse le Centaure. On comprend pourquoi Chiron baisse la tête avec accablement devant un destin inéluctable dont il prend conscience. L'aspiration de son désir de racheter, de transcender son animalité, sa nature, par la sagesse et la poésie et en imitant la montée de la pulsion primaire vers la parole poétique, se trouve nécessairement condamné. C'est pourquoi la silhouette du Centaure se détache sur cette plage blanche de silence désespéré créée par les nuages, univers d'absence d'expression authentique, sourd au chant poétique. Le blanc est une couleur neutre, pratiquement une absence de couleur, un espace non marqué et, dans cette mesure, à connotation mortifère. Le blanc et le noir sont les deux non-couleurs du deuil occidental. En réponse au courant ascensionnel, en sens inverse, se dessine un mouvement descensionnel brisé, accusé par la tête inclinée du poète et son regard clos dirigé vers le sol. La pulsion du désir engendre le besoin, le vouloir-d'expression de cette Parole que le poète veut présentifier au monde. Son chant n'est pas la Parole pure, il est déjà un substitut mais, dans la subtile finesse de son volume aérien, des traces du désir y sont prises, décelables; Moreau situe donc la lyre, instrument du chant, et la tête du poète, lieu du chant, sur un fond de ciel qui laisse filtrer, derrière un voile, le bleu pur, dense, absolu des profondeurs, figure non dévisageable parce qu'elle est celle du désir. Le fantasme superficiel ne peut que laisser entendre la matrice profonde plutôt qu'il ne l'exprime dans l'image. L'impossibilité de la communication est rendue, au niveau iconique, dans le mouvement divergeant de la lyre et de la tête, un écart de néant les sépare. Il est dû à l'incapacité de l'instrument à vibrer le chant poétique originel; le poète l'a rejeté, inutile, derrière lui, et la lyre s'incline à gauche, dans la direction des choses qui ne sont plus: elle est aussi un objet mort. La tête du poète mort se penche à droite, vers l'avenir, qui le consacrera, le fera «Tel qu'en lui-même.» Pour Moreau comme pour Mallarmé, le temps de l'expression du chant et celui de la gloire, forme tangible d'immortalité, sont coupés par la déchirure nécessaire de la mort concrète. Dans le drame de George Sand, les cordes de la lyre sont brisées une à une pour en libérer l'esprit prisonnier qu'elles lient à la terre, à laquelle il n'appartient pas et où il ne trouve pas d'écho. Seule Hélène l'entend, parle sa langue, et pourtant la brisure de la dernière corde entraîne la mort d'Hélène et l'impossibilité donc, pour elle, de dire ce chant d'infini qu'elle entend cependant, plus attirant encore que celui, plus limité, du Fils de la lyre.

Pour Moreau c'est dans ce mouvement descendant que passe le destin d'échec du chant poétique; Orphée, comme Hélène, meurt, car cette parole est indicible, et c'est cette indicibilité que cherche à nous donner l'aquarelle. La parole poétique est, à la limite, improférable, et le poète qui tente à dire cette «Parole souveraine en meurt, suspend poétique, voilà peut-être pourquoi Moreau a suspendu son poète en plein ciel.

Le poète ne peut partager son chant avec le philosophe. L'image montre l'impossibilité de la communication entre ces deux visages qui s'ignorent et s'inclinent dans des directions op-posées—celui du poète isolé dans le silence de la mort, celui du Centaure pris au piège de l'abstraction de son univers construit par la réflexion. La coupure est irrémédiable. Le visage détendu du poète contraste avec celui tourmenté du Centaure sous l'intensité d'une pensée en activité, prisonnière d'un système, coupée de la création originale, générant une création autre que celle sur laquelle elle médite, et sa propre création, à la limite, n'aboutit pas non plus.

La parole ne peut envahir le champ de la pensée, et la pensée ne peut évidemment la créer ni même la traduire, ne sachant la parler. Le chant est détruit dans le processus de formulation, avant même d'apparaître au niveau du concept, et le Centaure, soit le philosophe ou la pensée, ne peut que méditer sur cette indicibilité mortelle de la poésie à laquelle il/elle n'a pas accès, sur cette relation désir-mort-parole. Echec, méditation sur cet échec qui est proprement la mort, le poète mort de l'aqua-relle, c'est Orphée que le Centaure semble ramener des Enfers.

Toute création artistique met en jeu le fantasme et le donne à voir. Dans l'univers psychique, normalement, le fantasme constitue un blocage tandis qu'il bouge dans l'oeuvre «poétique,» qu'elle soit littéraire, théâtrale, picturale, etc. Le propre de l'oeuvre «poétique» est d'être de type fantasmatique, mais le spectateur regarde à distance le fantasme, il n'en est pas prisonnier. Le jeu qu'il établit, par sa préhension de la figure-fantasmatique, s'instaure dans un climat de liberté qui laisse place au principe de plaisir et lui accorde toute latitude de se laisser aller à la séduction de chefs-d'oeuvres, tels que ceux que George Sand et Gustave Moreau ont créés, dans leur besoin de «se dire,» en tant que poètes, le plus authentiquement que possible.

Notes

[1] Gérardy, cité dans Guy Michaud, *Message poétique du Symbolisme* (Paris: Nizet, 1961), p. 476.

[2] George Sand, *Les Sept cordes de la lyre.* Introduction par René Bourgeois (Paris: Flammarion, 1973), p. 49.

[3] Ibid., p. 86.

[4] Jacques Geninasca, *Analyse structurale des Chimères de Nerval* (Neuchâtel: La Baconnière, 1971), p. 89.

[5] Marcel Raymond, *De Baudelaire au Surréalisme* (Paris: J. Corti, 1963), p. 50.

[6] Raymond, p. 50.

[7] Sigmund Freud, *The Interpretation of Dreams* (London: George Allen and Unwin Lts., 1927), p. 261.

[8] J. Laplanche et J. B. Pontalis, *Le Vocabulaire de la psychanalyse* (Paris: P.U.F., 1967), p. 157.

[9] Jean François Lyotard, *Dérives à partir de Marx et Freud* (Paris: Union Générale d'Editions 10/18, 1973), p. 236.

[10] Ibid., p. 51.

[11] Ibid.

[12] Sand, p. 88.

[13] Ibid., p. 65.

[14] Gustave Moreau dans Jean Paladilhe et José Pierre, *Gustave Moreau* (Paris: Hazan, 1971), p. 92.

[15] Ragnar Von Holten, cité dans Paladilhe et Pierre, p. 92.

[16] Roland Barthes, *Le Degré Zéro de l'Ecriture* (Paris: Seuil, coll. "Médiations," 1964), pç 47.

[17] Mikel Dufrenne, cité dans J. F. Lyotard, *Discours-Figure* (Paris: Klincksieck, 1973), p. 292.

[18] Louis Marin, «La description de l'image: à propos d'un paysage de Poussin,» dans *Communications* (Paris: 1970, Vol. XV (1970)), p. 189.

[19] Eva Kushner, *Le Mythe d'Orphée dans la littérature contemporaine* (Paris: Nizet, 1961), p. 75.

[20] Sand, p. 49.

[21] Ibid., p. 50.

[22] Ibid.

[23] Paladilhe et Pierre, p. 29.

[24] Sand, p. 53.

[25] Ibid., p. 54.

[26] Ibid., p. 55.

[27] Ibid., p. 60.

[28] Ibid., p. 179.

[29] Ibid., p. 151.

[30] Ibid., p. 184.

[31] Ibid., p. 69.

[32] Vigny, *Chatterton*, Acte III, scène 7.

[33] Mallarmé cité par Kushner, p. 99.

[34] Ibid.

[35] Baudelaire, *Les Fleurs du mal*, «La mort des pauvres,» (Paris: La Pléiade, Gallimard, 19??), pp. 119-120.

[36] Ibid., «Le voyage,» p. 127.

[37] Lyotard, *Dérives à partir de Marx et Freud*, p. 244.

[38] Ibid., p. 52.

[39] Baudelaire, *Les Fleurs du mal*, «La Mort des artistes,» p. 120.

[40] Sand, p. 187.

[41] Lyotard, *Discours-Figure*, p. 359.

[42] Ibid., p. 357.

[43] Sand, p. 143.

[44] Lyotard, *Discours-Figure*, p. 359.

George Sand et le mythe initiatique

Simone Vierne
Université de Grenoble III

Dans la notice, écrite en 1853, pour la réédition du *Château des Désertes* (paru en 1847), George Sand rappelle d'abord l'origine de ce roman: les représentations qui ont lieu à Nohant. Mais le modèle «réel» y prit des «proportions si différentes de l'original» que ses enfants et leurs amis, déçus par leurs réalisations, s'efforcèrent d'améliorer leurs productions.

> C'est ainsi que la fantaisie, le roman, l'oeuvre de l'imagination en un mot, a son effet détourné, mais certain sur l'emploi de la vie. Effet souvent funeste, disent les rigoristes de mauvaise foi ou de mauvaise humeur. Je le nie, la fiction commence par transformer la réalité; mais elle est transformée à son tour, et fait entrer un peu d'idéal, non seulement dans les petits faits, mais dans les grands sentiments de la vie réelle.[1]

Cet éloge de l'imagination, comme maîtresse de vie et non plus maîtresse d'erreur, devrait toucher tous ceux qui, comme moi, ont axé leurs recherches sur les problèmes de l'imaginaire. C'est à Léon Cellier, auquel je veux rendre ici une fois de plus hommage, que je dois d'avoir étudié de ce point de vue et Jules Verne, et George Sand—et parfois de les avoir rapprochés, notamment grâce aux deux romans, parus la même année, *Voyage au centre de la terre* et *Laura*. Cette rencontre fut purement littéraire (les deux auteurs ne se sont sans doute jamais rencontrés,)[2] mais George Sand réclame à leur commun éditeur Hetzel les livres de Jules Verne, et dans *Vingt mille lieues sous les mers,* Jules Verne écrit au même qu'il faudrait, pour certaines scènes, le talent de Mme Sand. . . . Mias il n'y a pas vraiment de «hasard» dans cette rencontre. Le «hasard» est en fait un terme commode et faux pour masquer les lois de l'Imaginaire. Il est

toutefois nécessaire, avant d'aller plus avant, que j'indique le
plus brièvement possible la méthode qui est celle du Centre de
Recherche sur l'Imaginaire dirigé par Gilbert Durand, dont je
fais partie, et qui a permis l'éclosion d'un grand nombre de
travaux.[3]

L'imagination et l'imaginaire n'ont pas eu beaucoup plus
bonne presse en France que George Sand, jusqu'à ces dernières
années. On assiste heureusement à un retournement spectacu-
laire, et, avec l'excès qui caractérise les Français (et fait leur
charme. . . .) ce retournement ne va pas sans confusion. Tout
devient «mythique,» une école du «nouveau romantisme,»
orchestrée par les médias et certains réalisateurs de la télévision,
s'est créée, et on a voulu aussi immédiatement lui donner une
couleur politique (plus ou moins réactionnaire, ce qui est un
comble s'agissant de *romantisme*). Tout cela fait partie du
folklore parisien de la critique. Dans nos provinces montag-
nardes, nous travaillons sans fièvre, mais avec enthousiasme et
conviction, depuis assez longtemps pour avoir quelques sereines
certitudes—sans aucun terrorisme d'ailleurs par rapport à
d'autres méthodes—quant aux problèmes de l'imaginaire et de
la création artistique. L'imagination est pour nous, comme elle
l'était pour Baudelaire et, avant lui, les grands romantiques,
cette «reine des facultés» qui commande la pensée, tout autant
que la raison, le *logos,* et même, comme Bachelard par exemple
l'a bien montré, l'imaginaire est un mode primordial—et non
primitif—de la connaissance (scientifique ou psychologique).
Car, par l'Imaginaire, on entend l'ensemble «des images et des
relations d'images qui constituent le capital pensé de l'*homo
sapiens.*»[4] Aussi bien Breton que Bachelard ont constaté, et
cela a été une véritable révolution, que l'Imaginaire n'était pas
la maîtresse d'erreur et de fausseté, la folle du logis, mais la
norme fondamentale—André Breton dit la «justice suprême»—
une connaissance supérieure à la connaissance scientifique, toujours sujette aux fluctuations selon le cours de l'histoire. Ce qui
ne veut pas dire qu'il n'est pas possible d'étudier «scientifique-
ment,» c'est-à-dire de trouver des lois, à ce phénomène essentiel.
Il conviendra seulement d'abandonner la réflexion logique
classique, aristotélienne, celle du «tiers exclu.» C'est ce que
confirme dans de tous autres domaines, un philosophe comme
Jacques Derrida quand il parle de «dissémination,» ou les plus
récentes mathématiques (Riemann et Thom).

Gilbert Durand a bien montré comment l'imaginaire

s'organise selon deux régimes (diurne et nocturne) et selon trois
structures, le mot étant entendu comme une forme dynamique,
jouant le rôle de protocole motivateur pour tout un groupement
ou constellation d'images. Par la suite, Gilbert Durand a continué ce travail sur les symboles en s'intéressant de plus près aux
mythes,[5] en tant qu'ils organisent des symboles en récit, qui ont
l'intérêt de faire partie du patrimoine culturel humain, et, nous le
savons par les travaux des ethnologues à la suite de Lévi-Strauss,
dont la structure se retrouve, avec des expressions et des variantes
significatives, dans les aires culturelles et les civilisations les plus
éloignées. Or le mythe est destiné d'abord—dans sa forme primitive qui est celle des religions—à résoudre les problèmes fonda-
mentaux de l'homme face aux grands problèmes qui l'angoissent.
Gilbert Durand dit que l'Imaginaire est la réponse à l'angoisse de
l'homme devant le Temps et la Mort. Le mythe, lui, par un récit
paradoxal, raconte par exemple—et c'est ce qui nous intéresse
ici—comment l'homme peut vaincre la mort, bien qu'il sache
qu'il doit mourir. Il existe d'autre «mythologèmes»—c'est-à-dire
quelques autres grandes questions qui se posent à l'homme (son
rapport avec le cosmos, le rapport entre les sexes, qui, d'ailleurs,
pourrait aussi intéresser l'imaginaire de George Sand, bien
entendu, les origines de l'homme, le Bien et le Mal). Ce sont ces
grandes questions que s'efforcent de résoudre les récits
mythiques, de façon forcément non-logique—car comment dire
qu'on est à la fois promis à la mort et sûr de continuer à vivre, de
façon logique et rationnelle? Alors, des héros fondateurs, dans
toutes les cultures, vont affronter la mort, mourir symboliquement, par exemple en descendant aux enfers et en *revenant.* Du
mythe, le récit va passer en se transformant formellement suivant
le temps et le conteur, dans les épopées, puis dans le roman, pour
ce qui est de nos civilisations occidentales. Léon Cellier[6] avait,
l'un des premiers, remarqué que le Romantisme, qui avait la conviction que l'homme avait une âme qui devait, par des épreuves,
vaincre la mort (Victor Hugo a écrit *Les Contemplations* pour le
montrer) était amené tout naturellement à suivre de schème
dynamique qui met en forme—une forme adaptée à l'époque, et
qui subit aussi la marque de celui qui écrit—ce que racontait par
exemple le grand mythe de Déméter, et que l'on retrouve dans
tous les rituels de religions à mystère, mais aussi dans des formes
apparemment inattendues, comme la bande dessinée au XXème
siècle. Nerval ira quêter cela en Orient, mais aussi au fond de
la folie, comme en témoignent les dernières lignes d'*Aurélia.* Car

ainsi l'homme accède, quelle que soit la nature des épreuves, à un statut ontologique différent. Mourir pour renaître, c'est accéder à un plan supérieur.

Et George Sand ne pouvait échapper à ce thème obsessionnel et ne pouvait même le désirer, bien au contraire. Pour des raisons personnelles, son imagination s'efforce de répondre à une réelle angoisse de la mort; relisant pour ce colloque certains romans moins connus, j'ai été frappée par la présence obsédante de la mort et particulièrement du suicide: *Indiana, Leone Leoni, Jacques,* pour ne parler que de ceux qui précèdent *Consuelo:* et aussi par une tentation à «se laisser mourir» comme dans le roman *André,* ou, juste après *Consuelo,* dans *Jeanne.* On pourrait se demander si, en regard de la vitalité que montre généralement George Sand, il n'y a pas là un peu de «pause» romantique. C'est oublier la *Sixième Lettre d'un voyageur,* et les lettres de la même époque. La mort n'est peut-être bien présente qu'au coeur de ceux qui aiment la vie avec fougue, et plus particulièrement sans doute des femmes, qui la donnent—et l'on sait comme George Sand fut mère avant tout (et grand-mère. . . .). D'autre part, et prise dans le courant de réflexions philosophiques de son temps, où toute oeuvre ne se conçoit pas sans une «explication du monde,» à la suite des romantiques allemands, elle élabore, petit à petit et avec de plus en plus de confiance, un système qui doit certes beaucoup à Leroux, mais à mon avis tout autant, quoique plus inconsciemment à cette croyance instinctive, qui fait partie de l'inconscient collectif (même si de nos jours elle est refoulée par la rationalité ambiante et scientifique. . . .) et qui fait que l'homme se sent destiné à une immortalité garantie par une instance sacrée, qu'il appelle de noms divers—la petite Aurore l'avait baptisé Corambé—et à laquelle il rend des cultes multiformes mais semblables en leur structure et leur sens profond.

Ce que je voudrais donc montrer ici, c'est en partant du grand roman initiatique, *Consuelo,* qui sert en effet de modèle (et même pour tout le siècle), à la fois l'universalité et l'originalité de l'imaginaire de George Sand. Bien entendu, je ne veux pas dire que tous les romans de George Sand se fondent sur le même schème dynamique pour créer une oeuvre si abondante et si diverse: il existe plusieurs manières de répondre, par les dynamismes de l'imaginaire, aux questions essentielles que se pose l'être humain, et notamment lorsque cet être humain est une femme. Mais le mythe initiatique, outre qu'il a fondé le «grand oeuvre,» *Consuelo,* n'est jamais totalement absent. Il faut souligner d'abord, en ce qui concerne *Consuelo,* que tout, dans ce roman écrit comme un feuilleton (et avec les contraintes d'écriture que cela impliquait), à partir d'une anecdote «vénitienne,» est conforme au modèle initiatique tel qu'on peut le dégager aussi bien des rituels que des épopées et des mythes. George Sand, pour la partie du roman qui se passe dans le mystérieux château du Graal, décrit clairement une initiation copiée sur les rituels maçonniques, sur lesquels la rensiegne Leroux, sa correspondance en fait foi; il est vrai aussi que dans cette même partie elle subit indéniablement l'influence de *La Flûte enchantée* de Mozart. Mais le plus important est ailleurs: c'est que le roman tout entier est construit comme une triple initiation, et cela de façon symbolique, et non plus directe. Car pour parvenir à l'initiation suprême, il faut gravir les trois degrés principaux, qui se retrouvent dans tous les mystères. Consuelo vit d'abord une enfance dont il faudra qu'elle s'arrache, celle de Venise, aux eaux matricielles, et après cet arrachement douloureux, cette séparation du monde profane—ô combien, celui des dilettanti et de la Fenice faisant ici symbole, et pas seulement décor exotique—elle doit passer par le monde de la mort: ce château des *Géants* est un lieu monstrueux, séparé du monde, au fond des montagnes (et des montagnes de Bohême, dont George Sand disait dans *Les Lettres d'un voyageur,* qu'elle était la patrie idéale.). . . Le motif de la mort est marqué en redondance à plusieurs reprises, et se retrouve dans une multitude de thèmes (la fin probable de la famille de Rudolstadt, les anciens morts Hussites, la «mort» supposée de Zdenko entre autres). Même la jeune Amélie, avec son étourderie, sent la présence de la mort dans ce château où on l'enferme, et c'est elle qui raconte à Consuelo l'histoire de la mort de la Bohême. Mais c'est Consuelo qui va accomplir un véritable voyage initiatique en partant à la rechercher d'Albert, à la quête d'une âme en peine. Descente difficile, labyrinthe, risque de mort par le gardien du seuil Zdenko, puis par l'eau; rien n'y manque et pas même les *trois* chambres sacrées du sanctuaire, où Consuelo aura la révélation de l'Idéal philosophique et patriotique d'Albert, et d'abord par le moyen le plus sacré et le plus indicible, la musique. Tout le décor d'ailleurs est un «décor mythique,» pour reprendre l'expression de Gilbert Durand, et la grotte du Schreckenstein communique à la fois avec les enfers et le ciel (par l'arbre, *le chêne toujours vert* qui a résisté à l'incendie du village, symbole de renaissance autant qu'échelle vers le ciel). Consuelo renaît d'ailleurs doublement, en sortant de la grotte avec Albert, lui aussi régénéré, et en triomphant ensuite de la maladie. Sa renaissance s'accompagne, comme dans les rituels, de l'«instruction» que lui donne Albert. Son âme, son intelligence «s'agrandissent.» Mais on ne peut parvenir d'un coup au stade suprême, celui qui permet de contempler le Sacré face à face.

Il faut «reprendre le chemin» et d'ailleurs, on ne doit pas rester dans l'antre de la mort: Jonas ressort de la baleine pour prophétiser! Ainsi Consuelo est-elle promise à de nouvelles épreuves, toujours guidée par le Porpora, même s'il n'est pas toujours présent. Le retour à la vie profane après la période purificatrice du voyage avec Haydn comporte deux séries d'épreuves. La première est seulement d'ordre profane: Consuelo doit résister à «l'ordre mondain» imposé par l'impératrice d'Autriche. Si l'anecdote reprend le dessus, elle n'en est pas moins significative: non seulement sa première initiation a donné de la force à Consuelo, mais elle lui a plus nettement que jamais indiqué son devoir. Or ce devoir est plus large que celui qui la poussait, du temps de Venise, à tout sacrifier à son art; car maintenant l'amour de l'art ne peut se séparer de l'amour de l'humanité. Mais la mort initiatique sera encore plus nettement indiquée par le séjour dans la prison de Spandau, «prison heureuse» à la manière de celle de Fabrice dans *La Chartreuse de Parme,* mais où l'amour n'est plus que celui de la musique avec son symbole spirituel, l'oiseau. Les épreuves rituelles viendront dans le château du Graal, et elles sont, on l'a dit, copiées sur celles des initiations maçonniques, mais avec une grande liberté et un véritable esprit critique. Au bout de ces épreuves, ce que trouve Consuelo, c'est bien Albert ressuscité. Mais c'est plus encore: car elle l'a choisi, bien qu'elle fût amoureuse (croit-elle) d'un autre, comme étant celui qui pourrait la faire accéder seul à une autre dimension de l'être. Ce que propose toute initiation. Puis Consuelo retourne dans le monde profane, nantie d'une mission humanitaire et philosophique autant que politique: cela ne se sépare jamais pour Sand et les romantiques. Cependant, elle doit encore accéder à un stade supérieur, celui de la prêtresse, et c'est, à notre sens, ce qui sauve d'une certaine lourdeur le dernier épisode. Car on y retrouve une Consuelo transformée: elle a perdu sa voix de cantatrice, la seule chose en somme qui la rattachait au monde profane. Mais elle a gagné le don suprême, celui de ceux qui sont habités des dieux: elle compose de la musique—cette musique qui «dit tout ce que l'âme rêve et pressent de plus mystérieux et de plus élevé. C'est la manifestation d'un ordre d'idées et de sentiments supérieurs à ce que la parole humaine pourrait exprimer. C'est la révélation de l'infini.»[7] Elle ne se contente donc plus de répéter les chants sacrés: elle les compose, dans le dénuement le plus complet, et pour le peuple. Elle est devenue Déesse de la pauvreté autant que de la consolation, même si c'est Albert qui prononce les phrases les plus décisivement initiatiques dans son demi-délire: «. . . .il me semble que je respire la lumière et que je jouis de l'éternité.»[8] Mais que serait-il sans Consuelo? C'est elle qui est devenue le guide. Au reste, la dernière image nous montre la «zingara» qui enlève sa fille «pour la poser sur son épaule robuste, alerte comme une vraie fille de Bohême, poétique comme la bonne déesse de la pauvreté.»[9]

J'ai dû évidemment sauter bien des épisodes, non parce qu'ils n'étaient pas symboliques mais parce que le roman est foisonnant: dans les oeuvres littéraires, les éléments du mythe sont repris, répétés «en variations,» devrait-on dire s'agissant d'un roman si musical. Aussi bien je voudrais insister sur un certain nombre de points originaux car on pourrait dire, après tout, que n'importe quel roman avec des voyages et des aventures se déploie selon un scénario initiatique. Ce n'est vrai qu'en partie (voir les romans d'éducation, où il y a veillissement, et sagesse, et non transmutation de l'être, comme ici). Et ce n'est pas vrai toujours de la même manière.

Et d'abord, on se trouve en présence de l'initiation d'une *femme.* Je me souviens à quel point j'ai eu parfois de la peine à le faire admettre, notamment par un étudiant qui a fait une thèse, excellente par ailleurs, sur le Voyage chez George Sand. Initié lui-même, en tout cas au courant des initiations encore pratiquées dans son pays d'origine, il concevait mal qu'une femme pût être ainsi initiée. . . . Il s'attachait avant tout à Albert au mépris évident du texte. Certes Albert est un initié (d'ailleurs bien plus fragile que Consuelo: sous le costume de Liverani, il serait prêt à trahir sa foi) et la folie finale est peut-être une forme de connaissance supérieure: mais on sent que George Sand préfère la solidité de Consuelo. Elle est même plus favorisée que son modèle Pamina, qui ne fait que suivre Tamino. . . . Elle a droit, si je puis dire, à une initiation pour elle toute seule! Consuelo est une figure à la fois simple et sublime, pleine de bon sens et capable d'héroïnsme fou, artiste mais bonne ménagère (dans le ménage de Porpora, par exemple). L'initiation, dans ce sens, c'est la naissance de la femme à un autre statut. Pour cela, George Sand trace le portrait d'une artiste, c'est-à-dire d'un être déjà choisi, marqué par un don divin mais privé de la qualité «féminine essentielle» (aux yeux du XIXe siècle): la Beauté. Elle n'est belle que par reflet de son art et de son âme. En outre elle place son roman au XVIIIème siècle. Je ne veux pas dire qu'elle a délibérément placé l'action de son roman hors de son siècle pour pouvoir lui donner un sens initiatique: il est hors de doute qu'une grande partie de ce sens échappe à la conscience claire de George Sand (et la partie volontairement initiatique, celle des épreuves au château du Graal est loin d'être la meilleure. . . .). Ce serait d'autant plus inexact que l'on sait bien comment a été composé le roman: l'anecdote vénitienne et le désir de mettre en scène Pauline Viardot ont, très consciemment, imposé le XVIIIème, qui va si bien à Venise et à la musique. . . . Mais en racontant, grâce au temps reculé et aux décors multiples, une histoire ainsi auréolée de fantastique, elle peut se permettre tous les rêves—et surtout les rêves *accomplis.* Peut-être au XXème siècle les aurait-elle projetés dans le futur: mais George Sand ne connaît pas la science-fiction. . . . Elle essaiera toutefois un autre moyen de traduire l'initiation, le fantastique, avec *Laura.*

Dans ce roman, la Femme est devenue le guide, et c'est le jeune Alexis qui est promis à l'initiation. En un sens, le propos est beaucoup moins original, mais le personnage de Laura, si on le compare par exemple avec celui de Graüben dans le roman de Jules Verne qui paraît la même année, est bien plus important et bien plus mystérieux. L'initiation est à coup sûr à la fois sexuelle—on aurait beau jeu, trop peut-être, de relever les termes qui racontent l'extase des sens—et spirituelle. Laura est une nouvelle Béatrice, mais qui a le bon esprit de ne pas mourir: car George Sand sait bien (les initiations le disent aussi) que l'homme est fait pour vivre sur cette terre. L'initiation lui apporte la certitude qu'il n'y mourra pas tout entier.

Cela s'exprime souvent dans des endroits inattendus, chez George Sand. Dans ce roman violent de la passion qu'est *Leone Leoni* on trouve cette remarque: «Les fleurs se courbent, se flétrissent et renaissent tous les ans; l'âme humaine peut se renouveler comme une fleur quand elle connaît ses forces et qu'elle ne s'épanouit pas jusqu'à se briser.» La comparaison florale serait presque banale si elle n'était une constante dans

l'oeuvre de George Sand et avec le symbolisme le plus net: la
fleur est une «coïncidentia oppositorum,» une coïncidence des
contraires, fragile et immortelle. Leone Leoni, être lui aussi
paradoxal, essaie de faire comprendre à celle qu'il a enlevée
qu'ils seraient «morts de trop de bonheur» s'ils avaient continué
la vie hors du monde des six premiers mois de leur amour. «La
destinée nous commande de redescendre de nos cimes éthérés et
de revenir respirer un air moins pur dans les villes.» Même si
Leoni a des raisons beaucoup plus mesquines et trompeuses pour
prononcer ces paroles, il est hors de doute, à cause de la
constance du motif, qu'il y a là une interprétation toute personnelle du mythe initiatique par George Sand—mais non contradictoire avec ce qui se passe même dans les rituels.

Un autre exemple est donné par le dénouement de *Laura:*
celle-ci pousse Alexis à choisir de quitter le jardin des gemmes
enchantées, pour revenir sur terre, où elle n'est plus qu'une
petite bourgeoise. Mais «quand elle parlait, il y avait dans son
oeil bleu un certain éclat de saphir qui avait beaucoup de charme
et même un peu de magie.»[10] Car, comme l'avait bien montré
Gérald Schaeffer dans son excellente introduction à *Laura,* Alexis
est conduit, par Laura, de la folle contemplation du diamant, qui
le conduisait à terme à la mort (et à la mort sans retour, qui sera
celle de Nasias) à l'acceptation de la vie, «sous le soleil de la
douce réalité, tous conflits résolus.»[11] Dans les extrêmes ne
réside qu'une parcelle de l'univers humain. L'initiation
consiste précisément à surmonter cette contradiction, à mettre en
pratique dans la vie, en quelque sorte, la figure rhétorique de
l'oxymoron. Ce que suggérait bien le cristal, matière et trans-
parence, et dans la seconde partie, la neige, légère, impalpable
jusqu'à devenir plume de grèbe, et la glace dure. Tout un décor
est ainsi placé sous le signe dynamique de l'oxymoron: chutes
d'eau pétrifiées, lac sur lequel on marche, jardin dont les fleurs
et les plantes sont de la matière la plus éloignée de la vie. Ainsi
la fin bourgeoise du roman est-elle par récurrence, à lire par
référence au symbolisme du texte entier. Ainsi, briser le cristal,
symbole de la pureté de l'âme universelle, pour que s'accomplisse
l'union de l'homme et de la femme ce n'est pas (seulement)
revenir «les pieds sur terre,» c'est après avoir fait l'expérience
onirique de la transmutation de l'être, avoir compris le sens de
l'univers, macrocosme et microcosme, et surmonté la fondamentale contradiction humaine de notre situation mortelle,
continuer à vivre en ce monde, l'accepter tout en lui ayant donné

un sens transcendant. Assurément, on verra peut-être plus de grandeur au dénouement de *L'Homme qui rit* de Victor Hugo, où Gwynplaine, bras levés vers le ciel, s'enfonce dans la mer, pour rejoindre dans l'au-delà Dea. George Sand a d'ailleurs eu cette tentation, surtout dans ses premiers romans, notamment dans *Indiana* (et aussi dans *André*, dans *Lélia*. . . .). La conclusion d'*Indiana* laisse une certaine impression de malaise, est apparemment décevante. Mais par rapport à la dynamique du schéma initiatique, la mort-suicide est une dramarisation qui pourrait convenir aux héros de légende, à quelque Lohengrin retournant au château du Graal. Elle peut même être réellement vécue: on peut penser que Nerval rejoint enfin Aurélia, un soir, rue de la Vieille Lanterne, entamant ainsi le dernier pas vers l'initiation suprême.

Mais George Sand a choisi une autre voie. Elle est sans doute bien trop attachée à la Terre. A la terre vivante, à la Terre-mère qui donne la vie, comme elle-même l'a donnée. A la Nature sous tous ses aspects, qu'elle connaît mieux que la plupart des romantiques qui l'ont tant célébrée dans le flou, la Nature dont la vitalité est un gage, pour l'homme, de Renaissance. Pour George Sand, et cela, aussi bien inconsciemment que consciemment, l'initiation, ou la certitude de la possibilité de transmutation de l'être qui assure sa permanence (et cela fait partie de la «religion» de George Sand) ne débouche pas forcément et même rarement sur le passage dans l'Autre Monde. Ce qui est tout à fait conforme aux mythes archaïques: l'initiation est une autre manière d'être au monde—à ce monde «*hic et nunc*». . . . Et cependant, elle doute parfois que cette si grande espérance puisse se réaliser dans ce «siècle de fer.» Malgré son robuste optimisme, George Sand voit bien, par exemple sur le plan politique comme sur le plan moral, qui lui importent beaucoup, que l'homme de son temps est encore incapable de se transformer profondément et l'amère déception de 1848 ne fera que la conforter dans cette vision des choses. Cette constatation lucide n'empêche pas son imagination de prendre son essor, grâce au dynamisme qui correspond au mythe initiatique. Mais elle montre, *en même temps,* que ses contemporains, dandys sceptiques, ne sont que très exceptionnellement capables de cette transmutation. C'est que le mythe comme dynamisme imaginaire se trouve aux points de rencontre des problèmes du temps et des problèmes personnels.

Ainsi lorsqu'elle prend ses sujets dans le temps présent,

a-t-elle de la peine à faire parvenir ses héros à une transformation
profonde. Il faudra deux essais pour *Lélia,* et encore la solution
est-elle peu satisfaisante. André échoue à devenir un homme, et
George Sand d'ailleurs dans ce cas écrit plutôt une «éducation
sentimentale» ratée, qui entraîne la mort de la poétique ini-
tiatrice. Mauprat, en revanche, peut être totalement transformé
parce que les héros sont très loin du monde. Les épreuves de
Bernard, même si elles paraissent outrées et menées avec lucidité
par son inflexible cousine, bénéficient d'un décor mythique qui
est en même temps une condition réelle de la transformation.
Aussi bien les initiations rituelles ne se font pas sur la place
publique. Deux autres exemples me semblent significatifs:
Jeanne, la déesse gauloise, ne peut accéder à un autre statut.
C'est qu'il n'y a pas de place pour sa science magique dans le
monde de la ville. Jeanne, obligée de vivre dans le château de
Boussac, perd ses racines, et ne peut que se défendre, sans arriver
à communiquer, sinon à Marie, mais c'est accessoire, ce qu'on
pourrait appeler son message spirituel. Il ne lui reste que le
retour au village de l'enfance, la régression vers la mère morte,
et quand cela est impossible, qu'à se jeter par la fenêtre de la
tour où la menace le monstre qui la tient en son pouvoir, princesse en sabots prisonnière. La Bête ne se transforme pas en
Prince charmant, les sauveurs arrivent trop tard (Anne, ma soeur
Anne. . . .). Au reste, toute transformation de Jeanne serait au
détriment de sa personnalité spirituelle. La voit-on mariée à
l'Anglais, qui pourtant est le seul à l'aimer vraiment? Tout s'y
oppose, et pas seulement le bon sens. Car les «fins de conte de
fée» ne font pas peur à George Sand. Mais il est remarquable
qu'après *Consuelo,* initiation réussie, on trouve immédiatement
un roman où celle qui pourrait être une Consuelo paysanne n'a
d'autre solution que de fuir dans la mort (même si elle ne se
suicide pas vraiment, elle choisit la mort). En revanche, celle de
la Petite Fadette, où n'intervient aucun élément du monde
moderne évolué, réussit. On pourrait presque dire que, pour
qu'une initiation arrive à son terme, il faut qu'elle se passe autrefois, ou dans les campagnes où survit encore la croyance dans un
ordre du monde d'essence sacrée.

Un autre motif qui est tout à fait spécifique à George Sand,
c'est que le thème initiatique est toujours mêlé à celui de
l'amour. Cela ne saurait nous surprendre. Du reste, ce n'est
pas le thème de l'amour et de l'initiation qui est nouveau: depuis
Dante au moins, il y a Béatrice. George Sand connaît bien

aussi *Wilhelm Meister* (qu'elle cite à plusieurs reprises, notamment de façon insistante dans cette curieuse pochade intitulée *Teverino*). L'un des moyens qu'a le Sacré de se manifester, c'est justement l'Amour, qui se confond avec l'enthousiasme (au sens étymologique) de l'Artiste. La passion est rarement mal placée chez George Sand (sauf dans *Leone Leoni*, où, exceptionnellement, elle n'est pas punie) ou si elle l'est, comme c'est le cas pour Indiana, la véritable «âme soeur» finit par se révéler à celui ou celle qui a aimé dans la vérité et la sincérité de son coeur. Je voudrais seulement noter que sur la fin de sa vie, George Sand dans *Le Dernier Amour,* par exemple, montre une femme indigne de l'amour du héros. Comme à regret (et sans pouvoir s'empêcher de le faire avec une sorte de fascination), George Sand dépeint une jeune femme qui ne peut résister à l'emportement des sens—et qu'elle condamne. Or, Consuelo, pourtant chaste et parfaitement maîtresse d'elle-même, est brutalement, et dans une des plus belles scènes d'amour et de sensualité qu'on ait écrite, attirée par le mystérieux Liverani dont elle ne voit pas le visage. Il suffirait à Liverani de tendre la main pour qu'elle succombe. Elle se reprend ensuite, il est vrai. Mais l'héroïne du *Dernier Amour* a bien plus d'excuses— que George Sand montre, mais qu'elle ne trouve pas suffisantes pour l'absoudre; on voit combien la vie de l'écrivain fait faire au mythe des modulations, jusque parfois à le dénaturer, et à le priver en partie de son pouvoir dynamisant sur l'imagination du lecteur. Car *Le Dernier Amour* est un roman qui «retombe,» malgré son cadre (la Suisse comme refuge hors du monde). Il pourrait s'y opérer une double régénération: celle de l'homme dont le coeur a été blessé et qui se refuse à la passion, et celle de la jeune femme égarée une première fois dans des circonstances qui la rendent pardonnable. Mais le terme de «régénération» est ici pris dans son sens le plus moral et moralisateur. On dirait que l'imagination de George Sand est bridée par les problèmes que lui cause la conduite de sa propre fille, et au lieu de se laisser entraîner par son génie propre, se retourne sans cesse sur la réalité amère.

A ce point, je voudrais tenter de montrer comment, à mon avis, jouent les relations entre imaginaire et réel dans la création de George Sand. Il est évident que l'écriture implique ce rapport: l'imaginaire lui-même, cette fonction primordiale de l'être humain, se situe sur ce que Gilbert Durand et les ethnologues appellent le «trajet anthropologique,» c'est-à-dire l'incessant

échange qui existe au niveau de l'imaginaire entre les pulsions
subjectives du sujet et les intimations objectives émanant du
milieu cosmique et social.[12]   Toute création imaginaire (et
l'oeuvre d'art en est une des plus importantes) naît de cet
échange *réciproque* entre les impératifs bio-psychiques du
créateur et ceux qui lui viennent de son milieu. Dans le cas
particulier de l'écrivain, l'imaginaire et son expression privilégiée, le mythe, lorsqu'ils se manifestent dans le roman, sont
au carrefour d'un triple flot: la psyché et ses pulsions incon-
scientes et subconscientes, l'environnement social, historique,
culturel, et les contraintes des techniques de l'écriture. C'est
pourquoi il n'est pas simple d'essayer de rendre compte de la
démarche créatrice d'un auteur, et pourquoi aussi cela est
pourtant nécessaire. Si on abandonne un des fils, on s'égare
dans le labyrinthe, et on aboutit à une fausse sortie (apparemment satisfaisante, mais très évidemment simplificatrice). Il
serait facile—et cela a été fait à l'envie, hélas—d'essayer d'interpréter l'oeuvre de George Sand, de lui «donner un sens,» soit
en tenant compte seulement de ses problèmes personnels, con-
scients et inconscients, soit des problèmes de son époque, dont
on voit bien, sans contestation, qu'ils la préoccupent. Mais dans
les deux cas, on aboutit à une fausse interprétation. Dans le
premier, outre que la tentation de faire la psychanalyse d'une
personne qui ne peut plus se prêter à une véritable analyse est
dangereuse, il faut tenir compte qu'il s'agit d'une femme et
que la position psychanalytique au moins freudienne n'est pas
claire là-dessus. Il faut tenir compte aussi de tout le contexte
historico-social. Il ne peut être indifférent pour interpréter
une oeuvre qu'elle ait été écrite à une époque donnée, malgré
une tendance de la critique française à considérer «le texte»
hors de tout contexte.[13] Cela se justifie d'autant moins que
l'oeuvre de George Sand est très datée, et très volontairement.
Elle entend donner à ses contemporains ce qu'on appellers
beaucoup plus tard un «message,» d'ordre politique, philosophique et moral. Cela se marque très visiblement au niveau de
l'écriture par les interventions d'auteur que George Sand fait
sans aucune gêne (elle n'est pas la seule, Stendhal lui-même. . .).
Quant au narrateur, qui est souvent représenté par le «je» fictif,
il peut s'étaler en longues digressions, qui, si elles choquent le
goût français très «classique» en la matière, et si elles sont
«datées»—car on trouve le même procédé chez tous les auteurs
romantiques—n'en montrent pas moins la volonté délibérés de

George Sand de faire part de ses idées au lecteur, et plus, de
les lui faire partager.

Il y a un prosélytisme très visible dans les romans de George
Sand. Que cela influence le choix des sujets, ou leur développement, tout autant que la vie personnelle de l'auteur, on n'en
peut douter. Enfin, il n'est pas indifférent qu'elle ait utilisé
la forme romanesque pour exprimer tout cela. Assurément,
c'est la «forme à la mode» et comme George Sand n'est pas
capable d'écrire des vers (sinon pour transformer malicieusement
la chanson des *Maîtres sonneurs*), elle se lance dans cette longue
suite d'oeuvres romanesques. Mais le roman, même à ce moment
où il garde beaucoup de libertés, pour n'avoir pas été codifié
aux siècles précédents par les Classiques, garde de ses origines et
de son évolution des lois générales mais contraignantes. Le
roman français a une tradition d'étude psychologique (son côté
Princesse de Clèves) et dans *Indiana*, les critiques ont salué
avec raison la justesse de l'analyse des sentiments. Il doit se
plier à une certaine vraisemblance. George Sand s'évade parfois
de cette contrainte, soit par le fantastique (*Laura,* et les Contes
où elle change délibérément de genre), soit par la fantaisie
(une pochade comme *Teverino*). Enfin, elle utilise toutes les
ressources (et même toutes les ficelles) du «roman noir» et du
roman historique pour faire déraper l'étude de moeurs et de
caractère vers ce qui était l'origine du roman: l'épopée. C'est
le cas de *Consuelo* ou des *Beaux Messieurs de Bois-Doré*. Un
autre aspect de la même problématique c'est l'utilisation du
«merveilleux paysan,» c'est-à-dire des légendes et croyances
des campagnes qui donnent à l'étude de moeurs (et au désir
sincère de faire connaître aux gens du monde et aux lettrés ce
qui est pour eux une peuplade inconnue) une dimension elle
aussi proche, sinon des épopées, du moins des légendes. Il y
aurait d'autres études à faire, d'ailleurs, que celles des contraintes du genre, dans le domaine de la linguistique et de la
stylistique, dans celui aussi des influences manifestes (Hoffmann, Goethe, les contes. . . .).

En somme, George Sand crée un métalangage qui transcende les données de base (personnelles, historiques, linguis-
tiques). Et c'est pourquoi on peut parler de création mythique:
le mythe est précisément ce métalangage.[14] La cohérence (non-
logique) de l'oeuvre romanesque sandienne vient de ce qu'elle
a su intégrer et dépasser, par la force dynamique d'un imaginaire
dont elle a le génie de suivre les lois, les incitations diverses de

la création. Assurément, il arrive qu'elle privilégie telle face du «trièdre» constitutif: tantôt, à l'intérieur de l'oeuvre, le côté social, historique, moral, philosophique (jamais séparés pour elle) prend le dessus dans de longues dissertations; tantôt les problèmes de la passion, des rapports de l'homme et de la femme, de la condition d'artiste (et des conditions de l'art. . . .) informent de façon aigüe sujets et situations, épisodes romanesques. L'écriture par exemple se plie, avec même parfois une certaine complaisance, aux «passages obligés,» comme les descriptions.

Mais l'oeuvre ne peut naître dans sa cohérence que si, au total, cette triple incitation—excusez l'image ménagère dont je vais user, elle n'eût pas déplu à George Sand qui parle si bien de sa fabrication de confitures à Nohant—«prend,» comme on le dit d'une sauce ou d'une gelée de groseilles, forme un ensemble des ingrédients utilisés, un ensemble qui n'est pas seulement un mélange, mais qui donne quelque chose de nouveau et de parfaitement original. Assurément, il arrive parfois, dans les romans de la fin de sa vie, que George Sand se trompe un peu dans sa recette, et que le résultat final privilégie tellement l'un des ingrédients (la morale. . . .) que la transmutation ne se fasse que difficilement. J'emploie transmutation à dessein: la cuisine n'est pas si loin de l'alchimie, et l'art est la suprême alchimie. Mais dans l'ensemble, George Sand a bien construit ce que j'appelle une oeuvre mythique, c'est-à-dire fidèle à la dynamique profonde de l'Imaginaire. Dans cette perspective, le mythe initiatique est privilégié, parce qu'il tend à résoudre (de façon paradoxale) le grand problème de l'homme, celui de la Vie et de la Mort. Ce n'est pas le seul qui hante George Sand: celui du rapport de l'Homme et de la Femme, celui de la nécessité de la morale (pourquoi le Bien et le Mal, et comment les définir), entre autres. Nous avons d'ailleurs tenté de montrer qu'ils se rencontraient en certains de leurs points.

Et c'est ainsi que George Sand atteint une réalité supérieure, celle que l'art peut permettre d'atteindre, au même titre mais mieux sans doute que d'autres pratiques (rituelles, par exemple. . . .). Un épisode du conte «Le Château de Pictordu,» me fournira une conclusion. On sait que l'héroïne a refusé longtemps de contempler le portrait de sa mère, qu'elle n'a pas connue, mais dont elle recherche les traits depuis qu'elle lui est apparue dans une sorte de vision comme une femme voilée au château de Pictordu. La figure lui a enjoint de ne pas chercher à deviner ses traits voilés jusqu'à ce qu'elle en soit digne, par sa maturité tant morale qu'artistique. Un jour enfin, d'ailleurs *sans en avoir du tout conscience* (elle dessine dans une sorte d'état second provoqué par un chagrin profond), elle trace le portrait du camée qu'elle a vu en rêve sous la conduite de la fée voilée. Elle n'a même pas conscience sur le moment d'avoir tracé la figure du camée. Or cette figure est aussi celle de sa mère, comme le remarquent avec émotion ceux qui l'ont connue. Alors, elle se décide à comparer son esquisse avec le médaillon qui représente sa mère.

> C'était la muse, c'était le camée, le rêve, et pourtant
> c'était sa mère; *c'était la réalité trouvée à travers la poésie,*
> *le sentiment, l'imagination.*[15]

La place même du mot «imagination» en fait en quelque sorte le catalyseur des deux autres. Mais la suite n'est pas moins remarquable:

> Diane ne se demanda pas comment le prodige s'était fait
> en elle. Elle accepta le fait tel qu'il se produisait et ne
> chercha pas comment sa raison se mêlerait plus tard de
> l'expliquer. Je crois qu'elle fit fort bien. Quand on est
> encore très jeune, il vaut mieux croire à des divinités
> amies que de trop croire à soi-même.»[16]

Avertissement de la grand-mère à sa petite fille? Assurément. Mais il faut aussi, dans le contexte général, faire une sorte d'équivalence analogique. L'artiste est celui qui garde son esprit d'enfance. Pour citer, non sans malice car il détestait George Sand, le poète Baudelaire, l'artiste est celui qui sait maintenir à l'âge adulte «le vert paradis des amours enfantines.» Diane vit sa vie la plus intense et la plus vraie dans une véritable atmosphère mythique, et les «portes d'ivoire» du songe lui sont accès à un monde supérieur où elle trouve l'essence de son art même si, par ailleurs, il lui faut s'instruire en tous domaines et apprendre les techniques. Au reste la fée est bien la figure même de l'imaginaire. Diane ne souhaite plus posséder le château de Pictordu car:

> Le fée qui l'y avait accueillie l'avait quitté pour la suivre,
> et cette inspiratrice demeurait présente avec elle, pour

toujours et en quelque lieu qu'elle se transportât. Elle
lui bâtissait des châteaux sans nombre, des palais remplis
de merveilles, elle lui donnait tout ce qu'elle pouvait
souhaiter, la montagne comme la forêt et la rivière, les
étoiles du ciel comme les fleurs et les oiseaux.[17]

Pour rendre véritablement justice à l'oeuvre de George Sand, et
pour en dégager le Sens, il faut se confier à la fée imaginaire.
Elle seule peut nous guider, comme le faisait la fée pour Diane
dans le château en ruine, à travers le labyrinthe de l'oeuvre.
Car il faut dépasser les apparences. Au coeur du château, il y
a le *bain de Diane* et sa source cachée qui ressurgit dans le cloître.
Au coeur de l'oeuvre, il y a la source toujours jaillissante de
l'imaginaire. A nous de tâcher d'en suivre le cours et d'interpréter son murmure.

Notes

[1] George Sand, *Le Château des Désertes*, Présentation de Georges
Lubin (Plan de la Tour, Var: Editions d'aujourd'hui, 1976, réédition de
Michel Lévy, 1862), p. 2.

[2] Voir mon article dans *Hommage à George Sand*, (Grenoble: Presses
Universitaires de Grenoble, 1969), pp. 101-114.

[3] Centre de recherche sur l'Imaginaire, Université de Grenoble III,
Boîte Postale 25x—38040 Grenoble, Cedex, France.

[4] Dans la préface des *Structures anthropologiques de l'Imaginaire*
(Paris: Bordas, 1969).

[5] Voir *Figures mythiques et visages de l'oeuvre* (Paris: Berg International, 1979).

[6] Voir «Le roman initiatique en France au temps du romantisme,»
Cahiers Internationaux de Symbolisme, No. 4, Genève, 1964. Sous la
direction de Léon Cellier, j'ai repris le problème de la création artistique
et du scénario initiatique pour ma thèse secondaire, qui a paru sous le titre:
Rite, roman, initiation (Grenoble: P.U.G., 1973).

[7] *Consuelo* (Paris: Garnier, 1959), I, 378.

[8] Ibid., p. 577.

[9] Ibid., p. 579.

[10] (Paris: Nizet, 1974), p. 158.

[11] Ibid., Introduction de Gérald Schaeffer, p. 39.

[12] Durand, *Structures anthropologiques de l'Imaginaire*, p. 38.

[13] Une autre tendance représentée brillamment par P. Barberis pour l'oeuvre de Balzac, et dans tous ses travaux critiques, consiste au contraire à tout interpréter en termes de «lutte de classe.»

[14] Voir Levi-Strauss aussi bien que Gilbert Durand.

[15] George Sand, «Le Château de Pictordu» dans *Contes d'une grand'-mère* (Plan de la Tour, Var: Editions d'aujourd'hui, 1976), p. 81.

[16] Ibid., p. 82.

[17] Ibid., p. 113.

Index